该书获中央财政资金资助教师专业素养提升项目的资助

法律视角下的婚姻家庭纠纷调解技巧探究

孟德花 著

中国社会科学出版社

图书在版编目（CIP）数据

法律视角下的婚姻家庭纠纷调解技巧探究/孟德花著．
—北京：中国社会科学出版社，2017.3
ISBN 978-7-5161-9548-2

Ⅰ.①法… Ⅱ.①孟… Ⅲ.①婚姻家庭纠纷—调解—研究 Ⅳ.①D923.904

中国版本图书馆CIP数据核字（2016）第321660号

出 版 人	赵剑英
责任编辑	郭晓鸿
特约编辑	席建海
责任校对	王佳玉
责任印制	戴 宽

出　　版	中国社会科学出版社
社　　址	北京鼓楼西大街甲158号
邮　　编	100720
网　　址	http://www.csspw.cn
发 行 部	010-84083685
门 市 部	010-84029450
经　　销	新华书店及其他书店
印刷装订	北京君升印刷有限公司
版　　次	2017年3月第1版
印　　次	2017年3月第1次印刷
开　　本	710×1000 1/16
印　　张	19.25
插　　页	2
字　　数	251千字
定　　价	88.00元

凡购买中国社会科学出版社图书，如有质量问题请与本社营销中心联系调换
电话：010-84083683
版权所有　侵权必究

目　　录

第一章　人民调解基础 …………………………………… 1
　第一节　人民调解概述 ………………………………… 2
　第二节　人民调解的立法现状 ………………………… 15
　第三节　人民调解员 …………………………………… 19
　第四节　人民调解委员会和人民调解员 ……………… 27

第二章　解除同居关系纠纷的调解 …………………… 41
　第一节　同居关系的认定和分类 ……………………… 41
　第二节　同居关系的解除及纠纷调解 ………………… 45

第三章　离婚纠纷调解 …………………………………… 59
　第一节　婚姻纠纷理论与法律适用 …………………… 59
　第二节　离婚财产纠纷调解 …………………………… 70

第四章　赡养纠纷调解 …………………………………… 103
　第一节　赡养概述 ……………………………………… 103
　第二节　赡养纠纷调解 ………………………………… 105

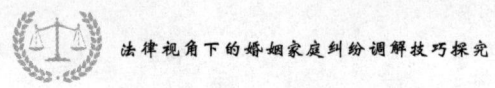

第五章 抚养纠纷调解 ··· 127
第一节 抚养的理论与法律适用 ····························· 127
第二节 子女抚养纠纷调解 ··································· 133

第六章 继承纠纷调解 ··· 146
第一节 继承概述 ·· 146
第二节 继承纠纷调解 ·· 156

第七章 分家析产纠纷调解 ······································· 168
第一节 分家析产概述 ·· 168
第二节 分家析产纠纷调解 ···································· 170

第八章 家庭外财产纠纷调解 ···································· 198
第一节 家庭外财产纠纷概述 ································· 198
第二节 民间借贷合同纠纷调解 ······························ 201
第三节 家政劳务合同纠纷调解 ······························ 210
第四节 房屋租赁合同纠纷调解 ······························ 214

第九章 婚姻家庭纠纷调解技巧 ································· 253

第十章 婚姻家庭纠纷调解程序及文书制作 ··············· 280

第一章 人民调解基础

人民调解，属于诉讼外调解的一种。是指在人民调解委员会主持下，以国家法律、法规、规章和社会公德规范为依据，对民间纠纷双方当事人进行调解、劝说，促使双方当事人在互相谅解、平等协商的基础上，自愿达成协议，消除纷争的一种活动。

人民调解是我国法制建设中一项独特的制度，是现行调解制度的一个不可或缺的重要组成部分。我国的调解制度主要由三个部分组成：一是法院调解，亦称诉讼调解，是指在人民法院的主持下通过说服教育，促使双方当事人达成和解协议的活动；二是行政调解，是指在具有调解纠纷职能的国家行政机关主持下对纠纷进行调解的活动；三是人民调解，是指在人民调解委员会主持下，依法对民间纠纷当事人说服劝解、消除纷争的一种群众自治活动。根据宪法、民事诉讼法、人民调解委员会组织条例的规定，人民调解委员会是调解民间纠纷的群众性组织，在基层人民政府和基层司法行政机关指导下进行工作。实践证明，人民调解是人民群众自我管理、自我教育的一种有效形式，它对增进人民团结、维护社会安定、减少纠纷、预防犯罪、促进社会主义"两个文明"建设发挥了积极作用。

十八届三中全会提出，"创新有效预防和化解社会矛盾体制"，要求："建立畅通有序的诉求表达、心理干预、矛盾调处、权益保障机制，使群众问题能反映、矛盾能化解、权益有保障。"十八届四中全会决定全面推进依法治国，坚定不移走中国特色社会主义法治道路，坚决维护宪法法律权威，依法维护人民权益、维护社会公平正义、维护国家安全稳定。在十八届三中和四中全会精神的指引下，面对现阶段人民群众的纠纷，我们要综合运用法律、政策等手段，以及协商、疏导、调解等办法，把矛盾纠纷化解在基层，解决在萌芽状态。《中华人民共和国人民调解法》（以下简称《人民调解法》）已由中华人民共和国第十一届全国人民代表大会常务委员会第十六次会议于2010年8月28日通过，自2011年1月1日起施行。《人民调解法》的通过和实施，使我国的人民调解工作真正实现了有法可依、有法必依。

第一节　人民调解概述

引导案例

居民刘某居住在甲社区，刘某的父母居住在乙社区，因父母年事已高需要就近照顾，于是，2014年5月，刘某租住乙社区父母居住的同楼层张某的房屋，合同约定：刘某租用张某建筑面积60平方米的租赁房，月租金1500元，租期2年，违约金3000元。2015年12月张某通知刘某，欲将该租赁房出售，请刘某在1个月之内搬出，张某愿支付违约金3000元。刘某不同意搬出，要求租至2016年5月合同期满。张某不同意刘某的要求，于2016年3月以120万元的价格将该房卖给了孙某，并与孙某签署了房屋买卖合同，孙某支付了房屋价款120万元。次月，张某要求刘某于3日之内搬出。刘某不同意，声称自己也要购买此房屋，也愿意支付120万元。为此三方产生纠纷，闹得不可开交这时，社区调解员介入调解。

问题：如果你作为人民调解员，该如何主持调解？

相关理论知识

中国的调解历史悠久。在人类社会之初，纠纷和矛盾的解决通常是由当事者相互协商解决，或者依靠社会舆论、社会道德的力量，采取调和的办法，从而达到调整相互之间关系，维持正常社会秩序和生产秩序的目的。我国自古以来就存在以调解方法解决纠纷的传统，究其原因，一是中国封建社会历史悠长，当时的社会缺乏成文的民事法律作为审判根据；二是中国的传统文化与道德均提倡"以和为贵，以让为贤"。所以遇有民事权益纠纷，双方当事人习惯在当地邀集同乡、同族中的长辈、耆老进行鉴证、调解。从婚丧嫁娶到土地房产买卖、遗产继承等纠纷，一般情况下当事人都愿意在当地通过调解的方式解决。

自由、公平、正义等一直为人类所追求，但社会的冲突与纷争时有发生，人类社会若要延续下去，就必须要化解这些冲突与纷争。为此，人类创造了多种纠纷解决机制，如神断、调解、司法判决等。

调解被西方学者誉为中国纠纷解决制度中的"东方经验"或"东方之花"。多年来，调解在解决民事纠纷、防止矛盾激化、维护社会稳定方面发挥了独特的作用。

一　人民调解的概念和适用范围

（一）人民调解的概念和特征

在我国，人民调解是一种具有明确法律地位的纠纷解决方式，它主要是通过居民委员会（村委会）中所设的人民调解委员会来运作。

1. 人民调解的概念。人民调解，是民间调解之一，是指在纠纷当事人的申请下，在人民调解委员会或民调员的主持下，以国家法律、法规、规章、政策和社会公德为依据，对民间纠纷当事人进行说服教育、规劝疏导，促使纠纷各方互谅互让、平等协商、自愿达成协议消除纷争的一种群众性解决纠纷的活动。

2. 人民调解的特征。人民调解有以下几个特征：

(1) 人民性。人民调解的主持者是居委会（村委会）的人民调解委员会或人民调解员，人民调解员是由经人民群众选举产生的具有调解技能的人担任；人民调解的对象是发生在当事人之间的民事纠纷和轻微的刑事纠纷，调解的纠纷属于人民内部矛盾；调解的目的是平息人民群众之间的纷争，增强人民内部团结，维护社会稳定。所以，人民调解首先具有人民性。

(2) 民主性。人民调解坚持的是平等自愿原则；调解采用说服教育、耐心疏导、民主讨论和协商等方法，在充分尊重当事人的意愿的基础上，达成协议，促成纠纷解决。从这些可以看出，人民调解具有民主性的特征。

(3) 自愿性。人民调解必须依靠当事人自愿，人民调解组织不得强行进行调解，具体表现在：第一，调解是纠纷当事人自愿提起的，人民调解委员会应根据纠纷当事人的申请受理调解纠纷。当事人没有申请，也可以主动调解，但当事人表示异议的除外。第二，调解是否达成协议及达成协议的内容如何必须根据当事人双方的意愿决定。第三，调解协议不具有强制执行力，由负有义务的一方当事人自愿履行。

(4) 规范性。2011 年 1 月 1 日起施行的《中华人民共和国人民调解法》（以下简称"人民调解法"）对人民调解委员会的组成和人民调解员的构成、选任及调解工作的相关制度、方法都有明确的法律规定，体现出调解工作的规范性；人民调解依据的规范是国家的法律法规、规章、政策和社会公德等，具有较强的规范性。

（二）人民调解的适用范围

人民调解组织受理除行政调解和司法调解以外的、当事人双方自愿调解的民间纠纷。人民调解在查清事实、分清是非的基础上，除双方再次请求外，一般只实行一次调解。当事人双方无法达成协议的，只有通过诉讼等途径解决纠纷。当事人既达不成协议，又不寻求其他途径解决纠纷而带来的后果，当事人无权要求调解组织及其成员承担。

1. 人民调解的受理范围。人民调解委员会调解的民间纠纷，包括发生在公民与公民之间，公民与法人、其他社会组织之间涉及民事权利义务争议的各种纠纷。具体如下：（1）家庭关系纠纷：婚姻纠纷，抚养、赡养纠纷，继承纠纷等。（2）邻里关系纠纷：通行、通风、采光、排水、截水等纠纷。（3）山林、土地的使用、经营权纠纷，宅基地纠纷，责任田（山）经营纠纷，林木、果树地经营纠纷等。（4）经济纠纷：承包合同纠纷、借贷纠纷、欠款纠纷等。（5）损害赔偿纠纷：财物损害赔偿纠纷、轻微人身伤害赔偿纠纷、精神损害赔偿纠纷等。（6）其他民间纠纷。

2. 人民调解受理的方式。人民调解，是指人民调解委员会通过说服、疏导等方法，促使当事人在平等协商基础上自愿达成调解协议，解决民间纠纷的活动。这决定了人民调解委员会在受理民间纠纷的方式上有别于行政程序和司法程序。《人民调解法》第十七条规定：当事人可以向人民调解委员会申请调解；人民调解委员会也可以主动调解。按照《人民调解法》的规定，人民调解委员会受理民间纠纷的方式有申请受理、主动受理和移交受理。

（1）当事人申请受理。矛盾纠纷发生后，纠纷一方当事人可以向人民调解委员会申请调解，也可以由双方当事人共同向人民调解委员会申请调解。纠纷当事人的近亲属、邻里、同事、朋友等也可以代其向人民调解委员会申请调解。当事人在申请调解时，可以口头申请调解，也可以书面申请调解。一般情况下，纠纷当事人应当向居住地或工作地的村民委员会、居民委员会、企事业单位的人民调解委员会申请调解，物业、消费、医疗、劳动、交通等纠纷可以向特定的专业性、行业性人民调解委员会申请调解。疑难、复杂、涉及多方当事人且不在同一居住地的矛盾纠纷可以向所在的乡镇、街道人民调解委员会申请调解。纠纷当事人共同申请调解的，由最先受理的人民调解委员会登记受理，其他调解委员会应协助调解。

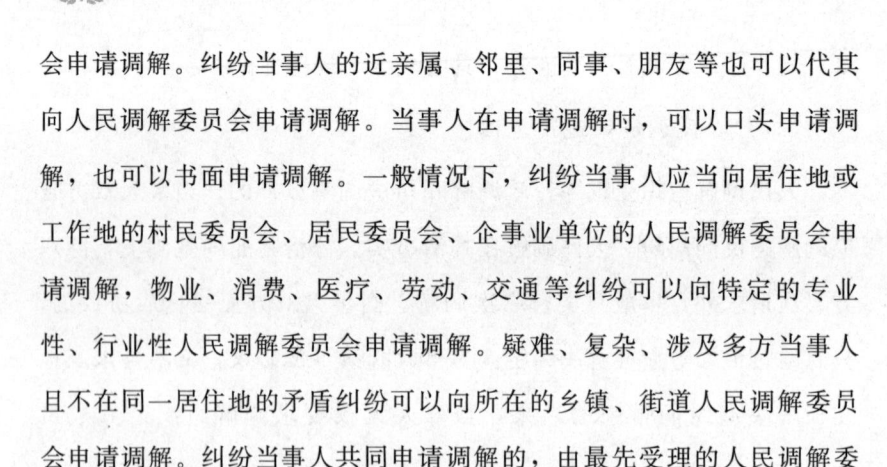

（2）人民调解委员会主动受理。人民调解委员会主动受理民间纠纷，是人民调解有别于其他纠纷解决机制的特色和优势。人民调解委员会通过定期排查，及时发现矛盾纠纷线索，主动介入，把矛盾纠纷化解在萌芽状态。同时，人民调解委员会也可以接受群众举报，对正在发生的矛盾纠纷主动调解，防止矛盾纠纷激化。基于人民调解的任务就是调解民间纠纷、防止民间纠纷激化、维护社会稳定，这就要求人民调解委员会以社会稳定为自己的工作目的，积极主动地提供调解服务，及时发现矛盾，主动化解纠纷，如果不主动化解纠纷，就无法防止矛盾激化，就会使人民调解失去维护社会稳定第一道防线的作用。

主动受理和人民调解自愿的原则并不矛盾。前者是工作的态度与方式，后者是工作的原则和根本要求，两者必须有机地结合起来，才能顺利完成人民调解的工作任务，避免民间纠纷的激化。

（3）移交受理。一是人民法院移交。人民法院受理、审理案件中，可以将适宜调解的案件，在征得当事人同意后，移交、委托人民调解组织调解。二是公安机关移交。公安机关在处理治安案件、交通肇事案件中，可以将适宜人民调解的案件交由人民调解委员会调解。

三是其他有关部门移交。如信访部门、工商行政管理部门、医疗行政部门、住房和城市建设部门、环境保护部门、国土资源保护部门、农业部门、人力资源和社会保障部门等在处理人民群众来信、来访或涉及消费权益、医疗、征地拆迁、环境污染、土地承包流转、劳动争议等纠纷时，可以将适合人民调解解决的纠纷，移交给相关人民调解委员会进行调解。

3. 不适用人民调解的纠纷类型。由于民事诉讼本身是当事人选择的纠纷解决机制的一种方式，而人民调解也是当事人的一种选择权。所以原则上民事纠纷都可以适用人民调解，但是也有例外情形。不适用人民调解的纠纷包括：

（1）从民事案件所适用的审判程序上看，凡依民事诉讼法规定的适用特别程序、督促程序、公示催告程序、破产还债程序的案件，不适用人民调解。因为这类民事案件没有明确的原告、被告，不属于民事权益之争，而是请求法院对某项法律事实加以认定，因此不能适用人民调解。

（2）从当事人向法院提出保护实体权利的请求种类，即从诉的种类看，单纯的确认之诉的纠纷不适用人民调解。如确认民事行为无效、经济合同无效及确认婚姻关系、身份关系等案件。婚姻、身份关系对当事人的权利义务影响涉及当事人的配偶、监护、继承等人身和财产权益，以及当事人应承担的赡养、扶养、抚养等义务。调整这两类关系的法律规范多属强制性规范。所以，不适用调解。

（3）对于有关身份关系的纠纷不适用人民调解。如亲子关系、收养关系、婚姻关系等纠纷不适用人民调解。因为此类纠纷涉及当事人的身份权，对当事人的权利义务影响巨大。而且关于身份权当事人就不能像对待财产权那样随意处分，从保障人权的角度出发不应适用人民调解。

二 人民调解的性质和功能

人民调解,属于诉讼外调解的一种。2011年1月1日施行的《人民调解法》明确规定了人民调解的性质和作用。

(一)人民调解的性质

人民调解的性质是由人民调解委员会的性质决定的。人民调解委员会的性质,在我国的法律、法规和其他规范性法律文件中有明确规定。我国《宪法》规定:"城市和农村按居民居住地区设立居民委员会或者村民委员会,是基层群众性自治组织。……居民委员会、村民委员会设人民调解、治安保卫、公共卫生等委员会,办理本居住地区的公共事务和公益事业,调解民间纠纷,协助维护社会治安……"2011年实施的《人民调解法》以基本法律的形式再次肯定了人民调解委员会的性质,即人民调解委员会是依法设立的调解民间纠纷的群众性组织。因此人民调解是群众自我管理、自我教育、自我服务的自治行为,属于诉讼外调解。

(二)人民调解的地位

人民调解工作在社会主义民主政治建设中的地位主要表现在三个方面:

1. 人民调解工作是社会主义民主政治制度的一项重要内容。人民调解委员会调解矛盾纠纷的活动是依照有关法律规定开展的,是对社会事务的群众性自我管理,它本身就是人民行使民主管理的权力,体现了人民在解决矛盾纠纷、维护社会稳定上当家做主。

2. 人民调解工作是社会主义直接民主的体现。人民调解是通过人民群众自己选举的调解组织,来调处发生在人民群众自己内部的纷争,化解人民内部矛盾,自己动手维护公民的合法权利。可见,人民调解正是人民群众直接行使民主权利,直接参加国家生活,直接管理社会事务的一种重要表现。

3. 人民调解组织充当着政府与广大群众之间的桥梁和纽带。人民调解组织通过开展调解工作,将人民政府和广大群众连接起来,沟通他们之间的关系,使他们在社会和政治生活中互相协调,方向一致,从而大大地促进了基层社会主义民主制度的建设和发展。

(三)人民调解的基本功能

人民调解的功能包括:

1. 预防纠纷功能。人民调解员本身来自基层,能深入了解群众情况,及时捕捉有关纠纷信息,尽快掌握事情动态,准确把握民间纠纷的成因和特点,积极有效地开展沟通工作预防矛盾发生,防止纠纷升级。同时广大人民群众的积极支持和参与,充分发挥群众自治的优势,及时发现矛盾纠纷的潜在因素,掌握工作的主动权,做到矛盾纠纷早发现,早调解,早解决,把矛盾纠纷化解在基层,解决在萌芽状态和初始阶段,防止纠纷的激化和转化,有效地预防和减少犯罪,消除当事人之间的矛盾隔阂,起到预防矛盾纠纷的作用。

2. 解决纠纷功能。解决纠纷是人民调解制度最为基本和重要的功能。社会矛盾具有突发性、易变性、潜伏性等特征,发生纠纷双方并没有什么深仇大恨,往往由一些鸡毛蒜皮的小事引起,只要能够及时调解,矛盾很容易化解。但如果得不到及时有效的调解,就有可能导致矛盾激化、纠纷升级,小纠纷演变成严重的刑事案件,造成意想不到的严重后果,这样的案例并不少见。调解作为一种平等、自愿、参与、自主选择和灵活、便利、经济的纠纷解决途径永远具有不可替代的魅力。尤其是人民调解员来自基层,来自群众,对纠纷能够第一时间发现,第一时间进行调解,及时达成调解协议,快速有效化解矛盾纠纷。由于调解及时,方法灵活多样,所以调解成功率比较高,具有及时性。发挥好人民调解化解矛盾纠纷功能,能有效化解矛盾,化解社会矛盾，维护社会稳定。

3. 社会治理与组织功能。人民调解依托于村居委会组织，具有群众性和自治性，属于社会治理系统的一个基本环节，这些基层组织在实现社会自治功能的同时，还承担着组织群众的职能，比如对广大群众进行组织、管理和教育，开展各种形式的活动等。人民调解是基于社会调整的需要而产生的一种不可或缺的社会治理手段，即使今后社会发展可能改变基层社会治理的方式，但只要地域性组织或社区组织存在，依托于基层社会组织的调解就必然有其存在的理由并承担这方面的功能。

4. 传承传统文化与道德、法制宣传教育的功能。人民调解在解决纠纷时依据的规则既有国家法律与政策，也大量依据公共道德、习俗、情理等社会规范。首先，人民调解对公共道德、习俗、情理等社会规范的适用和依赖，实际上具有支撑东方"和为贵"及礼仪伦常等传统价值观、维护公共道德和公共利益、培养社会凝聚力及健康的人际关系的社会力量，具有传承与维系传统文化、社会公共道德和社会联系的功能。其次，人民调解员在调解纠纷的过程中，担负起对基层群众的法制宣传重任。他们来自基层，能够充分发挥这种亲情、友情、乡情的优势，把个案调解与法制宣传紧密结合起来，运用具体案例在基层群众中开展生动直观的法制宣传，增强人们的法制观念，引导广大群众积极学法、知法、用法、守法，从源头上预防和减少矛盾纠纷的发生。在人民调解工作开展的同时，就能教育基层群众，对基层群众进行普法宣传，就是人民调解法制宣传功能的直接体现。

综上所述，人民调解是我国现行的具有中国特色的社会主义法律制度，是基层群众自治制度的重要组成部分，是基层民主政治的重要内容，是基层司法行政工作的重要任务。人民调解工作与人民群众的切身利益密切相关。通过人民调解，纠纷当事人在遵守法律、政策和思想道德的前提下,互相谅解,妥善解决矛盾纠纷,防止矛盾激化,这有助于建立良好的社会秩序、生活秩序和工作秩序,有利于解决人民内部矛盾,符合实现和维护广大人民群众根本利益的要求。它把大量的民间矛盾纠纷化解在基层,解决在萌芽状态,既方便群众节省人力、物力、精力和时间,又维护了社会稳定。人民调解工作通过纠纷调处,既可宣传党的路线、方针、政策,以案释法开展生动的法制宣传教育,弘扬社会主义道德,又可提高人民群众的法律素质和道德水平,符合先进文化发展的要求,具有独特的和不可替代的功能。

三 人民调解的任务、方针和原则

我国《宪法》第111条规定:"居民委员会、村民委员会设人民调解、治安保卫、公共卫生等委员会,办理本居住地区的公共事务和公益事业,调解民间纠纷,协助维护社会治安,并且向人民政府反映群众的意见、要求和提出建议。"这一规定使人民调解的地位在国家的根本大法中得到体现。2002年9月最高人民法院出台的《关于审理涉及人民调解协议的民事案件的若干规定》规定:"经人民调解委员会调解达成的、有民事权利义务内容,并由双方当事人签字或者盖章的调解协议,具有民事合同性质。"该规定明确了人民调解协议的性质和法律约束力,增强了人民调解工作的公信力和权威性,促进了人民调解法律制度的进一步完善,在人民调解法律制度发展史上具有里程碑性质的重要意义。2011年实施的《人民调解法》规定了人民调解的性质、任务、工作原则、工作程序及其指导等,进一步明确了人民调解工作在国家基本法律中的地位。

(一)人民调解的任务

人民调解的任务主要包括以下几个方面:

1. 调解民间纠纷,防止民间纠纷激化。这是人民调解委员会的首要任务。人民调解委员会要在调解好婚姻、家庭、邻里、赔偿等常见性、多发性纠纷，控制矛盾纠纷总量，稳定社会关系的同时，结合本地经济社会发展的特点，针对突出的热点难点纠纷开展调解工作，有效缓解改革进程中的利益冲突。与此同时，要防止一些较为琐碎、细小的民间纠纷激化为自杀、刑事案件和群体性事件。要坚持抓早、抓小、抓苗头，努力掌握民间纠纷发生、发展和变化的规律，把纠纷化解在激化之前。要不断总结完善防激化的有效方法和经验，畅通信息，快速反应，勇于挺身而出，耐心细致疏导，及时回访反馈。要广泛开展矛盾纠纷大排查、专项治理和联防联调等各种形式的防激化活动，增强工作效果。

2. 通过调解工作进行社会主义法制宣传、法制教育，以及社会主义道德教育，教育公民遵纪守法，尊重社会公德。要把开展法律和道德的宣传教育寓于纠纷调解之中，与调解工作的开展紧密结合起来。可以按照纠纷的种类，结合有关法律、法规、规章和政策，以案释法、以事议法，起到调解一件、教育一片的作用；可根据纠纷发生的季节性、地域性等规律，有针对性地宣传法律、法规，防患于未然；也可以根据形势和一定时期的中心工作，结合出台的法律、法规和政策，联系群众关心的实际问题进行宣传，起到解惑答疑的作用。

3. 在基层组织与群众之间起到桥梁作用，向社区居委会及基层政府反映社会纠纷情况及调解工作情况。人民调解委员会要及时向村（居）民委员会和基层人民政府反映民间纠纷和调解工作的情况，使党和政府及时了解广大群众对国家法律和党的政策的意见和要求，了解社会矛盾和纠纷的现状，集中群众意志，维护社会稳定；要积极开展安全文明创建等活动，加强治安防范，推动社会治安综合治理工作的开展；要参与"村规民约"的实施和民主监督等工作，不断促进基层民主政治的发展。同时，人民调解委员会通过调解与宣传教育活动，能及时、准确地向人民群众传递基层组织依法做出的决策及施政方针，引导群众正确理解，积极作为。

4. 指导调解小组及信息员的工作。人民调解委员会要对调解员、调解信息员进行岗前和岗位培训，规范调解流程，讲解调解技能及调解协议书的制作等相关知识，提高调解小组和调解信息员矛盾纠纷的调处能力。

（二）人民调解的工作方针

当前人民调解的工作方针是："调防结合、以防为主、多种手段、协同作战。"这是通过长期的人民调解工作的实践总结出来的，对人民调解工作具有重要的实际意义。"调防结合、以防为主"与"多种手段、协同作战"是解决矛盾纠纷的两个方面。

"调防结合、以防为主"强调调解纠纷和预防纠纷要紧密结合起来，立足调解，着眼于预防。强调人民调解委员会不仅要做好传统的婚姻、家庭、邻里、赔偿等常见性、多发性纠纷的调解，还要结合本地的实际情况，针对突出的难点、热点纠纷开展调解工作，化解利益冲突，及时有效化解各类矛盾纠纷。同时，要进一步做好预防工作，坚持抓早、抓小、抓苗头，把纠纷化解在萌芽状态，解决在基层，严防民间纠纷激化引起自杀、凶杀、群体性事件。调解工作做好了，就能控制事态的发展，防止矛盾纠纷激化，避免更大的损失。在实际工作中，要将两者紧密结合，做到在预防思想指导下进行调解，在调解工作中抓紧预防，调中有防，寓防于调，防重于调，才能更好地维护社会稳定。

"多种手段、协同作战"强调调解需要采取多种手段，多个部门互相配合，通力合作。人民调解委员会在调解与预防民间纠纷的过程中不能仅仅依赖法律说服教育，必要时要运用政策、道德、经济、行政等多种手段化解矛盾纠纷。人民调解也不是人民调解委员会的单独

行为，需要不同的人民调解委员会之间、人民调解委员会和有关部门，如法院、公安、仲裁、民政、信访、城管、环保、工会及妇联等部门之间联合起来，多管齐下，相互配合，共同化解矛盾纠纷。同时，人民调解委员会对调解不了的疑难纠纷、社会难点、热点纠纷和群体性纠纷要主动及时送交党委、政府或各有关部门处理，或劝说纠纷当事人通过合法途径解决，并积极配合党委、政府、各有关部门处理纠纷，防止久调不决导致矛盾纠纷激化。

（三）人民调解的原则

人民调解遵循的原则。人民调解应遵循以下原则：

1. 自愿平等原则。人民调解，必须在各方当事人平等自愿的基础上进行，不得强迫。这一原则的要求，一是纠纷的受理，必须基于当事人自愿，而且是各方当事人自愿，如果当事人不愿意接受调解，或者不愿意接受某个组织和个人的调解，或者有一方当事人不愿意接受调解，均不能强迫之；二是在调解的过程中，对当事人必须进行耐心细致的劝解、开导、说服，不允许采取歧视、强迫、偏袒和压制的办法；三是经调解达成协议，其是非界限、责任承担、权利义务内容，必须由当事人自愿接受，不得强加于人。

2. 不违背法律、法规及国家政策原则。人民调解委员会调解民间纠纷，必须依据法律、法规、规章和政策进行，法律、法规、规章和政策没有明确规定的，依据社会主义道德进行。这一原则要求，一是人民调解活动必须合法，其调解范围、程序步骤、工作方法必须符合有关法律、法规和规章的规定，调解行为规范、公正、合理；二是调解纠纷的主要方式是以国家法律、党和政府的政策及社会主义道德对当事人进行说服教育，使当事人按照法律、政策和道德，分是非、辨责任；三是纠纷调解的结果和当事人权利义务的确定，不得违背法律、政策和道德的要求，不能用本地的"土政策"代替法律，也不能在法律与情理发生抵触的时候违背法律的规定，无原则地求得纠纷的平息。

3. 尊重当事人的诉讼权利，不得妨碍当事人因未经调解或调解不成而依法通过仲裁、行政、司法等途径维护自己的权利。纠纷发生后，当事人有权向人民法院提起诉讼，不得因未经调解而限制其诉讼权利。在调解民间纠纷过程中，当事人在任何时候、以任何理由都可以中断调解，向人民法院提起诉讼。经调解达成协议的纠纷，当事人仍然有权利提起诉讼，请求人民法院对纠纷及其协议予以裁判。当然，当事人也负有履行人民调解协议的法定义务，不得随意反悔。

4. 合情合理原则。这里的情指的是人情，所谓人情包括亲情、友情、爱情，还有同事情、同学情等，合情就是合乎人际交往中感情世界能够接受的方式方法；这里的理是指人们办事过程中所要遵守的一般的行为规则及事物运动的规律，即老百姓都知道的广为群众接受的思想及思维方式、定律、规矩等。在人民调解过程中，我们不能仅依据刚性的国家法律制度，还必须考虑当地的风土人情、风俗习惯及情理等。

第二节 人民调解的立法现状

一 人民调解的立法现状

新中国成立后，随着民主与法制建设的加强，调解制度也在不断发展和完善。在总结新中国成立前人民调解工作经验的基础上，《中华人民共和国宪法》明确了人民调解委员会的地位。关于人民调解的

立法包括以下法律、法规。

(一)《人民调解委员会暂行组织通则》

为落实宪法的规定,政务院于1954年2月25日通过了《人民调解委员会暂行组织通则》,并公布施行,作为新中国成立后指导人民调解工作的主要依据。这个通则主要主要内容有:

1. 在中国范围内农村以乡为单位,城市以街道为单位,普遍建立调解委员会,调解民间一般的民事纠纷与轻微的刑事案件,并通过调解进行政策法令的宣传教育。

2. 调解委员会在城市由居民代表推选,在乡村由乡人民代表大会推选。调解委员的条件是为人公正,联系群众,热心调解工作。调解委员在任期内如有违法失职的情况,由原推选机构随时撤换改选。

3. 调解纠纷要利用生产空隙时间进行,要以和蔼耐心的态度倾听当事人的意见,诚恳地说服教育当事人互相谅解,达成协议。

4. 调解不得强迫,也不是诉讼的必经程序,调解不成,不能阻止当事人向法院提起诉讼。调解委员会调解的案件,受基层法院的监督和指导。

5. 调解可以由审判员一人主持,也可以由合议庭主持,并且尽可能就地进行。

6. 在进行调解时,除双方及有关当事人必须到场外,根据案件的需要,可以邀请有关单位和群众协助参加调解工作。

7. 调解必须双方自愿,不得强迫。

8. 调解达成的协议,应当制作调解书,由审判员、书记员签名,并加盖人民法院印章。调解书送达后,即具有法律效力。

9. 调解未达成协议或者调解书送达前一方反悔的,人民法院应当进行审判,不应久调不决。

（二）《人民调解委员会组织条例》

十一届三中全会后，中国的法制建设逐步走上正轨，各项法律制度逐步修改完善，调解制度也再次得到重视。1989年国务院重新制定颁布了《人民调解委员会组织条例》，与1954年《人民调解委员会组织暂行通则》一样，还不是很完善，只规定了人民调解的组织程序，没有全面地对人民调解制度做出完整规定。

（三）《人民调解工作若干规定》等规范性文件

为了更好地规范人民调解活动，司法部于2002年9月26日发布了《人民调解工作若干规定》，对人民调解工作的性质、任务和原则等作出规定，确立了我国现行的人民调解制度。最高人民法院于2002年9月16日发布了《关于审理涉及人民调解协议的民事案件的若干规定》，最高人民法院、司法部共同于2002年1月1日和2004年2月13日发布了《关于进一步加强新时期人民调解工作的意见》及《关于进一步加强人民调解工作切实维护社会稳定的意见》，这些规范性文件对于发挥人民调解的功能起到了重要的指导作用，但是仍然存在以下缺陷：一是其效力层次偏低，与人民调解的重要性不相称；二是其内容不完整，有关的法规、规章、司法解释或其他规范性文件相互之间的规定还不够协调，甚至存在一定的矛盾；三是经济、社会的发展对人民调解制度提出了新的要求，而原有的调解制度在组织规范、程序规范和协议效力等许多方面都需要通过立法进一步完善。

（四）《中华人民共和国人民调解法》

随着经济社会发展，我国进入了社会转型期和矛盾凸显期，各类矛盾纠纷呈现出多样性、复杂性、群体性等特点。与此同时，传统的调解类型也面临种种困境，难以适应及时缓和大量纠纷的现实需要，在解决纠纷上的作用日趋下降。这使得惯于把人民调解作为"防止纠纷的第一道防线"的原则产生了构筑一种更具实效、更具权威的纠纷

解决方式的内在需要,以改变过去各种调解单兵作战、各自为政的调处格局。自2001年起各地开始探索在新的形势下对调解制度进行重构。2003年江苏省南通市借鉴社会治安综合治理工作经验,结合重建调解网络,率先在全国建立"党政领导、政法牵头、司法为主、各方参与"的大调解机制,其他地方如山东陵县、浙江诸暨、上海浦东等也都建立了各具地方特色的大调解机制,并在实践中取得了良好效果。北京探索建立纵横交错的调解网络。在区县、街乡、镇、社区(村)、楼门院(小组)建立起四级较为完善的调解组织,形成了纵向的组织网络;在企事业单位、流动人口集中的区域、建筑工地、旅游景区、集贸市场、大型商场等矛盾纠纷多发的地点建立人民调解组织,形成了横向的组织体系。同时还建立了符合人民调解特点的较为严密的矛盾纠纷预防和信息反馈系统,实现了第一时间发现矛盾纠纷,第一时间介入解决纠纷,成效明显。经过一段时间的探索,《中华人民共和国人民调解法》于2010年8月28日第十一届全国人民代表大会常务委员会第十六次会议通过。这部法律的颁布实施,对于人民调解制度的完善,及时、高效、妥善地解决民事纠纷和促进社会主义和谐社会的建设,发挥更加重要的作用。

引导案例解析

作为本纠纷的调解员,首先要了解纠纷的全部情况,了解该房屋的市场行情,依据法律规定,合情合理地、设身处地地为承租者、出租者和买房者三方着想,分析利害关系,争取调解成功。

从租赁者刘某的角度讲,"买卖不破租赁",无论房东张某将房屋卖与何方人士,他都有权要求履行租赁合同,直至租赁合同到期为止。但如果张某愿意依照合同支付3000元的违约金,也算是履行合同、解决纠纷的一种方式;再者,刘某有购买此房屋的优先权，但前提是支付与其他购房者相同的购房款。

从买房者孙某的角度讲，他支付的购房款与租赁者刘某一样，当然不可以购买此房屋。如果他支付的购房款高于租赁者，即使交易成功，也不能要求刘某提前搬出，"买卖不破租赁"，孙某可以替换张某，成为新的出租方。

从房东张某的角度讲：他在出售房屋之前通知房客刘某要出售该出租房，并表示愿意支付违约金，这是正确的做法，但另外还有义务告知房客刘某，如果刘某愿意，在条件相同的前提下，刘某可以优先购买此房屋。可他没有这么做，应负相应的法律责任。

第三节 人民调解员

人民调解员是经群众选举或者接受聘任，在人民调解委员会领导下从事人民调解工作的人员。人民调解委员会委员、调解员，统称人民调解员。人民调解员就是在各级人民调解委员会从事民间纠纷调处工作的调解人员。人民调解员作为人民调解工作的主体，肩负着预防和调解民间纠纷的职责，在日常工作中预防和处理大量的群体性纠纷和社会热点矛盾，因此，调解工作能否顺利有效地开展，与人民调解员的素质关系极大。为此，我国相关的法律、法规对人民调解员的任职条件、产生、任期、职业纪律和职业道德等都做了原则性的规定，充分发挥人民调解工作的职能作用，规范人民调解员队伍，提高人民调解工作质量。

一 人民调解员的选聘条件

根据《人民调解法》第十四条的规定,人民调解员应当由公道正派、热心人民调解工作,并具有一定文化水平、政策水平和法律知识的成年公民担任。只要具备以上条件的成年公民,不分民族、性别、职业、宗教信仰等,都可以当选为人民调解员。

(一)公道正派

公道正派,是人民调解员必须具备的首要条件,也是对人民调解员道德素质的要求。作为一名人民调解员必须具备办事公道、正直无私、坚持原则的良好品质。在调解中保持中立,主持公道,不偏不倚,不为人情所累,不为金钱所惑,不为权势所屈。人民调解员只有具备了这样的高尚品德和情操,才能为群众所信赖,真正遵循合法合理的调解工作原则,公正处理纠纷。那种自私自利、爱贪便宜、欺软怕硬的人不能担任人民调解员。

(二)热心人民调解工作

热心人民调解工作,体现了人民调解员应当具备的工作态度和工作精神。人民调解工作要深入基层,工作量巨大,是一项艰苦、细致、繁重而又无名无利的工作,有时还有一定的危险性,这就要求调解人员必须要有全心全意为群众调解的思想。在调解中发扬无私奉献的精神,爱岗敬业,不怕苦,不怕累,不怕受气,为人民排忧解难,心甘情愿地做好息事宁人的工作。只有这样,才能心里装着群众,急纠纷当事人之所急,真心实意地为群众办实事、办好事;只有这样,才能不畏艰难困苦,不怕担风险,尽心尽力做好调解工作,就是碰上胡搅蛮缠、蛮不讲理的当事人,也会以极大的耐心去做工作,有时候受到委屈或不公正的评价,也会忍耐。反之,名利思想严重,没有坚定的事业心和高度责任感的人,不可能热心人民调解工作,也无法从事这一行业。因此，人民调解员既是为民排忧解难、只讲奉献、不图报酬的热心人，又是不惧风险、维护社会安定的卫士。

（三）具有一定文化水平、政策水平和法律知识

人民调解工作必须符合国家法律和政策，这是调解工作的重要原则之一，也是衡量调解工作正确与否的主要标准。如果一名人民调解员没有一定的法律、政策水平，即使具有良好的品质和高度的责任心，也不可能正确有效地解决纠纷，达到双方满意的效果。实践中发生的一些违法调解，往往都是由于调解人员不能正确理解并运用法律和政策造成的。因此，人民调解员熟悉和掌握与调解工作直接有关的法律和政策，是做好调解工作的前提和关键。特别是在实施依法治国、建设社会主义法治国家基本方略的新形势下，随着群众的法律意识和法制观念不断增强，人民调解员要正确、顺利地开展调解工作，更需要提高自己的法律素质和政策水平。

（四）成年公民

只有成年公民具有完全辨认和控制自己行为的能力，并有较强的独立分析和解决问题的能力，因此才能参与人民调解工作。另外，人民调解委员会作为我国的基层群众性自治组织，成为其组成人员的成年公民当然应是具有中华人民共和国国籍的人。

以上四项要求，是培养和选拔人民调解员的准则，只要具备了这些基本条件的我国公民，不分民族、性别、职业、宗教信仰及财产状况等，都有机会成为人民调解委员会的组成人员。

二　人民调解员应具备的基本素质

人民调解员在日常工作中预防和处理了大量的民间纠纷和社会矛盾，是推动人民调解工作不断发展的源泉和动力，在维护社会稳定、促进经济发展等方面发挥了重要的作用。人民调解员素质的高低，直

接关系到人民调解工作的成效,关系到能否把第一道防线筑牢,关系到基层社会的稳定与发展。而随着经济社会的发展变化,矛盾纠纷也越来越复杂,对人民调解员的素质提出了新的、更高的要求。

(一)较高的思想道德修养

思想道德修养,是做好人民调解工作的首要条件。作为一名优秀的人民调解员,首先要有良好的品行、较高的思想政治素质和职业道德修养。

人民调解员必须具有较高的思想政治素质,人民调解工作的客体使各类人民内部矛盾纠纷、矛盾处理情况的好坏直接影响人民生活的安定和社会的稳定团结。人民调解员只有从政治的高度对待自己的工作,才能准确地为矛盾定性,选择合适的矛盾解决方式有效地化解纠纷,真正发挥人民调解工作"社会减震器"的作用。同时,人民调解员还必须具备良好的品行,身体力行遵守社会主义道德,以德修身,以德服众,发挥道德示范作用,自主、自省、自警、自励,以高尚的人格力量影响和带动广大群众。遵纪守法,严于律己,牢固树立宗旨观念和服务意识,端正工作态度,改进工作作风,这是从事人民调解工作的基本前提。只有具有良好的品行、较高的思想素质和职业道德素养,才能摆正人民调解员工作的角色位置,才能提高自己在群众中的威望,取得群众的信任,才能在调解工作中坚持原则,提高调解工作的效率。

(二)较强的业务水平

作为一名调解员,不仅要有较高的思想道德修养,还要具备较强的业务素质,精通人民调解业务,才能成为人民调解工作的行家能手。随着依法调解、科学调解成为新时期人民调解工作发展的新趋势,人民调解员应及时优化自身的知识结构。

1. 要加强法律知识的学习。以往的调解工作重视对当事人的道德教育，力求以德解纷。当前我国正在建设社会主义法治国家，实行依法治国，人民调解工作应当将"以德调解"和"依法调解"相结合，法德并举，优化调解效果。人民调解员应当认真学习民法、经济法、合同法、婚姻法等与自身工作关系紧密的法律知识，了解依法调解对调解工作的方式、程序、效力等方面的要求，在工作实践中加以运用，开创人民调解工作的新局面。

2. 要加强心理学知识的学习。调解工作的对象是人，人与人交往的过程是人的心理活动相互作用的过程，人与人之间的矛盾背后有大量的心理因素在起作用，调解的过程是事实澄清、矛盾化解的过程，也是当事人的认识、情绪、态度等一系列心理活动发生转变的过程。如果不了解当事人的心理，一味地就事论事，往往难以发现导致矛盾的内在症结，也难以从根本上解决问题。相反，如果能根据当事人的认识心理，以理服人；根据当事人的情绪情态，以情感人；根据当事人的行为心理，由内而外，往往能快速、彻底地解决问题。因此，科学的心理学基础知识、良好的心理观察技巧、正确的心理干扰方法都是新时期人民调解员在科学调节过程中的必备素养。

（三）较好的心理素质

每一种职业对从业者的心理素质都会提出一些具有职业特性的要求。人民调解员作为专职的矛盾纠纷调解者，面临纷繁复杂的社会纠纷，面对形形色色不同个性的当事人，工作环境的复杂性对调解员的心理素质提出了较高的要求。

1. 在态度方面，要求有耐心和热心。提请调解的矛盾都是当事人无法自行解决的较复杂的矛盾纠纷，在调解过程中会遇到很多难题和波折，有的矛盾的解决需要耗费调解员很多的精力和很长的时间，不能因此而产生厌倦、烦躁的心理，应当树立良好的服务意识，以足够的耐心和充分的热心为当事人排忧解难。

2. 在自我认识方面，要求有一定的自信心。并非每一次调解都能促成矛盾解决，也并非每一位当事人都会对调解员的工作给予肯定，当遭遇调解的失败和当事人的否定时，调解员容易产生自我怀疑、自我否定的心理暗示，在调解过程中表现得优柔寡断，无形中降低了自己的威信度，难以胜任中间人的角色，从而延缓矛盾的解决，因此，调解员自信程度的强弱将会直接影响调解工作的进程。

3. 在意志方面，要求有决心和恒心。调解工作本身就是一项迎难而上的工作，因此工作中遇到困难和挫折是常有的事。当矛盾趋于激化、当事人关系陷入僵局时，调解员的新一轮斡旋努力往往有可能起到"柳暗花明又一村"的效果，这就需要调解员具备坚定不移的决心和坚持不懈的恒心，以坚强的意志在调解矛盾纠纷攻坚战中取得胜利。

（四）较强的语言表达能力

语言表达能力是指人民调解员运用语言艺术、技巧对矛盾纠纷进行调解处理的说教能力。语言表达能力之所以被认为是纠纷调解必不可少的调解能力，因为人民调解工作针对的对象绝大部分是普通百姓，纠纷内容主要是在日常生活和社会交往中引起的人际关系矛盾。基于此特点，决定了人民调解员更多的是通过口头交流的方式在当事人之间了解情况、传递信息、劝解斡旋。因此，人民调解员的言辞表达至关重要。言辞恰当得体，可以尽快化解矛盾，达到预期效果，言辞不当，则往往不能避免调解的失败。

（五）较强的应变能力和自控能力

所谓应变能力，就是人民调解员应具备的处置各种复杂情形的应变能力。人民调解工作面广、量大，调解员要面临各种矛盾纠纷，比如，有经济建设方面的，如征地、拆迁、安置等，有劳资方面的，有婚姻家庭方面的，如扶养、赡养、邻里、界址，有突发事件的，也有群体性事件等方面的矛盾纠纷。而对不同的纠纷、不同的对象应采用不同的调解方法。调解员还要面对不同的当事人，有的当事人性情急躁，而有的认死理，有的当事人见面就夸夸其谈，有的却半天也说不上一句话。调解中，不是所有的当事人对调解员的话都言听计从，有的甚至让调解员十分难堪。对于一个个具体鲜活的纠纷，需要调解员具有较强的应变能力。有了较强的应变能力，就能很好地驾驭纠纷局面，控制事态发展，不致纠纷激化。这种复杂的局面也要求人民调解员具备较强的自控能力，调解员在面对这些复杂的情境时，要能够保持冷静的头脑，拥有平和的心态和处乱不惊的定力，以理智的态度正确疏导群众的情绪，将矛盾化解在和风细雨中。如果调解员本身心理失衡，没有很好的自控能力，就会导致纠纷进一步激化，从而不利于和解的达成。

三　人民调解员的权利与义务

（一）人民调解员的权利

根据《人民调解法》第十六条的规定，人民调解员的权利包括：

1. 获得误工补贴的权利。人民调解员从事调解工作，应当给予适当的误工补贴，即根据本法规定由县级以上人民政府和设立人民调解委员会的村民委员会、居民委员会和企事业单位对人民调解员在从事人民调解工作中的必要开支和直接经济损失给予适当的补贴。

2. 获得必要的医疗、生活救助的权利。人民调解员因从事调解工作致伤致残、生活发生困难的，当地人民政府应当提供必要的医疗、生活救助。

3. 亲属获得抚恤和优待的权利。人民调解工作岗位上牺牲的人民调解员，其配偶、子女按照国家规定享受抚恤和优待。这是对人民调解员的救助制度和抚恤、优待制度。"因从事调解工作致伤致残，生活发生困难"是指人民调解员从事调解工作的整个过程中所致伤残和生活困难。当地人民政府是提供救助的主体,主要为人民调解员的此类情况提供医疗、生活方面的救助。

4. 接受培训的权利。县级人民政府司法行政部门应当定期对人民调解员进行业务培训。

5. 获得司法保护的权利。人民调解员依法履行职务,受到非法干涉、打击报复的,可以请求司法行政机关和有关部门依法予以保护。

(二)人民调解员的义务

根据《人民调解法》第十五条的规定,人民调解员的义务包括:

1. 人民调解员调解纠纷,不得徇私舞弊。在调解工作中,人民调解员应当公平公正对待双方当事人,公正处理当事人之间的矛盾纠纷,不得因与当事人的远近亲疏而偏袒一方当事人。

2. 不得对当事人压制、打击报复。在调解中,人民调解员应当和善对待当事人,力争当事人之间矛盾纠纷的和平解决,不能因当事人与自己观点不同而限制当事人讲话,甚至强迫压制当事人。

3. 不得侮辱、处罚纠纷当事人。调解工作中,人民调解员应当耐心细致地做调解工作,不能因当事人的态度不好或者不服调解而使用侮辱性语言或者处罚当事人。

4. 不得泄露当事人隐私。调解工作中,人民调解员应当为当事人保守个人隐私,不能因了解掌握当事人有关情况而泄露当事人不愿告人的或不愿公开的事情,防止违法乱纪的现象发生。

5. 不得接受当事人吃请送礼。调解工作中,人民调解员应当廉洁自律,不得接受当事人的吃请送礼。

人民调解员履行职务,应当坚持原则,爱岗敬业,热情服务,诚实信用,举止文明,廉洁自律,注重学习,不断提高自身法律道德素养和调解技能。人民调解员应该以公民道德准则严格要求自己,做公民道德建设的表率，坚持公平、公正、不徇私情。这样才能服务于民，取信于民，发挥人民调解工作在建设社会主义精神文明中的作用。

第四节 人民调解委员会和人民调解员

引导案例

丽苑小区是一个新入住的小区，居民在入住过程中，因为装修、垃圾清运等，在居民与居民之间、居民与物业公司之间发生了争执，大部分居民本着同住一个小区低头不见抬头见的心态，采取协商和解的方式解决了矛盾纠纷。但是，实际生活中，并不是所有的矛盾纠纷都能够通过协商的方式化解，有时协商的效果并不明显，中华民族又是一个不好诉讼的民族，并且到法院打官司又非常费时费力，因此，居民们希望调委会能通过调解的方式解决，但社区居委会及调委会都还没来得及设立。问题：

1. 如何组建一个人民调解委员会，设立调委会有哪些要求？
2. 人民调解委员会的工作场所如何建设？
3. 人民调解委员会的工作制度有哪些？
4. 人民调解员如何选任？什么条件的人可以担任调解员？

相关理论知识

一　人民调解委员会的任务和调解方针

人民调解委员会在城市以居民委员会为单位，在农村以村民委员会为单位建立。

（一）人民调解委员会的任务

人民调解委员会的任务是：

1. 及时发现纠纷，迅速解决争端；

2. 防止矛盾激化，预防、减少犯罪的发生；

3. 积极为城市、农村经济体制改革服务；

4. 进行社会主义法制宣传教育；

5. 教育挽救失足青少年；

6. 推动社会主义精神文明建设。

依照法律规定，人民调解委员会在基层人民政府和基层人民法院的指导下开展工作，用调解的方法解决一般的民事纠纷和轻微的刑事案件。经调解自愿达成的协议，当事人应自觉履行，不愿调解或调解不成、调解后反悔的，一方或双方当事人可以向人民法院起诉。人民调解委员会不是国家司法机关的组成部分，也不是一级行政组织，它的活动及结果不具有法律和行政的强制性。

（二）人民调解的工作方针

当前人民调解的工作方针是："调防结合、以防为主、多种手段、协同作战。"这是通过长期的人民调解工作的实践总结出来的，对人民调解工作具有重要的实际意义。"调防结合、以防为主"与"多种手段、协同作战"是解决矛盾纠纷的两个方面。

"调防结合、以防为主"强调调解纠纷和预防纠纷要紧密结合起来，立足调解，着眼于预防。强调人民调解委员会不仅要做好传统的婚姻、家庭、邻里、赔偿等常见性、多发性纠纷的调解，还要结合本地的实际情况，针对突出的难点、热点纠纷开展调解工作，化解利益冲突，及时有效化解各类矛盾纠纷。同时，要进一步做好预防工作，坚持抓早、抓小、抓苗头，把纠纷化解在萌芽状态，解决在基层，严防民间纠纷激化引起自杀、凶杀、群体性事件。调解工作做好了，就能控制事态的发展，防止矛盾纠纷激化，避免更大的损失。在实际工作中，要将两者紧密结合，做到在预防思想指导下进行调解，在调解工作中抓紧预防，调中有防，寓防于调，防重于调，才能更好地维护社会稳定。

"多种手段、协同作战"强调调解需要采取多种手段，多个部门互相配合，通力合作。人民调解委员会在调解与预防民间纠纷的过程中不能仅仅依赖法律说服教育，必要时要运用政策、道德、经济、行政等多种手段化解矛盾纠纷。人民调解也不是人民调解委员会的单独行为，需要不同的人民调解委员会之间、人民调解委员会和有关部门，如法院、公安、仲裁、民政、信访、城管、环保、工会及妇联等联合起来，多管齐下，相互配合，共同化解矛盾纠纷。同时，人民调解委员会对调解不了的疑难纠纷、社会难点、热点纠纷和群体性纠纷要主动及时送交党委、政府及各有关部门处理，或劝说纠纷当事人通过合法途径解决，并积极配合党委、政府、各有关部门处理纠纷，防止久调不决导致矛盾纠纷激化。

二 人民调解委员会的设立与组成

人民调解委员会的设立。乡镇、街道及社会团体或者其他组织根据需要参照《人民调解法》有关规定设立人民调解委员会。

乡镇、街道人民调解委员会主要调解村（居）人民调解委员会难以调解的疑难、复杂民间纠纷和跨区域、跨单位的民间纠纷。社会团体或者其他社会组织设立的人民调解委员会主要调解专业性较强的矛盾纠纷，如医疗、交通事故、物业管理、劳动争议、消费权益、知识产权等多方面纠纷。

三 人民调解委员会的调解形式

调解形式，是指调解人员在调解纠纷的过程中所采用的具体方式。常用的调解方式有：单独调解、共同调解、直接调解、间接调解、公开调解、非公开调解、联合调解等。单独调解是指由纠纷当事人所在地或纠纷发生地的调委会单独进行的调解。

（一）单独调解

单独调解，是调解委员会最常用的调解方式之一。单独调解适用于调委会独任管辖的纠纷。这类纠纷不涉及其他地区、其他单位的关系人。调解组织对纠纷双方当事人都比较熟悉，便于深入调查研究，摸清纠纷发生、发展情况，针对当事人的心理特点，开展调解工作；便于督促调解协议的履行；便于解决当事人合理的实际困难，因此调解成功率较高。单独调解应注意因人熟、地熟、情况熟而照顾情面或碍于一方势力所造成的不公正调解等弊端。

（二）共同调解

共同调解，是指由两个或两个以上的人民调解组织，对于跨地区、跨单位的民间纠纷，协调配合，一起进行的调解。《人民调解委员会组织条例》第七条规定："……跨地区、跨单位的纠纷，可以由有关的各方调解组织共同调解。"那么什么是跨地区、跨单位的民间纠纷呢？跨地区、跨单位的民间纠纷指的是纠纷当事人属于不同地区或单位，或者纠纷当事人属于同一地区或单位而纠纷发生在其他地区或单位的。

（三）直接调解

直接调解，是指调解人员将纠纷双方当事人召集在一起，主持调解他们之间的纠纷。直接调解可以单独调解，也可共同调解。

（四）间接调解

间接调解，是指调解人员动员借助纠纷当事人以外的第三者的力量进行调解。间接调解是人民调解委员会在实践中经常运用的一种工作方法和调解技巧，其中蕴含着深刻的哲学道理。

（五）公开调解

公开调解，是指人民调解委员会在调解纠纷时，向当地群众公布调解时间、调解场所，邀请当事人亲属或朋友参加，允许群众旁听的调解方式。这种调解形式主要适用于那些涉及广、影响大、当事人一方或双方有严重过错，并对群众有教育示范作用的纠纷，以起到调解一件、教育一片的作用。

（六）非公开调解

非公开调解，是指人民调解委员会人只有当事人在场无其他人参加的情况下进行的调解。非公开调解是与公开调解相对而言的。非公开调解适用于涉及纠纷当事人隐私权的纠纷，如一些婚姻纠纷、恋爱纠纷、家庭内部纠纷和调委会认为不宜公开调解的其他纠纷。非公开调解是调委会针对纠纷当事人的特点和纠纷的具体情况，灵活采用的调解方式和调解技巧。有些纠纷当事人心胸狭隘，有些当事人认为家丑不可外扬，还有的纠纷内容属于不宜公开的，采用非公开调解，能够使纠纷当事人说出心里话，使调解人员找到纠纷症结，对症下药调解纠纷。

（七）联合调解

联合调解，是指人民调解委员会同其他地区或部门的调解组织、群众团体、政府有关部门，甚至司法机关，相互配合，协同作战，共同综合治理民间纠纷的一种方式。联合调解是政府有关部门及司法机关与调解组织共同参与调解、处理民间纠纷，将调解组织的疏导、调解同基层人民政府的行政处理、法院的审判活动连为一体的综合治理，因此较共同调解的权威性更强，效力更大。

引导案例解析

1. 人民调解委员会是依法设立的调解民间纠纷的群众性组织。按照《人民调解法》的规定，人民调解委员会由委员三至九人组成,每个人民调解委员会应当设立一名主任,必要时可以设立副主任。人民调解委员会应当有一定比例的妇女委员,少数民族地区应当有一定比例的少数民族委员。人民调解员包括人民调解委员会委员和人民调解委员会聘任的人员。人民调解委员会委员每届任期三年,可以连选连任。

2. 按照"谁设立、谁保障"的要求,积极协调有关单位或组织,切实落实人民调解委员会的办公场所、办公设备等,为人民调解委员会开展工作提供办公条件和必要保障。调解场所建设包括:设施设备齐全、标牌规范、标识规范、制度墙上公示等。

3. 为了使人民调解委员会更好地完成调解工作任务,增强调解人员的事业心和责任感,就必须建立健全人民调解工作制度。人民调解委员会应建立以下工作制度:岗位责任制度、纠纷登记制度、档案管理制度、共同调解制度、纠纷讨论制度、回访督促制度、纠纷排查制度、统计分析制度、工作例会制度、矛盾纠纷信息的传递与反馈制度、人民调解委员会业务学习与培训制度、纠纷移交制度、重大纠纷快报制度。

4. 人民调解员是经群众选举或者接受聘任,在人民调解委员会领导下从事人民调解工作的人员。根据《人民调解法》第十四条的规定,人民调解员应当由公道正派、热心人民调解工作,并具有一定文化水平、政策水平和法律知识的成年公民担任。只要具备以上条件的成年公民,不分民族、种族、性别、职业、宗教信仰等,都可以当选为人民调解员。

其他典型案例分析

[案例一] 疏通容易调解难

北京某小区属于老旧小区,辖区内设施陈旧,容易出现下水道堵塞的现象。居民小区里的管道应是由小区物业管理,但是由于拖欠物业费的问题,每到下水道堵塞时,社区居委会自然就成了"管事的"。该社区调解委员会的委员们也认为,该小区的多数下水道及主管道……都是经常会堵的"老大难",社区也没辙,只有对商户和居民进行调解。这种问题很棘手。遇到讲理的居民,他们会愿意分摊疏通费用;遇到不讲理且自私的居民,那就只有自己怄气了。

就在2016年5月的某一天,该小区10号楼甲单元103的下水道堵了,该社区的物业在查看完管道结构以后,建议该单元居民将下水管道进行改造,避免日后下水管道经常性堵塞。听到这个建议以后,该社区立刻组织该单元居民召开协商会,就此问题进行协商,有些居民比较通情达理,当即同意均摊改造费用,但是也有不同的声音"下水道堵塞也不是我造成的,平时疏通也就算了,改造我不同意"。听到这些话,103的居民当时也有些着急:"你们爱改不改,拆我们家的屋,影响我正常生活,我这什么都没说,你们还不干,我让他们单走一个下水管道,我自己走一根管道,以后你们下水管堵跟我没关系!"说完,转身就走了。该社区立即停止了此次调解会。

调解过程与技巧

为了不影响大家的正常生活,该社区调解委员会的委员立即追上去,劝说103的房主:"为了大家的生活,也为了您以后避免反复疏通下水道,咱们最好还是将管道改造一下,我们这也说说其他几位不同意的居民,您也别太急着否定改造管道的事。"说完就让103的房主回家等待消息。

安抚好当事人,调解员就立即挨家挨户地进行疏导、劝解。经过多次耐心沟通,终于该单元的全体居民全部同意改造下水管道,并且均摊改造费用,恢复103的房屋地面的费用个人出20%,剩余80%

由各户均摊。

至此，该小区10号楼甲单元的下水道改造风波终于平息。

[案例二]　　原因要素的运用技巧

水柳镇的任某和张某从小是同学，两人青梅竹马，一起长大。经过自由恋爱，几年前结了婚。婚后，夫唱妇随，小日子过得甜甜蜜蜜。认识他们的人都说他俩是一对恩爱夫妻。可这阵子也不知咋了，小两口经常吵嘴磨牙，一到晚上就关门打架。人说天上下雨地下流，小两口打架不记仇，但却听说他俩要离婚了。这是一段梅雨季节，天天阴雨绵绵。这天晚上，外面下着瓢泼大雨，可任某、张某的邻居却听见从他家传来的打骂声和哭泣声。邻居打开门，看见张某披头散发地哭着从家里冲了出来，而任某却没追出来，邻居赶快追了出去，终于拦住了张某。可张某说什么也不愿回家，邻居只好先把她安顿在自己家。

第二天，得知这一情况的调解主任刘大妈来了。小夫妻俩当着她的面都说这日子没法过了，要离婚。刘主任说："大妈是过来人，小夫小妻吵点架是正常，怎么好好的就闹起离婚来了？这到底是怎么了？"可任凭刘主任说破嘴，这两人就是低着头不说话。刘主任也很疑惑，心想这到底是为了什么呢。她走访了夫妻俩的亲戚和邻居，得知两人感情一直很好，只是这一段时间也不知怎么了，互相不太爱搭理。但在亲戚朋友面前，两人也从不说对方的不是，只是言语之间已没有以前的亲昵。刘主任了解了这些情况之后，又联想到问他俩时两人羞羞答答、欲言又止的表情，刘主任心想"有了"。她找来妇联主任，让她带着小夫妻俩去医院检查。检查结果出来了，是女方张某有妇科疾病，经治疗很快就好了。这一好百好，任某和张某不吵也不闹了，小两口和好如初。一年后，张某生下了胖儿子。小家伙虎头虎脑，夫妻俩整天围着儿子转,一家人每天笑呵呵。邻居们都说:"真是个幸福的小家庭啊!"

请分析原因要素的运用技巧。

调解过程与技巧

任何一件纠纷的发生都是有原因的,抓住了原因,调解的时候就能直奔主题,就不会在细枝末节的问题上浪费时间和精力。任某和张某本是一对恩爱夫妻,是什么让他俩闹起了离婚呢?调解主任刘大妈在当事人那儿没得到答案,她没有放弃,而是深入群众认真调查,凭着翔实的调查资料、细腻的心思和敏锐的观察力,刘主任猜到了当事人不愿说的纠纷的原因。可以设想,如果刘主任没能找到小夫妻俩要离婚的真正原因,那她只能空洞地教导夫妻俩要相敬如宾、好好过日子。这样的话,任某和张某夫妻俩之间的矛盾就得不到实质性的解决,即使两人现在答应刘主任不离婚了,但时间一长,这个矛盾会再次浮现,影响夫妻俩的感情。可见,只有找到原因,才能从根本上解决问题。

所需法律法规

中华人民共和国人民调解法

(2010年8月28日第十一届全国人民代表大会常务委员会第十六次会议通过)

第一章 总 则

第一条 为了完善人民调解制度,规范人民调解活动,及时解决民间纠纷,维护社会和谐稳定,根据宪法,制定本法。

第二条 本法所称人民调解,是指人民调解委员会通过说服、疏导等方法,促使当事人在平等协商基础上自愿达成调解协议,解决民间纠纷的活动。

第三条 人民调解委员会调解民间纠纷,应当遵循下列原则:

（一）在当事人自愿、平等的基础上进行调解；

（二）不违背法律、法规和国家政策；

（三）尊重当事人的权利，不得因调解而阻止当事人依法通过仲裁、行政、司法等途径维护自己的权利。

第四条 人民调解委员会调解民间纠纷，不收取任何费用。

第五条 国务院司法行政部门负责指导全国的人民调解工作，县级以上地方人民政府司法行政部门负责指导本行政区域的人民调解工作。基层人民法院对人民调解委员会调解民间纠纷进行业务指导。

第六条 国家鼓励和支持人民调解工作。县级以上地方人民政府对人民调解工作所需经费应当给予必要的支持和保障，对有突出贡献的人民调解委员会和人民调解员按照国家规定给予表彰奖励。

第二章 人民调解委员会

第七条 人民调解委员会是依法设立的调解民间纠纷的群众性组织。

第八条 村民委员会、居民委员会设立人民调解委员会。企业事业单位根据需要设立人民调解委员会。

人民调解委员会由委员三至九人组成，设主任一人，必要时，可以设副主任若干人。

人民调解委员会应当有妇女成员，多民族居住的地区应当有人数较少民族的成员。

第九条 村民委员会、居民委员会的人民调解委员会委员由村民会议或者村民代表会议、居民会议推选产生；企业事业单位设立的人民调解委员会委员由职工大会、职工代表大会或者工会组织推选产生。

人民调解委员会委员每届任期三年，可以连选连任。

第十条 县级人民政府司法行政部门应当对本行政区域内人民调

解委员会的设立情况进行统计，并且将人民调解委员会以及人员组成和调整情况及时通报所在地基层人民法院。

第十一条　人民调解委员会应当建立健全各项调解工作制度，听取群众意见，接受群众监督。

第十二条　村民委员会、居民委员会和企业事业单位应当为人民调解委员会开展工作提供办公条件和必要的工作经费。

第三章　人民调解员

第十三条　人民调解员由人民调解委员会委员和人民调解委员会聘任的人员担任。

第十四条　人民调解员应当由公道正派、热心人民调解工作，并具有一定文化水平、政策水平和法律知识的成年公民担任。

县级人民政府司法行政部门应当定期对人民调解员进行业务培训。

第十五条　人民调解员在调解工作中有下列行为之一的，由其所在的人民调解委员会给予批评教育、责令改正，情节严重的，由推选或者聘任单位予以罢免或者解聘：

（一）偏袒一方当事人的；

（二）侮辱当事人的；

（三）索取、收受财物或者牟取其他不正当利益的；

（四）泄露当事人的个人隐私、商业秘密的。

第十六条　人民调解员从事调解工作，应当给予适当的误工补贴；因从事调解工作致伤致残，生活发生困难的，当地人民政府应当提供必要的医疗、生活救助；在人民调解工作岗位上牺牲的人民调解员，其配偶、子女按照国家规定享受抚恤和优待。

第四章　调解程序

第十七条　当事人可以向人民调解委员会申请调解；人民调解委

员会也可以主动调解。当事人一方明确拒绝调解的，不得调解。

第十八条　基层人民法院、公安机关对适宜通过人民调解方式解决的纠纷，可以在受理前告知当事人向人民调解委员会申请调解。

第十九条　人民调解委员会根据调解纠纷的需要，可以指定一名或者数名人民调解员进行调解，也可以由当事人选择一名或者数名人民调解员进行调解。

第二十条　人民调解员根据调解纠纷的需要，在征得当事人的同意后，可以邀请当事人的亲属、邻里、同事等参与调解，也可以邀请具有专门知识、特定经验的人员或者有关社会组织的人员参与调解。

人民调解委员会支持当地公道正派、热心调解、群众认可的社会人士参与调解。

第二十一条　人民调解员调解民间纠纷，应当坚持原则，明法析理，主持公道。

调解民间纠纷，应当及时、就地进行，防止矛盾激化。

第二十二条　人民调解员根据纠纷的不同情况，可以采取多种方式调解民间纠纷，充分听取当事人的陈述，讲解有关法律、法规和国家政策，耐心疏导，在当事人平等协商、互谅互让的基础上提出纠纷解决方案，帮助当事人自愿达成调解协议。

第二十三条　当事人在人民调解活动中享有下列权利：

（一）选择或者接受人民调解员；

（二）接受调解、拒绝调解或者要求终止调解；

（三）要求调解公开进行或者不公开进行；

（四）自主表达意愿、自愿达成调解协议。

第二十四条　当事人在人民调解活动中履行下列义务：

（一）如实陈述纠纷事实；

（二）遵守调解现场秩序，尊重人民调解员；

（三）尊重对方当事人行使权利。

第二十五条 人民调解员在调解纠纷过程中，发现纠纷有可能激化的，应当采取有针对性的预防措施；对有可能引起治安案件、刑事案件的纠纷，应当及时向当地公安机关或者其他有关部门报告。

第二十六条 人民调解员调解纠纷，调解不成的，应当终止调解，并依据有关法律、法规的规定，告知当事人可以依法通过仲裁、行政、司法等途径维护自己的权利。

第二十七条 人民调解员应当记录调解情况。人民调解委员会应当建立调解工作档案，将调解登记、调解工作记录、调解协议书等材料立卷归档。

第五章 调解协议

第二十八条 经人民调解委员会调解达成调解协议的，可以制作调解协议书。当事人认为无须制作调解协议书的，可以采取口头协议方式，人民调解员应当记录协议内容。

第二十九条 调解协议书可以载明下列事项：

（一）当事人的基本情况；

（二）纠纷的主要事实、争议事项以及各方当事人的责任；

（三）当事人达成调解协议的内容，履行的方式、期限。

调解协议书自各方当事人签名、盖章或者按指印，人民调解员签名并加盖人民调解委员会印章之日起生效。调解协议书由当事人各执一份，人民调解委员会留存一份。

第三十条 口头调解协议自各方当事人达成协议之日起生效。

第三十一条 经人民调解委员会调解达成的调解协议，具有法律约束力，当事人应当按照约定履行。

人民调解委员会应当对调解协议的履行情况进行监督，督促当事人履行约定的义务。

第三十二条 经人民调解委员会调解达成调解协议后,当事人之间就调解协议的履行或者调解协议的内容发生争议的,一方当事人可以向人民法院提起诉讼。

第三十三条 经人民调解委员会调解达成调解协议后,双方当事人认为有必要的,可以自调解协议生效之日起三十日内共同向人民法院申请司法确认,人民法院应当及时对调解协议进行审查,依法确认调解协议的效力。

人民法院依法确认调解协议有效,一方当事人拒绝履行或者未全部履行的,对方当事人可以向人民法院申请强制执行。

人民法院依法确认调解协议无效的,当事人可以通过人民调解方式变更原调解协议或者达成新的调解协议,也可以向人民法院提起诉讼。

第六章 附 则

第三十四条 乡镇、街道以及社会团体或者其他组织根据需要可以参照本法有关规定设立人民调解委员会,调解民间纠纷。

第三十五条 本法自2011年1月1日起施行。

第二章 解除同居关系纠纷的调解

婚姻是男女结合为夫妻关系的社会现象，是为一定社会制度所确认的男女两性结合及由此而产生的社会关系，即夫妻关系，也就是婚姻关系。婚姻纠纷解决情感与财产双重矛盾，特别是离婚纠纷，可能影响当事人的一生。因此，离婚纠纷发生后应着重调解，在调解无效的情况下，再行诉讼有其现实意义。

第一节 同居关系的认定和分类

引导案例

李刚、刘岚双方于 2014 年 5 月在一酒店认识，不久，李刚将刘岚带到自己的宿舍住宿。同年 6 月，刘岚辞去工作，依然经常到李刚宿舍与李刚同宿。在此期间，李刚对周围人介绍说刘岚是其朋友，李刚的同事也认为李刚、刘岚是男女朋友关系。俩人相处期间，李刚反对刘岚与周围邻居及其同事交往。李刚由于工作性质，外出工作较多且时间无规律，引起刘岚的猜疑，双方为此经常发生争吵。同年 8 月某晚，李刚与同事外出工作，刘岚因阻止未果，便从李刚宿舍楼顶跳下，致双腿摔伤，由李刚送往医院治疗。现刘岚双腿已瘫痪，暂时住李刚宿舍。

2016年3月某日，李刚找到调委会调解员，向调解员诉说："与刘岚认识后，刘岚要求我带她到自己的宿舍同宿。同居生活期间，因我经常外出工作，刘岚对我猜疑，双方经常发生争吵。刘岚为阻止我外出工作而跳楼摔伤后，为治疗刘岚的伤病，已花光了借来的2万多元。要求法院依法解除我与刘岚的非法同居关系。"

刘岚称：她在酒店当服务员时与李刚认识，认识后是李刚主动带她去他宿舍同宿。后来李刚知道自己不是处女后，对她态度大变，经常找一些小事和她吵架，甚至打她。李刚发现她怀孕后，还骗她吃打胎药。她说李刚说不是在与自己谈恋爱，还是欺骗了她。

问题：本纠纷是否属于同居关系纠纷？调解员应当如何调解该纠纷？

相关理论知识

一 同居关系的认定

（一）同居关系的概念

关于同居关系的界定，众说纷纭：有学者认为"同居关系，即男女双方未办理结婚登记而在一起持续、稳定的居住"，有学者认为"男女两性公开共同生活，但不符合事实婚姻构成要件的两性结合"就是同居关系，还有人认为"符合婚姻的实质要件，但没有履行合法的登记手续的男女自愿生活在一起，互相享有权利、承担义务，但不以夫妻名义对外享有权利、承担义务的一种两性结合方式"。

综上各学者的观点，可以把握到他们的共性，同居关系是男女双方未办理婚姻登记而自愿、持续、稳定、公开的有性生活内容的共同生活在一起的社会关系。

(二) 同居关系的特点

1. 当事人双方为异性,即同居只产生在男女之间。这就排除了同性之间的共同居住的情况,如朋友(同性)之间的合租房屋一起居住。

2. 双方未办理结婚登记。这点是与婚姻关系最本质的区别。同居关系和婚姻关系之间也就只差这一登记要件了。也正因为少了这一登记要件,才产生了离婚的法律后果与同居关系解除后法律后果的截然不同。

3. 男女居住是"有性居住"。这里的有性居住是指男女在居住期间有性生活内容,即有的学者说的"同吃同睡",这就区别那些虽然是异性的,也达到结婚的实质要件的人合租或一方借住于另一方家里但他们之间并无性生活的那些情况。

4. 同居关系具有持续性、稳定性、公开性和自愿性的特点。同居必须是一种连续的行为状态,且同居的对象应该稳定,双方是出于自愿,对外并不隐瞒。所以,那种"一夜情""嫖宿"就不是同居关系。我国对同居的立法几乎是空白,在《〈婚姻法〉司法解释(一)》第二条有这样的规定,"有配偶者与他人同居"的情形,是指有配偶者与婚外异性,不以夫妻名义,持续、稳定地共同居住。从这里面可以看出我们的法律对同居关系的界定是"异性不以夫妻的名义,持续、稳定地共同生活"。

二 同居关系的分类

(一) 未婚同居

未婚同居,一般是以感情为基础的,同居双方各自没有合法婚姻的存在,他们的同居不涉及他人的婚姻。恋爱同居,农村中的"只办喜酒不办证"的"事实婚姻"同居，试婚、原婚姻合法解除后如老年朋友中的"夕阳红同居"等。在1994年2月1日之前，我们对同居关系，只要符合上述同居关系的特点的，就认定为"事实婚姻"，与合法婚姻有相当的效力；如果同居涉及他人婚姻，就认定为非法同居。1994年2月1日之后，我国对同居关系的调整有了新的规定，立法已经不承认事实婚姻的存在。

（二）婚外同居

婚外同居通常也被称为"姘居"，是指同居的一方或双方当事人在同居时已有合法的婚姻存在且还没有解除。这种同居影响到了他人的婚姻，所以，婚外同居又称为"涉及他人婚姻的同居"，主要表现在"金屋藏娇""养情妇""养小秘""包二爷""包二奶"等。他们之间的同居，更多的是建立在金钱和性欲基础上的。这种同居关系不再像未婚同居那样只是引起一些社会治安问题，而是违法行为。我国《婚姻法》第3条"禁止有配偶者与他人同居"。第4条就规定"夫妻间有忠实的义务"。

（三）法定同居

我国《婚姻法》第12条规定："无效或被撤销的婚姻，自始无效。当事人不具有夫妻的权利和义务。同居期间所得的财产，由当事人协议处理；协议不成时，由人民法院根据照顾无过错方的原则判决……"从法条可以看出，立法者是把这种关系定性为同居关系的。这种同居可能并不是出于当事人的本意，也许当事人的一方或双方都有缔结婚姻的意愿，但由于违反了相关法律，导致了婚姻无效或可以撤销才形成了同居。这种同居叫"法定同居"。

第二节 同居关系的解除及纠纷调解

一 同居关系解除

我国《〈婚姻法〉司法解释（一）》中所谓的"同居关系"，就是指无效的事实婚姻，即男女双方没有办理结婚登记就以夫妻名义共同生活。同居关系不具有合法婚姻的效力，应予解除。

（一）同居的法律关系

根据我国《婚姻法》和刑法的规定，同居的法律关系分两种情况：

1. 和无配偶者同居。根据《婚姻法》第8条规定："要求结婚的男女双方必须亲自到婚姻登记机关进行结婚登记。符合本法规定的，予以登记，发给结婚证。取得结婚证，即确立夫妻关系。未办理结婚登记的，应当补办登记。"由此可见，凡是未办理结婚登记手续的，无论是否生育子女，均不构成事实婚姻。同居期间所得的财产，由当事人协议处理；当事人所生的子女，适用有关父母子女的规定可由当事人协商处理。协议不成时，可向人民法院提起分割财产的诉讼，人民法院将根据照顾无过错方的原则判决。可见，无配偶者的同居关系，双方均不受婚姻法的约束，也不受婚姻法的保护，双方分手可以不办理任何手续。

2. 有配偶者与他人同居。有配偶者与他人同居或明知他人有配偶而同居的，如果双方以夫妻名义生活，根据刑法的规定构成重婚，将被追究刑事责任。在这里我们主要指那些"包二奶"的情况。

（二）我国同居关系的发展历程

在我国，对未经婚姻登记便以夫妻名义同居的情况，最高人民法院司法解释先后做出多种不同的规定，先后以不同的概念出现：事实婚姻、非法同居关系、同居关系和有配偶者与他人同居等概念。

1. 事实婚姻。最高人民法院在1979年2月2日制定的《关于贯彻执行民事政策法律的意见》中确定的事实婚姻，是指无配偶的男女未经结婚登记，以夫妻关系同居生活，群众也认为他们是夫妻关系的婚姻。它与一般婚姻关系的不同点在于未履行结婚登记，属于未遵守法定结婚程序的违法婚姻。2001年12月24日，最高人民法院《关于适用〈婚姻法〉若干问题的解释（一）》又对事实婚姻做出了新的规定，即在1994年2月1日之前的具备了结婚实质要件的同居关系，认定为事实婚姻关系。

2. 非法同居关系。1989年11月21日，最高人民法院制定了《关于人民法院审理未办结婚登记而以夫妻名义同居生活案件的若干意见》，提出了非法同居关系这一概念。对在1986年3月15日婚姻登记管理办法施行之后，未办结婚登记手续即以夫妻名义同居生活，群众也认为是夫妻关系，但同居时双方或一方未达法定条件的，认定为非法同居关系；1994年2月1日的《婚姻登记管理条例》施行之日起，未办结婚登记而以夫妻名义同居生活的，无论其同居时是否符合结婚的法定条件，一律按非法同居关系对待。

3. 同居关系。2001年12月24日，最高人民法院在《关于适用〈婚姻法〉若干问题的解释（一）》的司法解释中，取消了非法同居关系这一说法，将该类案件确定为解除同居关系纠纷。《关于适用〈婚姻法〉若干问题的解释（一）》对同居关系作了新的界定，即"未按婚姻法第八条规定办理结婚登记而以夫妻名义同居生活的男女，起诉到人民法院要求离婚的，应当区别对待：（1）1994年2月1日民政部《婚姻登记管理条例》发布实施以前,男女双方已经符合结婚实质要件的,按事实婚姻处理。(2) 1994年2月1日民政部《婚姻登记管理条例》发布实施以后,男女双方符合结婚实质要件的,人民法院应当告知其在案件受理前补办结婚登记;未补办结婚登记的,按解除同居关系处理"。

4. 有配偶者与他人同居。2001年的《婚姻法》增加了"禁止有配偶者与他人同居"的规定。此规定主要是针对所谓"包二奶"不良社会现象做出的禁止性规定。它与刑法中的重婚有一定的区别。

(三) 重婚与有配偶者与他人同居的区别

重婚与有配偶者与他人同居是违反《婚姻法》的两种不同的行为,二者之间有本质的区别:

1. 重婚是违反《刑法》的犯罪行为,是指有配偶者与他人结婚或者行为人明知他人有配偶而与之结婚的行为,犯重婚罪的,按《刑法》第258条的规定,处两年以下有期徒刑或者拘役。

2. 有配偶者与他人同居,是指有配偶者与婚外的异性不以夫妻名义,持续、稳定地共同居住的行为,构成有配偶者与他人同居的要件有三个:一是有配偶者;二是不以夫妻名义;三是持续、稳定地共同居住。符合这三个要件,构成有配偶者与他人同居的行为。这种行为严重违反《婚姻法》的规定,但并不违反《刑法》的规定。可见,有配偶者是否与他人以夫妻名义持续、稳定地共同居住,是二者的分水岭,即有配偶者如果与他人以夫妻名义持续、稳定地共同居住,则构成重婚,应依法受到《刑法》的处罚。否则,应该根据《婚姻法》的规定制裁。

(四) 同居关系的处理原则

1. 对于只解除同居关系的纠纷,人民法院按规定一律不予受理。《关于适用婚姻法若干问题的解释(二)》规定:"当事人诉请解除同居关系的,人民法院不予受理。"因为同居关系本身就违反了婚姻法的规定,不受法律保护,所以婚姻法规定了当事人起诉请求解除同居关系的,人民法院不予受理,法律是不会保护不合法的婚姻关系的。对于当事人之间要想解除同居关系,男女双方进行协商解决来处理此事。

2. 当事人请求解除属于有配偶者与他人同居所形成的同居关系的,人民法院应当受理。"有配偶者与他人同居"所形成的同居关系,在配偶方提起要求解除同居关系的诉讼时,人民法院应予受理。

3. 对于因同居关系产生的财产分割及子女抚养纠纷诉至法院的,人民法院要依法受理。

4. 对事实婚姻,上面已经谈到,构成事实婚姻的截止时间是1994年2月1日,这是指男女双方均符合结婚实质要件的截止日期。不论双方共同生活的时间长短,只要在1994年2月1日之前具备了结婚实质要件的,都认定为事实婚姻。

二 同居关系纠纷调解技巧

同居关系的解除,涉及同居期间的财产分割,有子女的,还涉及子女的归属和抚养教育的问题。关于同居当事人之间涉及的财产分割问题及子女抚养问题,双方可以协商解决,协商不成,可以直接起诉到法院。

(一) 同居关系的财产及归属

1. 同居关系的财产,是指同居关系存续期间双方当事人所得的财产。由于同居关系不受法律保护,所以,同居期间的财产分割与离婚时的财产分割不一样。分割同居期间的财产,可以借鉴离婚制度中财产的分割办法。如果当事人双方对财产事先有约定的,可从约定分割;如没有约定,在照顾妇女、儿童的利益,考虑财产的实际情况和双方无过错程度的情况下,妥善分割。具体的分割办法,根据同居的分类来分析。

2. 同居财产归属。通过以上的讲解,我们了解到同居受法律保护的成分是极为有限的。双方一旦发生情变要解除同居关系,大家最关注的问题就表现在财产分割上。对同居期间财产归属的处理原则是:一是双方在同居前个人财产仍归个人所有。二是同居生活期间双方共同所得的收入和共同购置的财产按照一般共有财产处理。将同居生活期间双方共同财产的购置和所得的收入,双方应进行清点、估算,列出财产清单。一般情况下,为了共同生活,以及在开始共同生活后,双方会共同购置或拥有一些财产。最常见的有家具、家用电器等按一般共有处理,即可以证明为个人财产的,按个人财产处理;不能证明为个人财产的,按共同财产处理。三是对于必须登记的财产,如房屋、汽车等。非登记一方没有证据证明登记的财产是双方共同购置,且登记方又否认该房屋系双方购置,则该房屋不能作为共同财产分割,应属登记所有人一方的财产。四是遗产问题。同居生活期间一方死亡,另一方要求继承死者的遗产,因其不具有配偶身份,故不享有配偶继承权。但如符合我国《继承法》第14条的规定,属于继承人以外,依靠被继承人扶养的缺乏劳动能力又没有生活来源的人,或者继承人以外的对被继承人扶养较多的人,可作为继承人之外的遗产取得人,根据相互扶助的具体情况分给其适当的遗产。

在实践中,法院在处理因同居关系而产生涉及财产分割问题的案件时,通常会按照顾妇女、儿童的利益,考虑财产的实际情况和双方的过错程度妥善分割。同居生活期间双方共同所得的收入和购置的财产,按一般共有财产处理。能证明为个人财产的,按个人财产处理;不能证明为个人财产的按共同财产处理。可见,如果同居当事人在同居时,就对财产的所有权进行约定,日后的纠纷就可以避免。

(二) 同居关系的财产分割

1. 未婚同居的财产分割。未婚同居者一般都是以感情为基础的，他们的同居生活其实与婚姻生活没有多大的区别。仅仅是由于他们的结合没有依照法定条件办理结婚登记而只能认定同居关系。他们的财产不能按照夫妻间的财产制度来分割。根据最高人民法院《关于人民法院审理未办结婚登记而以夫妻名义同居生活案件的若干意见》第10条规定："解除同居关系时，同居生活期间双方共同所得的收入和购置的财产，按一般共有财产处理。"生活期间为一方的个人财产，解除同居关系时归个人所有。关于未婚同居的财产分割应注意以下几点。

(1) 同居关系的财产中，如果一方坚持主张对某物的所有权，另一方又否定时，主张一方要负证明该物所有权归自己的责任。如不能证明，则按共同财产分割。

(2) 同居期间共同购置的财产的归属。如按揭购房如何分割的问题，《婚姻法司法解释（三）》第十条规定："夫妻一方婚前签订不动产买卖合同，以个人财产支付首付并在银行贷款，婚后以夫妻共同财产还贷，不动产登记于首付款支付方名下的，离婚时该不动产由双方协议处理。依前款规定不能达成协议的，人民法院可以判决该不动产归产权登记一方，尚未归还的部分贷款为不动产权利人的个人债务。双方婚后共同还贷支付的款项及其相对应财产增值部分，离婚时应根据婚姻法第三十九条第一款规定的原则，由产权登记一方对另一方进行补偿。"

据此，该类房屋的分割应区别对待。根据婚姻法的相关规定，如果房屋为同居前一方按揭贷款所买，应作为该方的个人财产；对房屋同居前首付及其增值部分应归按揭一方所有；对同居后双方共同偿还贷款部分和同居后还贷增值部分作为双方的共同财产平均分割；对尚未偿还的贷款及其增值部分应该归房屋所有人。

（3）同居期间一方赠予另一方的财产，在同居关系解除时，分为两种情况，一是赠予人出于自愿。由于未婚同居有感情的基础，不能排除当事人出于感情的流露，出于真心，心甘情愿地将自己的物品赠予对方。这种赠予出于赠予人的真实意思表示，受赠予人接受的物品，享有对该物的所有权。二是对方索要的物品。这种情况在婚外同居关系中更为常见，应做出妥善处理。

（4）对同居期间的债权债务的处理。如果其债权债务是同居当事人的个人债权债务，则由个人享有和承担；如果是共同的债权债务，则按共同的债权债务来处理，双方应该承担连带责任。个人债权债务与共同的债权债务的界定，可以比照《婚姻法》中夫妻的债权债务来处理。

2. 婚外同居的财产分割。婚外同居很大程度上都是建立在金钱和性欲上的违背社会公德和法律的一种组合。同居关系解除，除了当事人自愿，法律还规定了法院可以依法解除。由于婚外同居的违法性，同居关系解除时财产的分割问题除了适用未婚同居的规则外，对一些特殊的细节，应当特殊对待。

（1）财产赠予问题。在这种情况下的同居，一方向自己"情人"赠送东西是十分常见的。小则化妆品、装饰品，大则汽车、别墅，他们之间的这种赠予，多数是为了讨对方的欢心。甚至有的时候一方还向另一方索要物品，当出现这种情况时，这种意思表示就是"有瑕疵的意思表示"，且赠予人一般又有合法的婚姻，财产又是与其配偶的共同财产。对夫妻的共同财产，特别是重大的共同财产的处分，是要经过夫妻双方的共同的表示才有效。所以，对这种比较贵重的物品的赠送，赠予方一般是没有处分权或没有完全的处分权的。结合以上两点，对于这种赠予，当同居关系解除时，赠予人有权撤销其赠予行为。

(2) 同居期间的共同财产不应该包括收入。有配偶方的收入是与其合法配偶的共同财产，且这种同居关系中有配偶方的生活照顾一般还是由其配偶来完成的，因而这种收入不能算是同居期间的共同财产，而应归一方的个人财产。

(3) 由婚姻的无效和可撤销引起的同居的财产分割。由婚姻的无效和可撤销引起的同居关系解除时的财产分割，法律条文做出了明确的规定。我国《婚姻法》第12条就规定："无效或被撤销的婚姻，自始无效。当事人不具有夫妻的权利和义务。同居期间所得的财产，由当事人协议处理；协议不成时，由人民法院根据照顾无过错方的原则判决。对重婚导致的婚姻无效的财产处理，不得侵害合法婚姻当事人的财产权益。"《〈婚姻法〉司法解释（一）》第15条也规定："被宣告无效或被撤销的婚姻，当事人同居期间所得的财产，按共同共有处理。但有证据证明为当事人一方所有的除外。"所以，这种同居的财产分割可以比照离婚的财产分割来进行。

(4) 同居关系中的继承权的问题。由于同居这种特殊的社会关系，它没有合法夫妻的身份权，也就没有法定继承人的主体资格，但法律又规定了"酌情分得遗产权"。《继承法》第14条规定"继承人以外的对被继承人扶养较多的人，可以分给他们适当的遗产"。所以，同居关系根据具体情况也可以分得另一方的遗产。实践中，酌情分得的遗产，可以小于、等于甚至大于法定继承人分得的遗产。但如果是婚外同居的那种"包二奶""包二爷"等在分遗产时可以少分或不分。给那种想通过青春和肉体来快速换取金钱和享受的人一种惩罚。如果在我们的法律中体现了这样的一种价值取向，则"包二奶""包二爷"的社会现象将会得到有效的遏制。

(三) 同居关系的子女抚养问题

关于孩子的抚养，婚姻法规定了非婚生子女享有与婚生子女同等的权利,任何人不得加以危害和歧视。

1. 同居关系解除时的子女抚养。

(1) 双方所生的非婚生子女,由哪一方抚养,双方协商;协商不成时,应根据子女的利益和双方的具体情况判决。哺乳期内的子女,原则上应由母方抚养,如父方条件好,母方同意,也可由父方抚养。子女为限制民事行为能力人的,应征求子女本人的意见,一方将未成年的子女送他人抚养,须征得另一方的同意。

(2) 非婚生子女有继承权。非婚生子女,在其父方或母方去世后,有合法的继承权,任何人不得予以剥夺。

(3) 非婚生子女的抚养费支付数额及方式,可以按照本书第三编的关于子女抚养一章中的规定,依法执行。

以上是在法律实践中处理非法同居关系及其涉及的财产分割、子女抚养的问题。

2. 解除同居时对子女的抚养教育。如果有因同居期间而出生的子女,同居关系解除时,还存在对子女的抚养教育的问题。

(1) 同居关系出生子女的归属问题。对同居关系期间出生的子女在解除同居关系时,子女的归属问题,总的来说就是要有利于未成年人的成长。最高人民法院《关于人民法院审理未办结婚登记而以夫妻名义同居生活案件的若干意见》第9条规定:"解除非法同居关系时,双方所生的非婚生子女,由哪一方抚养,双方协商;协商不成时,应根据子女的利益和双方的具体情况判决。哺乳期内的子女,原则上应由母方抚养,如父方条件好,母方同意,也可由父方抚养。子女为限制民事行为能力人的,应征求子女本人的意见,一方将未成年的子女送他人抚养,须征得另一方的同意。"

(2) 同居关系出生子女的生活费、教育费问题。对子女的生活费用、教育费用,在法条中也有体现。《婚姻法》第37条规定"离婚后，一方抚养的子女，另一方应负担必要的生活费和教育费的一部分或全部，负担费用的多少和期限的长短，由双方协议；协议不成时，由人民法院判决"。

(3) 同居关系出生子女的法律地位问题。关于非婚生子女和婚生子女的法律地位问题，我国《婚姻法》第12条规定："非婚生子女享有与婚生子女同等的权利，任何人不得加以危害和歧视。不直接抚养非婚生子女的生父或生母，应当负担子女的生活费和教育费，直至子女能独立生活为止。"非婚生子女和婚生子女享有同样受教育权、继承权、被抚养权等权利。而且，非婚生子女与父母的关系也不因同居关系的解除而消灭。他们之间的关系是基于血缘关系而产生的，这也和婚生子女一样。但在现实中，还是有一些对婚生子女的不平等的待遇，比如户口、上学等问题。

(4) 同居关系出生子女的探望权问题。我国婚姻法规定了探望权的问题。对于探望权的行使应该是：如果双方是协议解除同居关系的，在协议中应该有对探望权内容的体现，且应该依协议来操作；如果双方是由法院解除同居关系的，在法院的判决书里应该有探望权的内容。在实际的权利行使中，双方当事人可以协商，协商不成的，法院出面处理。对有不利于未成年人成长的事由出现，当事人可以提出申请，由人民法院依法变更其监护权和中止其探望权。

引导案例解析

本纠纷中的当事人李刚和刘岚从2014年5月至同年8月虽有同居，但李刚对外介绍刘岚是其女朋友，李刚同事也认为他们只是男女朋友关系，李刚也反对刘岚与周围邻居交往，双方只是交朋友、谈恋爱，并非以夫妻名义同居生活。从本纠纷查明的事实看，李刚和刘岚自愿从2014年5月到8月共同生活，互尽夫妻义务，可以构成同居关系，且属非法同居，应予解除。

婚姻法意义上的同居作为一种民事行为，可以分为合法的同居和非法的同居两种。合法同居，即婚姻，是指符合婚姻法上关于结婚的实质和形式要件的同居，是一种民事法律行为。非法同居从内涵上讲，应是不具备婚姻法上关于结婚的各种要件的规定而发生的男女同居，是一种事实民事行为，不为法律所支持；从外延上讲，非法同居应是除合法同居以外的其他各种同居行为。本纠纷当事人之间显然不存在合法的婚姻，但他们之间的关系是否构成非法同居关系，还要看其是否构成同居关系。

同居关系的构成应具备以下几个方面的要件：

1. 在同居关系内部，同居关系的双方应发生两性关系，这是同居关系的核心内容，也因之而区别于柏拉图式的精神恋爱；

2. 在主体上，应是一男和一女的异性间的同居，以此区别于同性恋；

3. 在外部表现方面，同居双方应共同生活，如共同吃饭、生产、娱乐等，以此区别于通奸行为；

4. 在时间上，应具有一定的连续性和持久性，时间太短不构成同居；

5. 在主观上，同居双方应有同居的合意，被拐卖的妇女被迫与他人共同生活的，同居关系不成立。

所需法律法规

最高人民法院
《关于人民法院审理未办结婚登记而以夫妻名义同居生活案件的若干意见》
（1989年11月21日）

人民法院审理未办结婚登记而以夫妻名义同居生活的案件，应首先向双方当事人严肃指出其行为的违法性和危害性，并视其违法情节给予批评教育或民事制裁。但基于这类"婚姻"关系形成的原因和案件的具体情况复杂，为保护妇女和儿童的合法权益，有利于婚姻家庭关系的稳定，维护安定团结，在一定时期内，有条件的承认其事实婚姻关系，是符合实际的。为此，我们根据法律规定和审判实践经验，对此类案件的审理提出以下意见：

1. 1986年3月15日《婚姻登记办法》施行之前，没有配偶的男女，未办结婚登记手续即以夫妻名义同居生活，群众也认为是夫妻关系的，一方向人民法院起诉"离婚"，如起诉时双方均符合结婚的法定条件，可认定为事实婚姻关系；如起诉时一方或双方不符合结婚的法定条件，应认定为非法同居关系。

2. 1986年3月15日《婚姻登记办法》施行之后，没有配偶的男女，未办结婚登记手续即以夫妻名义同居生活，群众也认为是夫妻关系的，一方向人民法院起诉"离婚"，如同居时双方均符合结婚的法定条件，可认定为事实婚姻关系；如同居时一方或双方不符合结婚的法定条件，应认定为非法同居关系。

3. 自民政部新的婚姻登记管理条例施行之日起，没有配偶的男女，未办结婚登记即以夫妻名义同居生活，按非法同居关系对待。

4. 离婚后双方未再婚，未履行复婚登记手续，又以夫妻名义共同生活，一方起诉"离婚"的，一般应解除其非法同居关系。

5. 已登记结婚的一方又与第三人形成事实婚姻关系，或事实婚姻关系的一方又与第三人登记结婚，或事实婚姻关系的一方又与第三人形成新的事实婚姻关系，凡前一个婚姻关系的一方要求追究重婚罪的，无论其重婚行为是否构成重婚罪，均应解除后一个婚姻关系。前一个婚姻关系的一方如要求处理离婚问题，应根据其婚姻关系的具体情况进行调解或者作出判决。

6. 审理事实婚姻关系的离婚案件，应当先进行调解。经调解和好或撤诉的，确认婚姻关系有效，发给调解书或裁定书；经调解不能和好的,应调解或判决准予离婚。

7. 未办结婚登记而以夫妻名义同居生活的男女,一方要求"离婚"或解除同居关系,经查确属非法同居关系的,应一律判决予以解除。

8. 人民法院审理非法同居关系的案件,如涉及非婚生子女抚养和财产分割问题,应一并予以解决。具体分割财产时,应照顾妇女、儿童的利益,考虑财产的实际情况和双方的过错程度,妥善分割。

9. 解除非法同居关系时,双方所生的非婚生子女,由哪一方抚养,双方协商;协商不成时,应根据子女的利益和双方的具体情况判决。哺乳期内的子女,原则上应由母方抚养,如父方条件好,母方同意,也可由父方抚养。子女为限制民事行为能力人的,应征求子女本人的意见。一方将未成年的子女送他人收养,须征得另一方的同意。

10. 解除非法同居关系时,同居生活期间双方共同所得的收入和购置的财产,按一般共有财产处理。同居生活前,一方自愿赠送给对方的财物可比照赠与关系处理;一方向另一方索取的财物,可参照最高人民法院〔84〕法办字第112号《关于贯彻执行民事政策法律若干问题的意见》第(18)条规定的精神处理。

11. 解除非法同居关系时,同居期间为共同生产、生活而形成的债权、债务,可按共同债权、债务处理。

12. 解除非法同居关系时,一方在共同生活期间患有严重疾病未治愈的,分割财产时,应予适当照顾,或者由另一方给予一次性的经济帮助。

13. 同居生活期间一方死亡,另一方要求继承死者遗产,如认定为事实婚姻关系的,可以配偶身份按继承法的有关规定处理;如认定为非法同居关系,而又符合继承法第十四条规定的,可根据相互扶助的具体情况处理。

14. 人民法院在审理未办结婚登记而以夫妻名义同居生活的案件时，对违法情节严重的，应按照婚姻法、民法通则、《关于贯彻执行〈民法通则〉若干问题的意见》和其他法律、法规的有关规定，给予适当的民事制裁。

15. 本意见自颁布之日起施行。凡最高人民法院过去的规定与本意见相抵触的，均按本意见执行。

第三章 离婚纠纷调解

第一节 婚姻纠纷理论与法律适用

引导案例

2014年8月15日,家住杨镇某村的杨女士,满面愁容地来到杨镇司法所求助,要求与其丈夫离婚。据杨女士说,她和丈夫结婚15年,育有一子一女。婚后不久,丈夫就变得不务正业,终日赌博,不仅输光了家业,还欠下不少赌债,并将输钱的原因归结在杨女士身上,经常辱骂杨女士,甚至拳脚相加,致使杨女士身上有多处伤痕,并限制杨女士外出。虽经派出所民警多次劝说,杨女士的丈夫仍屡教不改。杨女士终于忍无可忍,趁其不注意,偷偷跑到杨镇司法所寻求帮助。

问题:如果你是司法所工作人员,如何接待杨女士,帮她解决问题?

相关理论知识

离婚纠纷是民间纠纷中常见的一类纠纷,它危及夫妻关系,影响家庭和睦,给社会带来不安定的因素。因此,正确调解离婚纠纷,对建立和巩固社会主义制度下的夫妻关系和家庭关系,促进社会安定团结,建设和谐社会具有重要意义。人民调解委员会调解离婚纠纷,要坚持婚姻法的婚姻自由基本原则,提倡社会主义道德风尚,反对资产阶级、封建主义的婚姻观点和旧习俗。同时,应尊重当事人的意愿,不得强行调解,更不得因未经调解或调解不成而阻止当事人向人民法院起诉。

一 婚姻家庭的理论与法律依据

(一) 婚姻家庭制度的本质

婚姻家庭制度是一定社会制度下的婚姻家庭形态,它属于上层建筑的范畴。从广义上说,婚姻家庭制度是有关婚姻家庭的规范的总和。在无阶级的原始社会,它由有关婚姻家庭的道德、习惯而构成;在阶级社会,它则表现为一定的法律形式,并由道德、习惯等加以补充。婚姻家庭制度,既决定于当时的经济基础,又随着经济基础的变化而变化。人类历史的发展证明,婚姻家庭制度的变革,正是社会经济基础变革的结果。

(二) 婚姻家庭制度的历史类型

恩格斯在《家庭、私有制和国家的起源》一书中,不仅揭示了婚姻家庭的本质,而且指明了婚姻家庭制度发展的历史类型。

总的说来,人类的婚姻家庭制度经历了以下三个阶段,即群婚制、对偶婚制、一夫一妻制。

1. 群婚就是团体婚,是指一群男子和一群女子互为夫妻的婚姻形式。群婚制又分为血缘群婚制和亚血缘群婚制两种。

(1) 血缘群婚制。血缘群婚制是人类婚姻的第一种形式,也是群婚制的低级阶段。血缘群婚,就是在一个血缘群体内,按照辈分划分婚姻集团,同一辈分的男女之间互为夫妻,他们的子女也互为夫妻。

血缘群婚制是在同辈男女之间的通婚，排斥了不同辈分之间，如父母与子女、祖父母与孙子女之间的通婚。

（2）亚血缘群婚制。亚血缘群婚制又称普那路亚家庭。普那路亚是夏威夷语，就是"亲密的伙伴"的意思。亚血缘群婚制，是指若干数目的姐妹（同胞的或血缘较远的）与若干数目的兄弟共同结婚。亚血缘群婚，仍然是同辈分男女间的集团婚，但已经排斥了兄弟姐妹间的通婚。亚血缘群婚制是群婚制的高级阶段。

2. 对偶婚制。对偶婚是人类社会继群婚之后出现的第二种婚姻家庭形态。对偶婚制是指一个男子在许多妻子中有一个主妻，而一个女子在许多丈夫中有一个主夫。

群婚制和对偶婚制是原始社会的婚姻形态，它具有以下一些特点和规律。

（1）它们都是建立在当时原始社会公有制基础之上的；

（2）它们的发展、变化，依次更替，反映了原始社会生产力发展的不同阶段；

（3）它们本身的变化还受自然选择规律的影响，表现为越来越多的婚姻禁例。先是禁止上下辈的亲属通婚，接着禁止同胞的兄弟姐妹的通婚，后又禁止血缘较近的亲属通婚。自然选择规律说明近亲结婚不会生出强健的后代。

3. 一夫一妻制。一夫一妻制，也称个体婚制。它是在原始社会崩溃、阶级社会形成的过程中确立的。它的最后形成乃是阶级社会开始、文明时代的标志。一夫一妻制是指一个人只能有一个配偶，即一男一女结为夫妻的婚姻制度。

（三）婚姻法的基本原则

1. 婚姻自由。婚姻自由是新兴的资产阶级在反封建斗争过程中提出来的。资产阶级提出民主、自由、平等的口号，婚姻自由也被宣布为"天赋人权"。实行婚姻自由,已成为多数国家普遍认同的一项法律原则。

(1) 婚姻自由的概念。婚姻自由,是指婚姻当事人按照法律的规定,决定自己婚姻大事的自由,任何人不得强制或干涉。婚姻自由有两个特征:一是婚姻自由是法律赋予公民的一种权利,二是婚姻自由的行使必须符合法律的规定。

(2) 婚姻自由的内容。婚姻自由包括结婚自由和离婚自由两个方面。一方面是结婚自由。结婚自由,是指婚姻当事人有依法缔结婚姻关系的自由。当事人是否结婚,和谁结婚,由当事人做主,任何人无权干涉。自愿是实现婚姻自由的前提,但自愿必须不违背法律规定的条件和程序。另一方面是离婚自由。离婚自由,是指夫妻有依法解除婚姻关系的自由。婚姻自由包括两个方面,结婚既可自由,离婚也应是被允许的。既然婚姻的成立和维系都是以爱情为基础的,那么,当双方感情确已破裂,夫妻关系无法继续维持时,解除这痛苦的婚姻关系,无论对双方或对社会都是幸事。我们既要保障离婚自由,也要反对轻率离婚。

结婚自由是婚姻自由的主要方面,离婚自由是对婚姻自由的重要补充。保障结婚自由,是为了使当事人能够完全按照自己的意愿结成共同生活的伴侣;保障离婚自由,则是为了使感情确已完全破裂,无法共同生活的夫妻能够通过法定途径解除婚姻关系。结婚是普遍行为,它是婚姻自由的主要方面;离婚是特殊行为,是在迫不得已的情况下发生的,是对婚姻自由的重要补充。

(3) 保障婚姻自由原则贯彻实施的禁止性规定:

第一,禁止包办、买卖婚姻和其他干涉婚姻自由的行为。包办婚姻是指第三者(包括父母)违背婚姻自由的原则,包办强迫他人的婚姻。

买卖婚姻，是指第三者（包括父母）以索取大量财物为目的，包办强迫他人的婚姻。

其他干涉婚姻自由的行为，是指包办、买卖婚姻以外的违反婚姻自由原则的行为。其中特别是干涉父母再婚的现象比较突出，这是现实生活中出现的新问题。为了解决这个问题，2001年婚姻法修正案增加了一条，明确规定"子女应该尊重父母婚姻权利"。包括不得干涉父母再婚，不得干扰父母再婚后的生活，也不能因父母再婚而不履行赡养义务。

第二，禁止借婚姻索取财物。借婚姻索取财物，是指除买卖婚姻以外的其他借婚姻索取财物的行为。这种婚姻基本上是自主自愿的，但女方以索取财物为结婚的先决条件，有时女方的父母也从中索取一部分财物，不满足就不结婚，危害性不可低估。所以，婚姻法予以禁止。

2. 一夫一妻原则。一夫一妻制，是指一男一女结为夫妻的婚姻制度。

保障一夫一妻制原则的贯彻实施的禁止性规定：

（1）禁止重婚。重婚，是指有配偶者又与他人结婚的行为，即已有了一个合法的婚姻关系，后又与他人缔结第二个婚姻关系。前者称前婚，后者称后婚，也称重婚。重婚是对一夫一妻制的严重破坏，应受到法律制裁。根据我国婚姻法规定，重婚将产生下列法律后果：

一是重婚的民事责任。重婚不具有婚姻的法律效力，在《婚姻法》规定的婚姻无效制度中，重婚是婚姻无效的首要原因（第10条）；重婚是认定感情确已破裂，法院准予离婚的情形之一（第32条）；在离婚时，重婚是无过错方要求损害赔偿的理由之一（第46条）。

二是重婚的刑事责任。重婚行为触犯刑律，依照我国刑法的有关规定予以制裁。《刑法》第258条规定："有配偶而重婚的，或者明知他人有配偶而与之结婚的，处2年以下有期徒刑或者拘役。"

（2）禁止有配偶者与他人同居。禁止有配偶者与他人同居是婚姻法增加的内容，它是指男女一方或双方有配偶，而又与他人不以夫妻名义共同生活。

3. 男女平等原则。男女平等，是指男女两性在婚姻家庭关系中，享有同等的权利，负担同等的义务。

4. 保护妇女、儿童和老人的合法权益原则。保护妇女、儿童和老人的合法权益是婚姻法的又一原则，它体现了党和国家关怀妇女、爱护儿童、尊重老人的精神，反映了社会主义在这方面的优越性。

保障保护妇女、儿童和老人合法权益原则贯彻实施的禁止性规定。一是禁止家庭暴力。禁止家庭暴力，它是指发生在家庭成员之间的暴力行为，其范围比虐待要广，包括对配偶、子女、父母等家庭成员的身体、精神、性方面的暴力。按照最高法院的司法解释，所谓"家庭暴力"，是指"行为人以殴打、捆绑、残害、强制限制人身自由或者其他手段，给其家庭成员的身体、精神方面造成一定伤害后果的行为。持续性、经常性的家庭暴力，构成虐待"。二是禁止家庭成员间的虐待和遗弃。虐待是指以作为或不作为的形式，多次、经常地对家庭成员歧视、折磨、摧残，使其在精神上、肉体上遭受损害的违法行为。遗弃是指家庭成员中负有赡养、抚养、扶养义务的一方，对需被赡养、抚养或扶养的另一方，不履行义务违法行为。

5. 计划生育原则。计划生育政策是我国的基本国策，也是婚姻法的基本原则之一。我国是人口大国，只有有计划地控制人口繁衍，使人口增长与社会经济发展、生态环境保护等方面相协调，人们的生活水平才能得到更大提高。

6. 对夫妻关系、家庭关系的新要求。2001年《婚姻法》修正案

第一章重申和强化了婚姻法的基本原则,同时针对现实情况增设了第4条,即"夫妻应该互相忠实,互相尊重;家庭成员间应该敬老爱幼,互相帮助,维护平等、和睦、文明的婚姻家庭关系"。这一规定,不仅以法律形式从总体上对人们的婚姻家庭关系提出了要求,而且适应现实需要,为加强婚姻家庭的文明建设指明了方向。

二 离婚纠纷调解原则和意义

(一) 离婚纠纷调解的概念和特点

离婚纠纷调解,是指以协助当事人正确处理离婚纠纷为宗旨而进行的调解。调解应当遵循自愿、合法的原则,不得强迫当事人接受调解。

家庭是社会的基本组成部分。家庭的和谐是社会和谐的基础。和睦的婚姻家庭关系,有助于实现社会的和谐与稳定。婚姻家庭关系具有长期性特点,如果矛盾处理不当,不仅会影响家庭的和谐,也会影响社区及社会的稳定。

(二) 离婚纠纷调解原则

离婚纠纷多源于日常生活,日积月累,很多事实和道理说不清道不明,法律往往难以为当事人提供直接有效的帮助。对于离婚纠纷,采取调解方式解决具有一定的优势。离婚纠纷调解原则包括:

1. 合法原则。婚姻家庭纠纷涉及个人和家庭的日常工作和生活内容,调解婚姻家庭纠纷,不能违反《婚姻法》的强制性规定,特别要注意保护妇女、儿童和老年人的合法权益,避免传统人身依附思想和"三从四德"封建思想的残余。

2. 公平原则。不管是夫妻反目,还是父母子女矛盾激化,背后的原因往往是复杂的。与之相对应,婚姻家庭生活的内容是丰富的,当发生矛盾时,对与错的区分往往并不容易,事实往往比较模糊。因此，调解纠纷，应当公平优先，应当对家庭成员的优缺点及对家庭的贡献做出基本的衡量，在此基础上促成双方协商的可能性。只有有效地贯彻公平原则，才能使双方对调解建立信任，并愿意通过调解寻找可能的纠纷解决方案。

3. 婚姻自由原则。婚姻自由包括结婚自由和离婚自由，是我国《宪法》赋予每个公民的权利，任何人都无权干涉。因此，开展调解工作时，要坚持婚姻自由原则，对各种干涉婚姻自由的行为予以批评教育。

4. 自愿原则。调解工作作为一种矛盾化解的程序，只是帮助纠纷双方当事人协商解决纠纷，而不是替当事人做出决定。婚姻家庭成员间撕破脸皮的事一旦发生，双方的感情和关系就很难恢复。调解则突破了处理结果中你赢我输的对立，建立双赢的格局，维护双方的尊严，不仅使纠纷更容易解决，对未来关系的维持也留了余地，这对家庭的和谐稳定无疑具有很好的作用。

（三）离婚纠纷调解的意义

对于婚姻家庭纠纷，采取调解方式解决具有一定的优势。

1. 婚姻家庭纠纷的性质适合调解。婚姻家庭纠纷多源于日常生活，日积月累，很多事实和道理说不清道不明，法律往往难以为当事人提供直接有效的帮助。由于更多情理和道德的因素渗透其中，第三方适当介入调解往往是解决纠纷比较好的途径。

2. 调解具有自愿性和灵活性等多重优势，对解决纠纷有促进作用。而调解属于当事人意思自治范畴，法律在当事人未违反法律禁止性规定的情况下一般不介入。因此，当事人可以就婚姻家庭领域的各种问题，通过调解的方式尽量得到公平合理的解决，因为调解方式具有解决问题的广泛性、解决手段的灵活性等特殊的优势。

3. 调解可以为当事人留有颜面，保持继续友好交往的可能，有利于家庭的和谐。

三　调解婚姻家庭纠纷的方法和技巧

离婚纠纷调解时，观察当事人的表情，运用各种方法和技巧。抓住双方争议焦点后，再找到双方的共同点及解决争议的途径。适度公开自己的和解想法，示明相关的法律规定，以及双方共同探讨调解思路与方案。要注意营造调解氛围，注意抓住调解时机，把握调解的原则，以及注意个案中双方当事人的性格特点。

（一）缓和矛盾法

婚姻家庭纠纷多是由琐事日积月累引起的，一旦爆发容易使矛盾极度对立，要马上彻底解决双方的矛盾，并非易事。因此，首先要做好缓和双方矛盾的工作，确保矛盾不进一步恶化，以免造成难以挽回的后果，影响社会的和谐稳定。

（二）疏导情绪法

婚姻家庭纠纷，往往与感情上的纠纷有关。要解决双方的矛盾，首先要在情绪疏导上做工作，使当事人尽量保持冷静和理性，帮助双方回想感情好的时光，逐步发现对方的优点，理性包容对方的缺点，使当事人逐步回到对对方的现实看法中。情绪上的不理性因素逐步消除后，调解处理纠纷的工作难度就会逐步降低，调解才更容易达成。

（三）借助外力法

父母子女之间或夫妻之间的纠葛，往往因双方之间情感互动出现问题才会产生矛盾。因此，单纯依赖夫妻双方往往难以将矛盾及时化解。这时要借助双方共同的熟人，如与双方关系密切的朋友、有较高威望的长辈、单位领导等参与调解。通过家族的威望或组织的力量来教育存在一定过错的一方，形成双方当事人关系新的均衡，调解工作就会事半功倍。

（四）抓主要矛盾法

婚姻家庭矛盾的起因是多样的，如在互谅互让的前提下，一家人可以相安无事，但有时也会因一个矛盾触发而导致关系紧张。因此，虽然双方争吵时出现的争执点很多，但关键问题往往只有一两个。调解工作重在抓住主要问题，将双方最大的对立面尽可能消除，其余问题就可以迎刃而解。

（五）唤起亲情法

唤起亲情是婚姻家庭纠纷化解中最常见、最有效也是最独特的方法，这主要源于婚姻家庭关系的本质和内容主要是情感。亲情是世界上最牢不可破也最无私的情感。唤起亲情，等于唤起了当事人之间最深的纽带，双方在面对矛盾时就会相对克制，矛盾化解也就有了抓手。但是，类似"这是你自己的孩子""这是你自己的父母"的话，可能并不是总有用，只有在双方情绪和缓时，帮助唤起当事人对亲情的感受，才能带来较好的效果。

（六）调解语言运用

调解时，尽量给双方当事人中立的感觉，抱着调解的诚意，站在双方当事人的角度谈观点，讲道理。尽量要用亲和的语言交流，避免用威严、傲慢、冷淡的口气与当事人沟通。同时，在调解中，不要对双方的是非过多发表意见，而围绕争议分歧和缩小争议努力。

引导案例解析

杨镇司法所工作人员接到杨女士的求助，经审查，认为杨女士确实需要帮助，且事项也属于人民调解的范围，经询问，杨女士的丈夫也愿意让司法所调解。符合《人民调解法》规定，调解委员会同意受理此宗离婚纠纷案。

由于杨女士情绪很激动，也不敢回家，司法所工作人员登门向杨女士的丈夫了解情况。杨女士的丈夫承认自己对妻子的辱骂和殴打行为，司法所工作人员对杨女士的丈夫进行了批评，并告知打人是违法甚至是犯罪行为。同时让其丈夫换位思考，如果自己生活在这样的环境中该多难过。在司法所工作人员的劝说、批评、教育下，杨女士的丈夫对自己的言行和施暴行为表示懊悔，希望司法所帮助他挽留妻子，并表示今后再也不犯同样的错误。但杨女士要求离婚的态度也很坚决，司法所及街道妇联的同志决定对当事人进行一对一的疏导。一方面，调解员首先以孩子为切入点，给杨女士分析离婚将给孩子带来的巨大伤害，单亲家庭孩子可能面对的问题及离婚后可能出现的新情况，同时帮助杨女士回忆她与丈夫相识、相恋的美好时光，劝她再给丈夫一次机会；另一方面，调解员也依法对杨女士的丈夫进行了批评教育。

经过一个下午的劝解，杨女士终于答应再给丈夫一次改过的机会，她的丈夫也向杨女士一再保证绝不再犯，两人在司法所和妇联工作人员的见证下，签订了协议书，并且互相致歉，表示以后尽量不再吵闹，好好生活。调解员告知双方，经过调解委员会调解的这份协议签字后正式生效。

在本案例中，司法所工作人员采用依法调解、情理相结合的调解原则，并采用换位思考、背对背等方法劝说男方认识到自己的错误，疏导女方给男方改过的机会；男方认识到了自己的错误，并向妻子保证绝不再犯。结果，妻子杨女士答应再给丈夫一次改过的机会，夫妻双方和好，保全了一个濒临解体的家庭。

调解此类离婚纠纷时，调解员要注意运用法律，《中华人民共和国妇女权益保障法》第58条规定："违反本法规定，对妇女实施性骚扰或者家庭暴力，构成违反治安管理行为的，受害人可以提请公安机关对违法行为人依法给予行政处罚，也可以依法向人民法院提起民事诉讼。"

如果没有感情基础或感情已经破裂，就不能再劝和。这时要注意照顾妇女、儿童的合法权益。在住房、财物分割、抚养费及子女安置等方面上不搞绝对平均。做到相对合理，双方接受，即为调解成功。

第二节 离婚财产纠纷调解

引导案例

1997年3月，张楠按揭购买住房一套，价值150万元，首付50万元，银行贷款100万元。1997年8月张楠与刘英结婚，婚后双方以共同收入偿还贷款，到2015年6月张楠与刘英因感情不和诉至法院要求离婚时还有50万元没有还清。本案在审理过程中，对该房屋分割发生争议。张楠认为房屋是其婚前所买应属于婚前个人财产，而刘英则认为房屋贷款是双方婚后共同偿还的应属于夫妻共同财产。刘英找到调委会，咨询房屋的归属及自己能否分得一半。此时，该房屋的评估价为1500万元。

问题：作为一名调解员，你如何回答刘某的咨询？

相关理论知识

一 夫妻约定财产制理论

我国《婚姻法》第十九条规定：夫妻可以约定婚姻关系存续期间所得的财产及婚前财产归各自所有、共同所有或部分各自所有、部分共同所有。约定应当采用书面形式。没有约定或约定不明确的，适用本法第十七条、第十八条的规定。夫妻对婚姻关系存续期间所得的财产及婚前财产的约定,对双方具有约束力。夫妻对婚姻关系存续期间所得的财产约定归各自所有的,夫或妻一方对外所负的债务,第三人知道该约定的,以夫或妻一方所有的财产清偿。

夫妻约定财产制,是指夫妻通过书面协议的方式,对婚前、婚后财产的权利进行约定的法律制度。这里指的财产权利,包括对财产的占有、使用、管理、收益、处分,以及将来婚姻关系终止时财产的归属等。

(一) 夫妻约定财产制的内容

1. 夫妻财产约定的主体。从条文规定看,约定的主体应该仅限于夫妻,其他任何人不得成为夫妻财产约定的主体。

2. 夫妻财产约定的时间。从约定的主体上看,可以是夫妻,也可以是有婚姻约定的男女,其实质是明确夫妻财产归属,预防发生纠纷,约定夫妻财产约定的时间应该是当事人从有婚约开始,到婚姻关系结束前。

3. 夫妻财产约定的范围。本条规定的约定财产范围包括婚前财产和婚姻关系存续期间所得的财产,也包括法定特有财产,即凡属夫妻个人所有和共同所有的财产均可成为夫妻财产约定中的财产,但是不得约定夫妻以外的人的财产,如夫妻与父母子女共同生活,在约定时将父母子女的财产约定为夫妻一方或者双方所有,该协议条款应属无效。

4. 夫妻财产约定的方式。法律明文规定"约定应当采用书面方式"。对于当事人用口头方式约定夫妻财产,内容明确,且双方表示无异议的,仍应认定有效。

5. 夫妻财产约定的内容。(1) 夫妻可以将婚姻关系存续期间所得财产约定为全部归共同所有或归各自所有,亦可以约定其中部分归各自所有，部分归共同所有；（2）夫妻可以将婚前财产约定为全部归夫妻共同所有，亦可约定将婚前财产中的某部分归共同所有，其余部分仍归个人，还可将夫或妻一方婚前个人财产的全部或部分约定归另一方妻或夫个人所有；（3）约定内容必须明确，明确具体财产归属，明确财产项目、明确财产处所等。

（二）夫妻约定财产制的效力

夫妻约定财产是一种民事法律行为，具体地说，属于合同行为，该约定发生法律效力必须符合合同成立、生效必须要件，具体包括：

1. 约定必须是当事人双方真实的意思表示。

2. 约定内容必须符合法律和行政法规规定。

3. 约定应当遵守社会公德，不扰乱社会经济秩序，不损害社会公共利益，不规避法律、法规，如不得逃避对外债务，逃避抚养子女、赡养老人的义务等。

4. 附条件的约定，在条件成就时生效。不得恶意促使条件成就或恶意阻止条件成就。附期限的约定，应在期限届至时生效，期限届满后失效。

5. 婚前订立的约定应在婚姻缔结时才生效，虽订立约定，但未缔结婚姻或婚姻被宣布无效和撤销的，当事人的夫妻身份都没得到法律的认可，该约定无效。和其他合同一样，有效的夫妻财产约定对当事人有法律效力，无效的夫妻财产约定从订立起就无效。

二 夫妻共同财产的确认

离婚财产分割，即夫妻共同财产的分割，是指离婚时依法将夫妻共同财产划分为各自的个人财产。我国《婚姻法》第17条到第19条明确了夫妻共同财产是在夫妻关系存续期间取得的财产，以列举式和概括式的方式规定了夫妻共同财产的内容，该法也规定了夫妻共同财产的分割有协议分割和判决分割两种做法。离婚时，双方有合法婚姻财产约定的，依约定。一方的特有财产归本人所有。夫妻共有财产一般应当均等分割，必要时亦可不均等。有争议的，人民法院应依法判决。

根据我国《婚姻法》的规定，"夫妻在婚姻关系存续期间所得的财产，归夫妻共同所有"，"夫妻对共同所有的财产，有平等的处理权"。这是关于夫妻共同财产制的原则规定，包括以下几方面问题：

（一）婚姻关系存续期间

婚姻关系存续期间，是指婚姻当事人依照法律程序缔结婚姻，到婚姻关系依法解除或自然终止的期间，即依法取得结婚证之时至离婚生效或因一方死亡婚姻自然终止之时的期间。包括当事人领取结婚证后，双方尚未共同生活期间，离婚纠纷中分居期间，在人民法院诉讼离婚尚未判决离婚，虽经判决准予离婚，但离婚判决尚未生效之前的期间。这里所说的"婚姻关系存续"，是法律认可的合法婚姻关系的存续，法律没有确认的婚姻关系，不能以夫妻关系存续期间认定。例如双方虽对外以夫妻名义共同生活，但因双方不具备结婚实质要件——依法进行结婚登记，其婚姻关系没有得到法律认可的期间；双方登记离婚或诉讼离婚生效后，俩人又同居生活在一起的期间；双方已经依法登记结婚，但是登记时不符合结婚的法定条件，后被宣告无效的婚姻，这些期间均不属夫妻关系存续期间，对此期间取得的财产不能认定为夫妻共同财产。

（二）所得的财产

所得的财产，是指夫妻在婚姻关系存续期间所取得的财产权，包括实际占有的财产和非实际占有的财产，夫妻一方或者双方已经取得某财产的所有权，并未实际占有该财产，该财产仍然是夫妻所得的财产。但是，对于夫妻一方或者双方实际占有，而没有取得财产权的财产，无论合法与不合法，都不属于夫妻所得的财产，比如借用他人的财产和非法占有他人的财产。

（三）夫妻所得的财产的主体，仅指婚姻关系存续期间的夫妻

夫妻以外其他人的财产，以及非婚姻关系存续期间夫妻一方的个人财产，均不属于夫妻所得的财产，如父母、子女和其他家庭成员的财产。所以夫妻所得的财产的主体仅仅指有合法婚姻关系的男女。

（四）夫妻所得财产的范围

根据《婚姻法》第十七条的规定，夫妻在婚姻关系存续期间所得的财产，应该有以下几方面：

1. 工资、奖金。是夫妻一方或者双方基于劳动而获得的报酬和基于劳动而获得的工资以外的报酬，包含货币和有关财物。现实生活中，劳动报酬在以各种形式出现，如红包、津贴、房补、互助金等以不同名义出现的收入越来越多，数额也越来越大，这些都应视为工资、奖金性收入，纳入工资、奖金范围，认定为夫妻共同财产。

2. 从事生产、经营的收益。是夫妻一方或者双方从事生产、经营，主要指农村中的农业生产和城市里的工业生产及第三产业等各行各业的生产经营收益，有劳动收入，也有资本收益，如股票债券收入、股份、股权等。

3. 知识产权的收益。是夫妻一方或者双方基于知识产权而获得的财产收益，仅指基于知识产权而获得财产权，不包括知识产权的人身权。

4. 因继承或赠予所得的财产，"但《婚姻法》第十八条第（三）项规定的除外"。这里说的继承所得的财产，是夫妻一方或者双方在婚姻关系存续期间，依照法律规定接受被继承人死亡时留下的合法财产，包括法定继承和遗嘱继承所取得的财产；赠予所得的财产，是夫妻一方或者双方接受赠予人无偿给予财产的法律行为取得的财产，赠

予所得的财产必须是已经取得所有权的财产，比如受赠予人进行所有权变更登记、实际取得财产等。对婚姻关系存续期间没有实际取得财产权的，赠予合同未发生法律效力的赠予财产，不是夫妻共同财产。

5. 其他应当归共同所有的财产。指上述四项财产以外，应该属于夫妻共同财产的财产。这个概括性的规定，填补了列举式立法与现实存在之间不一致的不足，以适应时代变化发展的需要。

（五）夫妻对共同所有的财产，有平等的处理权

夫妻对共同所有的财产，有平等的处理权，是指夫妻对共同所有的财产，不问财产的来源及各自贡献的大小，都平等地享有处理权，这也是夫妻在家庭中地位平等和男女平等原则的具体体现。

三 夫妻个人财产的识别

夫妻特有财产制是相对于夫妻共同财产制而言的，与夫妻共同财产制相互依存的一种财产制度。夫妻特有财产指法律规定夫妻一方对婚前财产或者婚后所得某些财产，由夫或妻一方占有、管理使用、收益、处分的权利和承担义务，以及就该特有财产的效力等形成的法律制度夫妻特有财产制，包含以下内容：

（一）一方的婚前财产，明确规定一方的婚前财产为夫妻特有财产

《婚姻法》司法解释（一）第十九条规定："婚姻法第十八条规定为夫妻一方所有的财产，不因婚姻关系的延续而转化为夫妻共同财产。但当事人另有约定的除外。"即夫妻不论结婚经过多少年，一方婚前财产仍归一方所有。

特别要说明的是，1993年最高人民法院《关于人民法院审理离婚案件处理财产分割问题的若干具体意见》第6条规定，"一方婚前个人所有的财产，婚后由双方共同使用、经营、管理的，房屋和其他价

值较大的生产资料经过 8 年，贵重的生活资料经过 4 年，可视为夫妻共同财产"，这个解释确定的经过一定时间，婚前财产转化为夫妻共同财产的制度，不符合物权法关于物权取得的规定，等于变相鼓励一部分人借婚姻不劳而获积聚财物，是对个人财产权的一种不适当的干预。

（二）一方因身体受到伤害获得的医疗费、残疾人生活补助费等费用

人身体受伤后需要治疗，身体残疾后丧失部分或全部劳动能力应给予的补助，这些费用的获得都是以个人身体伤害为代价的，因此，这些费用完全应由受伤害个人支配、使用，不应归夫妻共有。

（三）遗嘱或赠予合同确定只归夫或妻一方的财产

即夫妻在婚姻关系存续期间继承或接受赠予所得的财产，如遗嘱或赠予合同写明了遗产或赠予财产只归夫或妻一方的，应认定为夫或妻的个人特有财产。这是一项新规定，它与我国的《继承法》及《合同法》的有关法律规定和理论是吻合的。

（四）一方专用的生活用品

一方专用的生活用品，是指供夫或妻一方个人生活专门使用的，具有明显的个人性质的生活用品，这些个人专用品一旦脱离专用人，往往就失去了应有的价值，如衣服、首饰、鞋帽等。在实践中，应该从严掌握，对于不是用于个人生活，而是用于价值收藏等价值较大的财产，就不能仅仅因为财产本身的男、女款式而认定为特有财产，如女方收藏的大量女式钻戒等。

（五）其他应当归一方的财产

这个概括性的规定，是指除了上述规定的几种特有财产外，还可能会出现其他未列明但又确实应认定为特有财产的情况，它可以填补

列举式立法与现实存在之间总会有距离的不足。

引导案例解析

《婚姻法》司法解释（三）第十条的规定："夫妻一方婚前签订不动产买卖合同，以个人财产支付首付并在银行贷款，婚后以夫妻共同财产还贷，不动产登记于首付款支付方名下的，离婚时该不动产由双方协议处理。依前款规定不能达成协议的，人民法院可以判决该不动产归产权登记一方，尚未归还的部分贷款为不动产权利人的个人债务。双方婚后共同还贷支付的款项及其相对应财产增值部分，离婚时应根据《婚姻法》第三十九条第一款规定的原则，由产权登记一方对另一方进行补偿。"

本案中，对该房屋的分割应区别对待。根据《婚姻法》司法解释（三）的上述规定，房屋为张楠在婚前按揭贷款所买，应作为张楠婚前个人财产；对房屋婚前首付及其增值部分应归张楠所有；对婚后双方共同偿还贷款部分和婚后还贷增值部分作为双方的共同财产平均分割；对尚未偿还的贷款及其增值部分应该归房屋所有人。

1. 该房屋所有权归张楠。张楠通过按揭贷款方式与开发商形成房屋买卖合同关系，与银行之间形成抵押贷款合同法律关系，其通过这两种不同的法律关系取得了房屋的所有权，只是房屋所有权的行使受到限制，故本案可以认定张楠在婚前即取得了房屋的所有权。

2. 婚后还贷应属于共同财产。张楠在购房时同时形成了100万元的债务，由于这部分债务系婚前所借故应当属于婚前张楠个人债务。张楠、刘英二人共同偿还按揭贷款的行为，应视为两人将夫妻共同财产填补了张楠婚前个人债务。因此，两人夫妻关系解除时由张楠给付刘英婚姻关系存续期间还贷50万元的一半，即 25 万元。

3. 房屋婚后增值部分应属于夫妻共同财产。我国《婚姻法》第十七条规定:"夫妻在婚姻关系存续期间所得的下列财产,归夫妻共同所有:(一)工资、奖金;(二)生产、经营的收益;(三)知识产权的收益;(四)继承或赠与所得的财产,但本法第十八条第三项规定的除外;(五)其他应当归共同所有的财产。夫妻对共同所有的财产,有平等的处理权。"50 万元还贷的增值部分的一半两人夫妻关系解除时由张楠给付刘英 450 万元的一半,即 225 万元。

4. 张楠在购房时同时形成了 100 万元的债务,由于这部分债务系婚前所借故应当属于婚前个人债务。尚未偿还的按揭贷款,应视为张楠的个人债务,其增值部分应视为张楠个人财产。

其他典型案例分析

[案例一] 婚后一方父母出资买房的归属

甲与乙 1996 年结婚,婚后生有一子。1998 年甲的父母出资为甲购买一套住房,产权人为甲,由甲一家三口居住。2007 年甲的父母又赞助甲 10 万元购买一辆汽车,产权人仍为甲。2016 年 2 月,甲向法院提起离婚诉讼。乙提出对婚后共同财产进行分割,包括甲父母为甲购买的房产和汽车。

问:1. 甲的父母为甲出资购买的房产可否认定为夫妻共同财产?为什么?

2. 甲的父母为甲出资购买的汽车可否认定为夫妻共同财产?为什么?

调解过程和技巧

《婚姻法》司法解释(三)的第七条规定:"婚后由一方父母出资

为子女购买的不动产，产权登记在出资人子女名下的，可按照《婚姻法》第十八条第（三）项的规定，视为只对自己子女一方的赠予，该不动产应认定为夫妻一方的个人财产。

"由双方父母出资购买的不动产，产权登记在一方子女名下的，该不动产可认定为双方按照各自父母的出资份额按份共有，但当事人另有约定的除外。"

《婚姻法》第十八条："有下列情形之一的，为夫妻一方的财产：（三）遗嘱或赠予合同中确定只归夫或妻一方的财产。"

《婚姻法》第十七条："夫妻在婚姻关系存续期间所得的下列财产，归夫妻共同所有：……（四）继承或赠予所得的财产，但本法第十八条第三项规定的除外……"

根据以上规定房子不属于夫妻共同财产，汽车属于夫妻共同财产。

[案例二]　　夫妻离婚　房产归谁

高凤与张凯婚前由双方父母出资在北京大兴购买了一套两居室住房，产权登记在张凯的名下。婚后张凯做生意挣了钱，又购买了一套房。可是张凯提出离婚时称，北京大兴的房子是他婚前个人财产，并且否认另购房的事实。

为此，高女士找到调解室，说他们婚前由双方父母共同出资在北京大兴购买的房子，有她父母出资的往来汇款票据，产权证虽登记在她丈夫的名下，但是是他们的共同财产，婚后她丈夫又购买了一套房，已查到门牌号。这几年，她虽然没有帮他做生意，但辛辛苦苦把两个孩子养大，吃了不少苦，最后闹得家庭破裂，自己什么都得不到，请调解员帮忙解决。

调解过程和技巧

调解员听了高女士的陈述后，通知张先生来到调解室。听听他对双方婚姻关系的说法和解决意见，张先生来了之后情绪特别激动，说夫妻感情已破裂，坚决离婚。调解员劝说，为了两个孩子，你们考虑能否和好，两人均表示不可能。谈到住房，张先生又马上变得十分冷静，虽然承认婚前购买的位于北京大兴的住房是双方父母投资，登记在张先生名下，但是张先生认为这套房子是其婚前财产，高女士认为是夫妻共同财产；关于婚后丈夫又购买的房屋，高女士坚持是婚后购买，虽未帮丈夫做生意，但一直在家辛苦抚养两个孩子，所以属夫妻共同财产。对此套房，张先生先是否认，后来在证据面前承认是共同财产的事实。事实清楚后，调解员依法进行了调解，一是指出婚后女方没有在外工作，只是在家照顾子女，料理家务，但根据婚姻法规定，其做生意的收入属夫妻共同财产，用此收入购买的房屋属夫妻共同所有；二是关于双方婚前由父母出资购买的北京大兴房产，虽然登记在张先生的名下，但是并不属于其婚前的个人财产，按份共有，因最高法院《婚姻法》若干问题的解释（三）第七条第二款做出了规定：由双方父母出资购买的不动产，产权登记在一方子女名下的，该不动产可认定为双方父母的出资份额按份共有，但当事人另有约定的除外。

张先生明白了相关法律规定后，同意他和高女士一人一套房，并同意双方到民政部门办理离婚手续。

调解员要注意当事人的表情，从中获得各种信息。当事人情绪、表情、行为、姿态是调解员观察的重点。夸张的情感异变，超乎正常人的情绪变化，其中必有原因。本案中，张先生情绪表现激烈，就流露出他心虚的特征，也引起了调解员的注意。于是，调解员把工作重点放在张先生这边，通过解释法律法规，最终改变了张先生对法律的理解，同意了房产分割协议。

所需法律法规

中华人民共和国婚姻法

第一章 总 则

第一条 本法是婚姻家庭关系的基本准则。

第二条 实行婚姻自由、一夫一妻、男女平等的婚姻制度。

保护妇女、儿童和老人的合法权益。

实行计划生育。

第三条 禁止包办、买卖婚姻和其他干涉婚姻自由的行为。禁止借婚姻索取财物。

禁止重婚。禁止有配偶者与他人同居。禁止家庭暴力。禁止家庭成员间的虐待和遗弃。

第四条 夫妻应当互相忠实，互相尊重；家庭成员间应当敬老爱幼，互相帮助，维护平等、和睦、文明的婚姻家庭关系。

第二章 结 婚

第五条 结婚必须男女双方完全自愿，不许任何一方对他方加以强迫或任何第三者加以干涉。

第六条 结婚年龄，男不得早于二十二周岁，女不得早于二十周岁。晚婚晚育应予鼓励。

第七条 有下列情形之一的，禁止结婚：

（一）直系血亲和三代以内的旁系血亲；

（二）患有医学上认为不应当结婚的疾病。

第八条 要求结婚的男女双方必须亲自到婚姻登记机关进行结婚登记。符合本法规定的，予以登记，发给结婚证。取得结婚证，即确立夫妻关系。未办理结婚登记的，应当补办登记。

第九条 登记结婚后，根据男女双方约定，女方可以成为男方家庭的成员，男方可以成为女方家庭的成员。

第十条　有下列情形之一的，婚姻无效：

（一）重婚的；

（二）有禁止结婚的亲属关系的；

（三）婚前患有医学上认为不应当结婚的疾病，婚后尚未治愈的；

（四）未到法定婚龄的。

第十一条　因胁迫结婚的，受胁迫的一方可以向婚姻登记机关或人民法院请求撤销该婚姻。受胁迫的一方撤销婚姻的请求，应当自结婚登记之日起一年内提出。被非法限制人身自由的当事人请求撤销婚姻的，应当自恢复人身自由之日起一年内提出。

第十二条　无效或被撤销的婚姻，自始无效。当事人不具有夫妻的权利和义务。同居期间所得的财产，由当事人协议处理；协议不成时，由人民法院根据照顾无过错方的原则判决。对重婚导致的婚姻无效的财产处理，不得侵害合法婚姻当事人的财产权益。当事人所生的子女，适用本法有关父母子女的规定。

第三章　家庭关系

第十三条　夫妻在家庭中地位平等。

第十四条　夫妻双方都有各用自己姓名的权利。

第十五条　夫妻双方都有参加生产、工作、学习和社会活动的自由，一方不得对他方加以限制或干涉。

第十六条　夫妻双方都有实行计划生育的义务。

第十七条　夫妻在婚姻关系存续期间所得的下列财产，归夫妻共同所有：

（一）工资、奖金；

（二）生产、经营的收益；

（三）知识产权的收益；

（四）继承或赠与所得的财产，但本法第十八条第三项规定的除外；

（五）其他应当归共同所有的财产。

夫妻对共同所有的财产，有平等的处理权。

第十八条　有下列情形之一的，为夫妻一方的财产：

（一）一方的婚前财产；

（二）一方因身体受到伤害获得的医疗费、残疾人生活补助费等费用；

（三）遗嘱或赠与合同中确定只归夫或妻一方的财产；

（四）一方专用的生活用品；

（五）其他应当归一方的财产。

第十九条　夫妻可以约定婚姻关系存续期间所得的财产以及婚前财产归各自所有、共同所有或部分各自所有、部分共同所有。约定应当采用书面形式。没有约定或约定不明确的，适用本法第十七条、第十八条的规定。

夫妻对婚姻关系存续期间所得的财产以及婚前财产的约定，对双方具有约束力。

夫妻对婚姻关系存续期间所得的财产约定归各自所有的，夫或妻一方对外所负的债务，第三人知道该约定的，以夫或妻一方所有的财产清偿。

第二十条　夫妻有互相扶养的义务。

一方不履行扶养义务时，需要扶养的一方，有要求对方付给扶养费的权利。

第二十一条　父母对子女有抚养教育的义务；子女对父母有赡养扶助的义务。

父母不履行抚养义务时，未成年的或不能独立生活的子女，有要求父母付给抚养费的权利。

子女不履行赡养义务时，无劳动能力的或生活困难的父母，有要求子女付给赡养费的权利。

禁止溺婴、弃婴和其他残害婴儿的行为。

第二十二条 子女可以随父姓，可以随母姓。

第二十三条 父母有保护和教育未成年子女的权利和义务。在未成年子女对国家、集体或他人造成损害时，父母有承担民事责任的义务。

第二十四条 夫妻有相互继承遗产的权利。

父母和子女有相互继承遗产的权利。

第二十五条 非婚生子女享有与婚生子女同等的权利，任何人不得加以危害和歧视。

不直接抚养非婚生子女的生父或生母，应当负担子女的生活费和教育费，直至子女能独立生活为止。

第二十六条 国家保护合法的收养关系。养父母和养子女间的权利和义务，适用本法对父母子女关系的有关规定。

养子女和生父母间的权利和义务，因收养关系的成立而消除。

第二十七条 继父母与继子女间，不得虐待或歧视。

继父或继母和受其抚养教育的继子女间的权利和义务，适用本法对父母子女关系的有关规定。

第二十八条 有负担能力的祖父母、外祖父母，对于父母已经死亡或父母无力抚养的未成年的孙子女、外孙子女，有抚养的义务。有负担能力的孙子女、外孙子女，对于子女已经死亡或子女无力赡养的祖父母、外祖父母，有赡养的义务。

第二十九条 有负担能力的兄、姐，对于父母已经死亡或父母无力抚养的未成年的弟、妹，有扶养的义务。由兄、姐扶养长大的有负担能力的弟、妹,对于缺乏劳动能力又缺乏生活来源的兄、姐,有扶养的义务。

第三十条　子女应当尊重父母的婚姻权利,不得干涉父母再婚以及婚后的生活。子女对父母的赡养义务,不因父母的婚姻关系变化而终止。

第四章　离　婚

第三十一条　男女双方自愿离婚的,准予离婚。双方必须到婚姻登记机关申请离婚。婚姻登记机关查明双方确实是自愿并对子女和财产问题已有适当处理时,发给离婚证。

第三十二条　男女一方要求离婚的,可由有关部门进行调解或直接向人民法院提出离婚诉讼。

人民法院审理离婚案件,应当进行调解;如感情确已破裂,调解无效,应准予离婚。

有下列情形之一,调解无效的,应准予离婚:

(一) 重婚或有配偶者与他人同居的;

(二) 实施家庭暴力或虐待、遗弃家庭成员的;

(三) 有赌博、吸毒等恶习屡教不改的;

(四) 因感情不和分居满二年的;

(五) 其他导致夫妻感情破裂的情形。

一方被宣告失踪,另一方提出离婚诉讼的,应准予离婚。

第三十三条　现役军人的配偶要求离婚,须得军人同意,但军人一方有重大过错的除外。

第三十四条　女方在怀孕期间、分娩后一年内或中止妊娠后六个月内,男方不得提出离婚。女方提出离婚的,或人民法院认为确有必要受理男方离婚请求的,不在此限。

第三十五条　离婚后,男女双方自愿恢复夫妻关系的,必须到婚姻登记机关进行复婚登记。

第三十六条 父母与子女间的关系，不因父母离婚而消除。离婚后，子女无论由父或母直接抚养，仍是父母双方的子女。

离婚后，父母对于子女仍有抚养和教育的权利和义务。

离婚后，哺乳期内的子女，以随哺乳的母亲抚养为原则。哺乳期后的子女，如双方因抚养问题发生争执不能达成协议时，由人民法院根据子女的权益和双方的具体情况判决。

第三十七条 离婚后，一方抚养的子女，另一方应负担必要的生活费和教育费的一部分或全部，负担费用的多少和期限的长短，由双方协议；协议不成时，由人民法院判决。

关于子女生活费和教育费的协议或判决，不妨碍子女在必要时向父母任何一方提出超过协议或判决原定数额的合理要求。

第三十八条 离婚后，不直接抚养子女的父或母，有探望子女的权利，另一方有协助的义务。

行使探望权利的方式、时间由当事人协议；协议不成时，由人民法院判决。

父或母探望子女，不利于子女身心健康的，由人民法院依法中止探望的权利；中止的事由消失后，应当恢复探望的权利。

第三十九条 离婚时，夫妻的共同财产由双方协议处理；协议不成时，由人民法院根据财产的具体情况，照顾子女和女方权益的原则判决。

夫或妻在家庭土地承包经营中享有的权益等，应当依法予以保护。

第四十条 夫妻书面约定婚姻关系存续期间所得的财产归各自所有，一方因抚育子女、照料老人、协助另一方工作等付出较多义务的，离婚时有权向另一方请求补偿，另一方应当予以补偿。

第四十一条　离婚时，原为夫妻共同生活所负的债务，应当共同偿还。共同财产不足清偿的，或财产归各自所有的，由双方协议清偿；协议不成时，由人民法院判决。

第四十二条　离婚时，如一方生活困难，另一方应从其住房等个人财产中给予适当帮助。具体办法由双方协议；协议不成时，由人民法院判决。

第五章　救助措施与法律责任

第四十三条　实施家庭暴力或虐待家庭成员，受害人有权提出请求，居民委员会、村民委员会以及所在单位应当予以劝阻、调解。

对正在实施的家庭暴力，受害人有权提出请求，居民委员会、村民委员会应当予以劝阻；公安机关应当予以制止。

实施家庭暴力或虐待家庭成员，受害人提出请求的，公安机关应当依照治安管理处罚的法律规定予以行政处罚。

第四十四条　对遗弃家庭成员，受害人有权提出请求，居民委员会、村民委员会以及所在单位应当予以劝阻、调解。

对遗弃家庭成员，受害人提出请求的，人民法院应当依法作出支付扶养费、抚养费、赡养费的判决。

第四十五条　对重婚的，对实施家庭暴力或虐待、遗弃家庭成员构成犯罪的，依法追究刑事责任。受害人可以依照刑事诉讼法的有关规定，向人民法院自诉；公安机关应当依法侦查，人民检察院应当依法提起公诉。

第四十六条　有下列情形之一，导致离婚的，无过错方有权请求损害赔偿：

（一）重婚的；

（二）有配偶者与他人同居的；

（三）实施家庭暴力的；

（四）虐待、遗弃家庭成员的。

第四十七条　离婚时，一方隐藏、转移、变卖、毁损夫妻共同财产，或伪造债务企图侵占另一方财产的，分割夫妻共同财产时，对隐藏、转移、变卖、毁损夫妻共同财产或伪造债务的一方，可以少分或不分。离婚后，另一方发现有上述行为的，可以向人民法院提起诉讼，请求再次分割夫妻共同财产。

人民法院对前款规定的妨害民事诉讼的行为，依照民事诉讼法的规定予以制裁。

第四十八条　对拒不执行有关扶养费、抚养费、赡养费、财产分割、遗产继承、探望子女等判决或裁定的，由人民法院依法强制执行。有关个人和单位应负协助执行的责任。

第四十九条　其他法律对有关婚姻家庭的违法行为和法律责任另有规定的，依照其规定。

第六章　附则

第五十条　民族自治地方的人民代表大会有权结合当地民族婚姻家庭的具体情况，制定变通规定。自治州、自治县制定的变通规定，报省、自治区、直辖市人民代表大会常务委员会批准后生效。自治区制定的变通规定，报全国人民代表大会常务委员会批准后生效。

第五十一条　本法自1981年1月1日起施行。

1950年5月1日颁行的《中华人民共和国婚姻法》，自本法施行之日起废止。

最高人民法院《关于适用〈中华人民共和国婚姻法〉若干问题的解释（一）》

为了正确审理婚姻家庭纠纷案件，根据《中华人民共和国婚姻法》（以下简称婚姻法）、《中华人民共和国民事诉讼法》等法律的规定，对人民法院适用婚姻法的有关问题作出如下解释：

第一条　婚姻法第三条、第三十二条、第四十三条、第四十五条、第四十六条所称的"家庭暴力"，是指行为人以殴打、捆绑、残害、强行限制人身自由或者其他手段，给其家庭成员的身体、精神等方面造成一定伤害后果的行为。持续性、经常性的家庭暴力，构成虐待。

第二条　婚姻法第三条、第三十二条、第四十六条规定的"有配偶者与他人同居"的情形，是指有配偶者与婚外异性，不以夫妻名义，持续、稳定地共同居住。

第三条　当事人仅以婚姻法第四条为依据提起诉讼的，人民法院不予受理；已经受理的，裁定驳回起诉。

第四条　男女双方根据婚姻法第八条规定补办结婚登记的，婚姻关系的效力从双方均符合婚姻法所规定的结婚的实质要件时起算。

第五条　未按婚姻法第八条规定办理结婚登记而以夫妻名义共同生活的男女，起诉到人民法院要求离婚的，应当区别对待：

一、1994年2月1日民政部《婚姻登记管理条例》公布实施以前，男女双方已经符合结婚实质要件的，按事实婚姻处理；

二、1994年2月1日民政部《婚姻登记管理条例》公布实施以后，男女双方符合结婚实质要件的，人民法院应当告知其在案件受理前补办结婚登记；未补办结婚登记的，按解除同居关系处理。

第六条　未按婚姻法第八条规定办理结婚登记而以夫妻名义共同生活的男女，一方死亡，另一方以配偶身份主张享有继承权的，按照本解释第五条的原则处理。

第七条　有权依据婚姻法第十条规定向人民法院就已办理结婚登记的婚姻申请宣告婚姻无效的主体，包括婚姻当事人及利害关系人。利害关系人包括：

（一）以重婚为由申请宣告婚姻无效的，为当事人的近亲属及基层组织。

（二）以未到法定婚龄为由申请宣告婚姻无效的，为未达法定婚龄者的近亲属。

（三）以有禁止结婚的亲属关系为由申请宣告婚姻无效的，为当事人的近亲属。

（四）以婚前患有医学上认为不应当结婚的疾病，婚后尚未治愈为由申请宣告婚姻无效的，为与患病者共同生活的近亲属。

第八条 当事人依据婚姻法第十条规定向人民法院申请宣告婚姻无效的，申请时，法定的无效婚姻情形已经消失的，人民法院不予支持。

第九条 人民法院审理宣告婚姻无效案件，对婚姻效力的审理不适用调解，应当依法作出判决；有关婚姻效力的判决一经作出，即发生涉及财产分割和子女抚养的，可以调解。调解达成协议的，另行制作调解书。对财产分割和子女抚养问题的判决不服的，当事人可以上诉。

第十条 婚姻法第十一条所称的"胁迫"，是指行为人以给另一方当事人或者其近亲属的生命、身体健康、名誉、财产等方面造成损害为要挟，迫使另一方当事人违背真实意愿结婚的情况。

因受胁迫而请求撤销婚姻的，只能是受胁迫一方的婚姻关系当事人本人。

第十一条 人民法院审理婚姻当事人因受胁迫而请求撤销婚姻的案件，应当适用简易程序或者普通程序。

第十二条 婚姻法第十一条规定的"一年"，不适用诉讼时效中止、中断或者延长的规定。

第十三条 婚姻法第十二条所规定的自始无效，是指无效或者可撤销婚姻在依法被宣告无效或被撤销时，才确定该婚姻自始不受法律保护。

第十四条　人民法院根据当事人的申请，依法宣告婚姻无效或者撤销婚姻的，应当收缴双方的结婚证书并将生效的判决书寄送当地婚姻登记管理机关。

第十五条　被宣告无效或被撤销的婚姻，当事人同居期间所得的财产，按共同共有处理。但有证据证明为当事人一方所有的除外。

第十六条　人民法院审理重婚导致的无效婚姻案件时，涉及财产处理的，应当准许合法婚姻当事人作为有独立请求权的第三人参加诉讼。

第十七条　婚姻法第十七条关于"夫或妻对夫妻共同所有的财产，有平等的处理权"的规定，应当理解为：

（一）夫或妻在处理夫妻共同财产上的权利是平等的。因日常生活需要而处理夫妻共同财产的，任何一方均有权决定。

（二）夫或妻非因日常生活需要对夫妻共同财产做重要处理决定，夫妻双方应当平等协商，取得一致意见。他人有理由相信其为夫妻双方共同意思表示的，另一方不得以不同意或不知道为由对抗善意第三人。

第十八条　婚姻法第十九条所称"第三人知道该约定的"，夫妻一方对此负有举证责任。

第十九条　婚姻法第十八条规定为夫妻一方所有的财产，不因婚姻关系的延续而转化为夫妻共同财产。但当事人另有约定的除外。

第二十条　婚姻法第二十一条规定的"不能独立生活的子女"，是指尚在校接受高中及其以下学历教育，或者丧失或未完全丧失劳动能力等非因主观原因而无法维持正常生活的成年子女。

第二十一条　婚姻法第二十一条所称"抚养费"，包括子女生活费、教育费、医疗费等费用。

第二十二条 人民法院审理离婚案件，符合第三十二条第二款规定"应准予离婚"情形的，不应当因当事人有过错而判决不准离婚。

第二十三条 婚姻法第三十三条所称的"军人一方有重大过错"，可以依据婚姻法第三十二条第二款前三项规定及军人有其他重大过错导致夫妻感情破裂的情形予以判断。

第二十四条 人民法院作出的生效的离婚判决中未涉及探望权，当事人就探望权问题单独提起诉讼的，人民法院应予受理。

第二十五条 当事人在履行生效判决、裁定或者调解书的过程中，请求中止行使探望权的，人民法院在征询双方当事人意见后，认为需要中止行使探望权的，依法作出裁定。中止探望的情形消失后，人民法院应当根据当事人的申请通知其恢复探望权的行使。

第二十六条 未成年子女、直接抚养子女的父或母及其他对未成年子女负担抚养、教育义务的法定监护人，有权向人民法院提出中止探望权的请求。

第二十七条 婚姻法第四十二条所称"一方生活困难"，是指依靠个人财产和离婚时分得的财产无法维持当地基本生活水平。

一方离婚后没有住处的，属于生活困难。

离婚时，一方以个人财产中的住房对生活困难者进行帮助的形式，可以是房屋的居住权或者房屋的所有权。

第二十八条 婚姻法第四十六条规定的"损害赔偿"，包括物质损害赔偿和精神损害赔偿。涉及精神损害赔偿的，适用最高人民法院《关于确定民事侵权精神损害赔偿责任若干问题的解释》的有关规定。

第二十九条 承担婚姻法第四十六条规定的损害赔偿责任的主体，为离婚诉讼当事人中无过错方的配偶。

人民法院判决不准离婚的案件，对于当事人基于婚姻法第四十六条提出的损害赔偿请求,不予支持。

在婚姻关系存续期间,当事人不起诉离婚而单独依据该条规定提起损害赔偿请求的,人民法院不予受理。

第三十条　人民法院受理离婚案件时,应当将婚姻法第四十六条等规定中当事人的有关权利义务,书面告知当事人。在适用婚姻法第四十六条时,应当区分以下不同情况:

(一)符合婚姻法第四十六条规定的无过错方作为原告基于该条规定向人民法院提起损害赔偿请求的,必须在离婚诉讼的同时提出。

(二)符合婚姻法第四十六条规定的无过错方作为被告的离婚诉讼案件,如果被告不同意离婚也不基于该条规定提起损害赔偿请求的,可以在离婚后一年内就此单独提起诉讼。

(三)无过错方作为被告的离婚诉讼案件,一审时被告未基于婚姻法第四十六条规定提出损害赔偿请求,二审期间提出的,人民法院应当进行调解,调解不成的,告知当事人在离婚后一年内另行起诉。

第三十一条　当事人依据婚姻法第四十七条的规定向人民法院提起诉讼,请求再次分割夫妻共同财产的诉讼时效为两年,从当事人发现之次日起计算。

第三十二条　婚姻法第四十八条关于对拒不执行有关探望子女等判决和裁定的,由人民法院依法强制执行的规定,是指对拒不履行协助另一方行使探望权的有关个人和单位采取拘留、罚款等强制措施,不能对子女的人身、探望行为进行强制执行。

第三十三条　婚姻法修改后正在审理的一、二审婚姻家庭纠纷案件,一律适用修改后的婚姻法。此前最高人民法院作出的相关司法解释如与本解释相抵触,以本解释为准。

第三十四条　本解释自公布之日起施行。

最高人民法院《关于适用〈中华人民共和国婚姻法〉若干问题的解释（二）》

为正确审理婚姻家庭纠纷案件，根据《中华人民共和国婚姻法》（以下简称婚姻法）、《中华人民共和国民事诉讼法》等相关法律规定，对人民法院适用婚姻法的有关问题作出如下解释：

第一条 当事人起诉请求解除同居关系的，人民法院不予受理。但当事人请求解除的同居关系，属于婚姻法第三条、第三十二条、第四十六条规定的"有配偶者与他人同居"的，人民法院应当受理并依法予以解除。

当事人因同居期间财产分割或者子女抚养纠纷提起诉讼的，人民法院应当受理。

第二条 人民法院受理申请宣告婚姻无效案件后，经审查确属无效婚姻的，应当依法作出宣告婚姻无效的判决。原告申请撤诉的，不予准许。

第三条 人民法院受理离婚案件后，经审查确属无效婚姻的，应当将婚姻无效的情形告知当事人，并依法作出宣告婚姻无效的判决。

第四条 人民法院审理无效婚姻案件，涉及财产分割和子女抚养的，应当对婚姻效力的认定和其他纠纷的处理分别制作裁判文书。

第五条 夫妻一方或者双方死亡后一年内，生存一方或者利害关系人依据婚姻法第十条的规定申请宣告婚姻无效的，人民法院应当受理。

第六条 利害关系人依据婚姻法第十条的规定，申请人民法院宣告婚姻无效的，利害关系人为申请人，婚姻关系当事人双方为被申请人。

夫妻一方死亡的，生存一方为被申请人。

夫妻双方均已死亡的，不列被申请人。

第七条　人民法院就同一婚姻关系分别受理了离婚和申请宣告婚姻无效案件的，对于离婚案件的审理，应当待申请宣告婚姻无效案件作出判决后进行。

前款所指的婚姻关系被宣告无效后，涉及财产分割和子女抚养的，应当继续审理。

第八条　离婚协议中关于财产分割的条款或者当事人因离婚就财产分割达成的协议，对男女双方具有法律约束力。

当事人因履行上述财产分割协议发生纠纷提起诉讼的，人民法院应当受理。

第九条　男女双方协议离婚后一年内就财产分割问题反悔，请求变更或者撤销财产分割协议的，人民法院应当受理。

人民法院审理后，未发现订立财产分割协议时存在欺诈、胁迫等情形的，应当依法驳回当事人的诉讼请求。

第十条　当事人请求返还按照习俗给付的彩礼的，如果查明属于以下情形，人民法院应当予以支持：

（一）双方未办理结婚登记手续的；

（二）双方办理结婚登记手续但确未共同生活的；

（三）婚前给付并导致给付人生活困难的。

适用前款第（二）、（三）项的规定，应当以双方离婚为条件。

第十一条　婚姻关系存续期间，下列财产属于婚姻法第十七条规定的"其他应当归共同所有的财产"：

（一）一方以个人财产投资取得的收益；

（二）男女双方实际取得或者应当取得的住房补贴、住房公积金；

（三）男女双方实际取得或者应当取得的养老保险金、破产安置补偿费。

第十二条　婚姻法第十七条第三项规定的"知识产权的收益"，

是指婚姻关系存续期间，实际取得或者已经明确可以取得的财产性收益。

第十三条　军人的伤亡保险金、伤残补助金、医药生活补助费属于个人财产。

第十四条　人民法院审理离婚案件，涉及分割发放到军人名下的复员费、自主择业费等一次性费用的，以夫妻婚姻关系存续年限乘以年平均值，所得数额为夫妻共同财产。

前款所称年平均值，是指将发放到军人名下的上述费用总额按具体年限均分得出的数额。其具体年限为人均寿命七十岁与军人入伍时实际年龄的差额。

第十五条　夫妻双方分割共同财产中的股票、债券、投资基金份额等有价证券以及未上市股份有限公司股份时，协商不成或者按市价分配有困难的，人民法院可以根据数量按比例分配。

第十六条　人民法院审理离婚案件，涉及分割夫妻共同财产中以一方名义在有限责任公司的出资额，另一方不是该公司股东的，按以下情形分别处理：

（一）夫妻双方协商一致将出资额部分或者全部转让给该股东的配偶，过半数股东同意、其他股东明确表示放弃优先购买权的，该股东的配偶可以成为该公司股东；

（二）夫妻双方就出资额转让份额和转让价格等事项协商一致后，过半数股东不同意转让，但愿意以同等价格购买该出资额的，人民法院可以对转让出资所得财产进行分割。过半数股东不同意转让，也不愿意以同等价格购买该出资额的，视为其同意转让，该股东的配偶可以成为该公司股东。

用于证明前款规定的过半数股东同意的证据，可以是股东会决议，也可以是当事人通过其他合法途径取得的股东的书面声明材料。

第十七条　人民法院审理离婚案件，涉及分割夫妻共同财产中以一方名义在合伙企业中的出资，另一方不是该企业合伙人的，当夫妻双方协商一致，将其合伙企业中的财产份额全部或者部分转让给对方时，按以下情形分别处理：

（一）其他合伙人一致同意的，该配偶依法取得合伙人地位；

（二）其他合伙人不同意转让，在同等条件下行使优先受让权的，可以对转让所得的财产进行分割；

（三）其他合伙人不同意转让，也不行使优先受让权，但同意该合伙人退伙或者退还部分财产份额的，可以对退还的财产进行分割；

（四）其他合伙人既不同意转让，也不行使优先受让权，又不同意该合伙人退伙或者退还部分财产份额的，视为全体合伙人同意转让，该配偶依法取得合伙人地位。

第十八条　夫妻以一方名义投资设立独资企业的，人民法院分割夫妻在该独资企业中的共同财产时，应当按照以下情形分别处理：

（一）一方主张经营该企业的，对企业资产进行评估后，由取得企业一方给予另一方相应的补偿；

（二）双方均主张经营该企业的，在双方竞价基础上，由取得企业的一方给予另一方相应的补偿；

（三）双方均不愿意经营该企业的，按照《中华人民共和国个人独资企业法》等有关规定办理。

第十九条　由一方婚前承租、婚后用共同财产购买的房屋，房屋权属证书登记在一方名下的，应当认定为夫妻共同财产。

第二十条　双方对夫妻共同财产中的房屋价值及归属无法达成协议时，人民法院按以下情形分别处理：

（一）双方均主张房屋所有权并且同意竞价取得的，应当准许；

（二）一方主张房屋所有权的，由评估机构按市场价格对房屋作出评估，取得房屋所有权的一方应当给予另一方相应的补偿；

（三）双方均不主张房屋所有权的，根据当事人的申请拍卖房屋，就所得价款进行分割。

第二十一条 离婚时双方对尚未取得所有权或者尚未取得完全所有权的房屋有争议且协商不成的，人民法院不宜判决房屋所有权的归属，应当根据实际情况判决由当事人使用。

当事人就前款规定的房屋取得完全所有权后，有争议的，可以另行向人民法院提起诉讼。

第二十二条 当事人结婚前，父母为双方购置房屋出资的，该出资应当认定为对自己子女的个人赠与，但父母明确表示赠与双方的除外。

当事人结婚后，父母为双方购置房屋出资的，该出资应当认定为对夫妻双方的赠与，但父母明确表示赠与一方的除外。

第二十三条 债权人就一方婚前所负个人债务向债务人的配偶主张权利的，人民法院不予支持。但债权人能够证明所负债务用于婚后家庭共同生活的除外。

第二十四条 债权人就婚姻关系存续期间夫妻一方以个人名义所负债务主张权利的，应当按夫妻共同债务处理。但夫妻一方能够证明债权人与债务人明确约定为个人债务，或者能够证明属于婚姻法第十九条第三款规定情形的除外。

第二十五条 当事人的离婚协议或者人民法院的判决书、裁定书、调解书已经对夫妻财产分割问题作出处理的，债权人仍有权就夫妻共同债务向男女双方主张权利。

一方就共同债务承担连带清偿责任后，基于离婚协议或者人民法院的法律文书向另一方主张追偿的，人民法院应当支持。

第二十六条 夫或妻一方死亡的，生存一方应当对婚姻关系存续期间的共同债务承担连带清偿责任。

第二十七条 当事人在婚姻登记机关办理离婚登记手续后,以婚姻法第四十六条规定为由向人民法院提出损害赔偿请求的,人民法院应当受理。但当事人在协议离婚时已经明确表示放弃该项请求,或者在办理离婚登记手续一年后提出的,不予支持。

第二十八条 夫妻一方申请对配偶的个人财产或者夫妻共同财产采取保全措施的,人民法院可以在采取保全措施可能造成损失的范围内,根据实际情况,确定合理的财产担保数额。

第二十九条 本解释自2004年4月1日起施行。

本解释施行后,人民法院新受理的一审婚姻家庭纠纷案件,适用本解释。

本解释施行后,此前最高人民法院作出的相关司法解释与本解释相抵触的,以本解释为准。

最高人民法院《关于适用〈中华人民共和国婚姻法〉若干问题的解释(三)》

为正确审理婚姻家庭纠纷案件,根据《中华人民共和国婚姻法》《中华人民共和国民事诉讼法》等相关法律规定,对人民法院适用婚姻法的有关问题作出如下解释:

第一条 当事人以婚姻法第十条规定以外的情形申请宣告婚姻无效的,人民法院应当判决驳回当事人的申请。

当事人以结婚登记程序存在瑕疵为由提起民事诉讼,主张撤销结婚登记的,告知其可以依法申请行政复议或者提起行政诉讼。

第二条 夫妻一方向人民法院起诉请求确认亲子关系不存在,并已提供必要证据予以证明,另一方没有相反证据又拒绝做亲子鉴定的,人民法院可以推定请求确认亲子关系不存在一方的主张成立。

当事人一方起诉请求确认亲子关系，并提供必要证据予以证明，另一方没有相反证据又拒绝做亲子鉴定的，人民法院可以推定请求确认亲子关系一方的主张成立。

第三条 婚姻关系存续期间，父母双方或者一方拒不履行抚养子女义务，未成年或者不能独立生活的子女请求支付抚养费的，人民法院应予支持。

第四条 婚姻关系存续期间，夫妻一方请求分割共同财产的，人民法院不予支持，但有下列重大理由且不损害债权人利益的除外：

（一）一方有隐藏、转移、变卖、毁损、挥霍夫妻共同财产或者伪造夫妻共同债务等严重损害夫妻共同财产利益行为的；

（二）一方负有法定扶养义务的人患重大疾病需要医治，另一方不同意支付相关医疗费用的。

第五条 夫妻一方个人财产在婚后产生的收益，除孳息和自然增值外，应认定为夫妻共同财产。

第六条 婚前或者婚姻关系存续期间，当事人约定将一方所有的房产赠与另一方，赠与方在赠与房产变更登记之前撤销赠与，另一方请求判令继续履行的，人民法院可以按照合同法第一百八十六条的规定处理。

第七条 婚后由一方父母出资为子女购买的不动产，产权登记在出资人子女名下的，可按照婚姻法第十八条第（三）项的规定，视为只对自己子女一方的赠与，该不动产应认定为夫妻一方的个人财产。

由双方父母出资购买的不动产，产权登记在一方子女名下的，该不动产可认定为双方按照各自父母的出资份额按份共有，但当事人另有约定的除外。

第八条 无民事行为能力人的配偶有虐待、遗弃等严重损害无民事行为能力一方的人身权利或者财产权益行为，其他有监护资格的人可以依照特别程序要求变更监护关系；变更后的监护人代理无民事行为能力一方提起离婚诉讼的，人民法院应予受理。

第九条　夫以妻擅自中止妊娠侵犯其生育权为由请求损害赔偿的，人民法院不予支持；夫妻双方因是否生育发生纠纷，致使感情确已破裂，一方请求离婚的，人民法院经调解无效，应依照婚姻法第三十二条第三款第（五）项的规定处理。

第十条　夫妻一方婚前签订不动产买卖合同，以个人财产支付首付款并在银行贷款，婚后用夫妻共同财产还贷，不动产登记于首付款支付方名下的，离婚时该不动产由双方协议处理。

依前款规定不能达成协议的，人民法院可以判决该不动产归产权登记一方，尚未归还的贷款为产权登记一方的个人债务。双方婚后共同还贷支付的款项及其相对应财产增值部分，离婚时应根据婚姻法第三十九条第一款规定的原则，由产权登记一方对另一方进行补偿。

第十一条　一方未经另一方同意出售夫妻共同共有的房屋，第三人善意购买、支付合理对价并办理产权登记手续，另一方主张追回该房屋的，人民法院不予支持。

夫妻一方擅自处分共同共有的房屋造成另一方损失，离婚时另一方请求赔偿损失的，人民法院应予支持。

第十二条　婚姻关系存续期间，双方用夫妻共同财产出资购买以一方父母名义参加房改的房屋，产权登记在一方父母名下，离婚时另一方主张按照夫妻共同财产对该房屋进行分割的，人民法院不予支持。购买该房屋时的出资，可以作为债权处理。

第十三条　离婚时夫妻一方尚未退休、不符合领取养老保险金条件，另一方请求按照夫妻共同财产分割养老保险金的，人民法院不予支持；婚后以夫妻共同财产缴付养老保险费，离婚时一方主张将养老金账户中婚姻关系存续期间个人实际缴付部分作为夫妻共同财产分割的,人民法院应予支持。

第十四条 当事人达成的以登记离婚或者到人民法院协议离婚为条件的财产分割协议,如果双方协议离婚未成,一方在离婚诉讼中反悔的,人民法院应当认定该财产分割协议没有生效,并根据实际情况依法对夫妻共同财产进行分割。

第十五条 婚姻关系存续期间,夫妻一方作为继承人依法可以继承的遗产,在继承人之间尚未实际分割,起诉离婚时另一方请求分割的,人民法院应当告知当事人在继承人之间实际分割遗产后另行起诉。

第十六条 夫妻之间订立借款协议,以夫妻共同财产出借给一方从事个人经营活动或用于其他个人事务的,应视为双方约定处分夫妻共同财产的行为,离婚时可按照借款协议的约定处理。

第十七条 夫妻双方均有婚姻法第四十六条规定的过错情形,一方或者双方向对方提出离婚损害赔偿请求的,人民法院不予支持。

第十八条 离婚后,一方以尚有夫妻共同财产未处理为由向人民法院起诉请求分割的,经审查该财产确属离婚时未涉及的夫妻共同财产,人民法院应当依法予以分割。

第十九条 本解释施行后,最高人民法院此前作出的相关司法解释与本解释相抵触的,以本解释为准。

第四章 赡养纠纷调解

第一节 赡养概述

一 赡养的概念和种类

（一）赡养的概念

赡养，是指子女在经济上为父母提供必需的生活用品和费用的行为，即承担一定的经济责任，提供必要的经济帮助，给予物质上的帮助。赡养扶助的主要内容是指在现有经济和社会条件下，子女在经济上应为父母提供必要的生活用品和费用，在生活、精神、感情上对父母应尊敬、关心和照顾。

（二）赡养的种类

1. 子女对父母的赡养。我国《宪法》规定，成年子女有赡养扶助父母的义务。《婚姻法》也规定，子女对父母有赡养扶助的义务，子女不履行赡养义务时，无劳动能力或生活困难的父母，有要求子女付给赡养费的权利。

赡养扶助的主要内容，是指在现有经济和社会条件下，子女在经济上应为父母提供必要的生活用品和费用,在生活、精神、感情上对父母应尊敬、关心和照顾。

有经济负担能力的成年子女,不分男女、已婚、未婚,在父母需要赡养时,都应依法尽力履行这一义务直至父母死亡。

子女对父母的赡养义务,不仅发生在婚生子女与父母间,而且也发生在非婚生子女与生父母间,养子女与养父母间和继子女与履行了扶养教育义务的继父母间。

为保障受赡养人的合法权益,《婚姻法》规定:子女不履行赡养义务时,无劳动能力的或生活困难的父母,有要求子女付给赡养费的权利。对拒不履行者,可以通过诉讼解决,情节恶劣构成犯罪者,依法追究其刑事责任。

2. 晚辈对长辈的赡养。《婚姻法》规定:有负担能力的孙子女、外孙子女,对于子女已经死亡的祖父母、外祖父母,有赡养义务。

这种赡养是有条件的,即须孙子女、外孙子女有负担能力,且祖父母、外祖父母的子女已经死亡。上述规定是保护老人合法权益的重要法律措施。

二 赡养费的计算

我国《婚姻法》规定:"父母对子女有抚养教育的义务;子女对父母有赡养扶助的义务。"构成上述关系的赡养、抚养义务人,应依法承担赡养或抚养责任,若被赡养人或抚养人家庭人均月收入低于最低生活保障线时,赡养或抚养义务人应承担的赡养或抚养费按以下方法计算。

1. 赡养费的计算。首先计算子女家庭的人均月收入,子女人均月收入低于最低生活保障线时,视为该子女无力向父母提供赡养费。子女家庭人均月收入高于最低生活保障线时,超出部分,两个子女以内的按 50％计算赡养费；三个子女以上的按 40％计算赡养费。应付的赡养费除以被赡养人数得出付给每个被赡养人的赡养费。

2. 人民法院认定赡养费的标准包括：当地的经济水平、被赡养人的实际需求、赡养人的经济能力。

3. 赡养费的给付内容分六个方面：一是老年人基本赡养费；二是老年人的生病治疗费用；三是生活不能自理老人的护理费用；四是老年人的住房费用；五是必要的精神消费支出；六是必要的保险金费用。

第二节 赡养纠纷调解

引导案例

2014 年 8 月 11 日上午，东升司法所工作人员刚上班，办公室来了一位年逾八旬的老汉。他向司法所的工作人员反映，自己的两个儿子对其不尽赡养义务。

据了解，这位老汉是东升乡某村的一位村民，老人因年迈丧失劳动能力，两亩责任田由村委会承包给老汉的两个儿子各一亩。两兄弟协商决定：老人由大儿子赡养，老人的全部财产由大儿子继承。现在大儿子认为父亲随自己生活，当然父亲的两亩责任田应当全部由自己承包，而小儿子家也是人多地少，不愿拿出一亩地来。土地的纠纷引起两兄弟在赡养上的争议，而致使老汉的生活没有了着落。

相关理论知识

近年来，赡养纠纷案件呈逐年上升趋势，尤其在农村地区，虽然经济发展了，物质生活水平提高了，但老年人的养老状态却不容乐观，为和谐社会的构建带来些许不和谐之音。我国《婚姻法》明确规定，子女对父母有赡养扶助的义务，《中华人民共和国老年人权益保障法》（以下简称《老年人权益保障法》）也规定，赡养人应当履行对老年人经济上供养、生活上照料和精神上慰藉的义务。然而由于各种原因赡养纠纷时有发生。本节探讨引发赡养纠纷的原因、特点及调解的对策。

一 赡养纠纷的特点

赡养老人是中华民族的传统美德。"老有所养、老有所医、老有所为、老有所学、老有所乐"是我国《老年人权益保障法》明确国家和社会应当保障老年人合法权益的应然状态，既是每个老年人所期盼的，也是构建和谐社会所必备的重要因素。但是，近年来，随着老年人口的不断增加，涉老纠纷特别是赡养纠纷案件也日趋增多。赡养纠纷案件具有特殊性，具体表现在：

（一）主体的特定性

赡养纠纷的权利主体和义务主体均具有特定性。《老年人权益保障法》第10条规定：老年人养老主要依靠家庭，家庭成员应当关心和照料老年人。因此赡养纠纷案件的权利主体是老年人，义务主体是老年人的子女或其他具有赡养义务的人。另外，这类案件中原告绝大多数已丧失劳动能力，年老体衰，无固定的经济收入。

（二）时间的持续性

赡养纠纷的发生不是一朝一夕的事，是在特定主体间的矛盾达到了当事人无法自行解决而使被赡养人请求救助的严重程度时发生的。并且赡养纠纷的调解也不是一次执行完毕，而是到被赡养人死亡时才得以终结。

(三) 矛盾可调和性

虽然赡养纠纷案件发生原因复杂,主要与亲情关系和家庭财产分配等密切相关,纠纷发生之初似乎尖锐,似乎不可调和,但随着时间的推移,当事人互相谦让,加之亲情的动力,赡养纠纷最终是可以调和的。

(四) 数额的可变更性

随着时间的推移,在被赡养人生活状况发生明显变化的情形下,比如被赡养人生病,物价上涨等因素出现,可以提出增加赡养费的要求。

(五) 内容的丰富性

《老年人权益保障法》第11条规定:赡养人应当履行对老年人经济上供养、生活上照料和精神上慰藉的义务,照顾老年人的特殊需要。对老人的赡养内容不只是供吃供穿,而且包括对老年人生活上无微不至的照料,在精神上给予慰藉,还应当满足老年人身体状况及精神状态下的特殊需求。

二 赡养纠纷的发生原因

(一) 经济贫困

赡养纠纷大多发生在经济状况比较差的家庭,由于赡养人本身收入水平低,家庭负担重等原因,造成在赡养老人上承担不起自己应尽的赡养义务,引发赡养纠纷。

(二) 法律义务观念缺失

此类纠纷大多由于老人无固定收入又多患疾病等原因,造成有些人认为老人吃穿用住、疾病治疗都需要经济上的花费,因而把老人当作家庭负担,漠视对老人法律上的赡养义务。

（三）分家析产矛盾

在城近郊区及农村地方，普遍存在老人在子女成家后分家，一些老人不注意维护自身权益，给自己预留后路，将家产全部分割给子女，老年生活全部依赖子女供养。在分家过程中，由于受家庭实际状况及老人主观上的因素等影响，难免在财产分割上存在不平均或财产争议，这种状况极易引起日后在赡养问题上的矛盾。有的子女在分家产时认为父母存在偏心，遂产生怨气，在父母年老需要赡养时，以家产分配不公为由，拒绝履行赡养义务。

（四）多子女现象

赡养纠纷案件大多发生在多子女家庭。其原因在于多子女家庭中家庭关系比较复杂，易出现儿女之间、妯娌之间互相攀比、相互推诿，导致老人无人赡养的状况。

（五）子女长年外出务工致老人生活无着

随着市场经济的发展，农村外出务工的人员较以往增多，大量的人员外出务工，如不对家中老年人妥善安置，失去生活来源的老人只有依靠诉讼或其他方式来解决问题。

（六）农村社会保障机制不健全

相对于城市老年人大多有退休工资或社会保障而言，农村老人的社会保障机制不健全，造成农村中老年人无生活来源保障，经济上完全依赖于子女，导致赡养案件多发。

三 赡养纠纷自身特点对调解工作的影响

（一）赡养纠纷的特点对调解工作的正面影响

1. 赡养费的给付并非此类纠纷的主要矛盾点，其他家庭矛盾纠纷才是冲突的根源，主要矛盾的旁化，有利于调解工作的开展。赡养费纠纷当事人不履行义务,其主要原因大多并非当事人不想给付赡养费,其矛盾根源主要表现在:一是兄弟姐妹众多,相互之间推卸责任,或者子女经济状况的差别导致经济条件差者依赖其他人多承担义务;二是出嫁女儿是否承担责任在各家庭中方式不一产生矛盾;三是婆媳关系或妯娌关系紧张影响到赡养义务的履行;四是父母对各子女照顾程度的不同或在分家析产时的不均,致使部分子女心理不平衡而不愿履行赡养义务。

2. 争议标的一般都不大,当事人都有能力履行,使调解内容有实际履行的可能性。一般而言,赡养纠纷案件的标的就是每年几百元生活费及一些生活必需品,标的额都不会很大,一般的有劳动能力的成年人都能承受,不像其他财产类案件会出现因当事人无能力履行而达不成调解协议或者即使调解成功也只是空有调解协议而无法履行的情形。

3. 亲情的维系是调解无形的帮手。赡养纠纷案件以父母与子女之间纠纷为主,作为义务履行者的子女,不可能不考虑到父母对自己的养育之恩和血肉亲情,即使与父母之间可能存在这样或那样的矛盾,但在亲情的感化和维系下,大多数人都能不计前嫌,认识错误,履行赡养父母的义务。

4. 社会舆论的压力起到利于调解的作用。不赡养父母会被他人所不齿和指责,亲戚、朋友、邻居等人往往都会积极协助进行调解,他们对当事人的劝说甚至指责都会给其造成强大的思想压力,促使当事人达成调解协议。

(二)赡养纠纷的特点对调解工作的负面影响

1. 此类案件当事人多,让他们同时参加调解有难度。赡养纠纷调解的最基本前提就是双方当事人到场,在现实中,由于当事人人数众多且工作繁忙,让所有当事人同时到场很难,增加了调解工作的难度。

2. 老人年事高，行动不便，多次调解几乎不具有现实可行性。在赡养纠纷中父或母的年龄一般都比较大，且身体不好，行动不便，让他们参加调解比较困难。如果一次调解不成功，多次调解几乎不具有现实可行性。

3. 当事人观念陈旧，难以接受新观念和法律知识。有些赡养纠纷当事人特别是父或母，因其年龄较大，对于新的思想观念和法律知识很难接受，成为调解成功的阻碍。

4. 调解项目繁多，影响双方对调解协议内容的全面认可。赡养纠纷包括：房屋的居住、金钱的给付、债务的承担、柴米油盐等生活必需品的给付、承包地的耕种、医药费的负担、生病期间的护理、丧葬事宜的费用承担等，因此调解要做到全面，让当事人双方几乎对每项内容都达成一致意见。当事人对其中某一项调解内容的异议可能会影响到整个调解协议的达成。

四 赡养纠纷的调解技巧

做好赡养纠纷的调解工作是落实司法为民的要求，是保护弱势群体利益的要求，是维护社会稳定，构建和谐社会的要求。调解过程中，应当充分利用赡养纠纷固有的特点对调解工作的积极作用，尽量减少对调解工作的不利影响，以期做到提高赡养纠纷调解的成功率，切实保障和维护老年人的合法权益。

（一）确定适合的调解方法，做到耐心、细心、诚心

1. 选择合适的调解方法。在赡养纠纷的调解中经常采用的调解方法有：情感唤起法、情理教育、法律教育及换位思考等方法。首先要引导子女回忆父母养育的恩情，通过情感的激发，唤起子女对父母的深厚的情感；通过情理分析，教育子女要遵守社会公德、遵守中华民

族尊老爱幼的传统美德。同时教育子女,赡养尊敬老人也是子女应尽的法律义务,履行赡养老人的法定义务是无条件的,子女不能以父母分家不公或以其他子女未尽赡养义务而互相推诿,拒绝或减少负担赡养义务。

2. 做到"三心",创造良好的调解氛围。"三心",即耐心、细心和诚心。赡养纠纷的调解工作和其他纠纷的调解有许多共同点,也存在一些差异,但由于存在前述的纠纷特点,应当做到更有耐心、更加细心、更有诚心。要耐心听当事人倾诉,了解纠纷的起因,对于当事人确实存在的苦衷要及时表示理解,耐心做当事人的说服和教育工作;细心安排调解时间,尽可能通知双方都到场,细心照顾老年人的情绪变化,保证调解内容的完整;以诚心对待当事人,用诚心感化当事人。如果调解员一味谴责子女,不注意缓和气氛,营造良好的氛围,就容易激发当事人的对抗心理,不利于纠纷的解决。

(二)找准矛盾焦点,有的放矢

对调解工作而言,其主要目的就是解决赡养纠纷,达成调解协议,但对赡养纠纷而言,往往又牵扯其他家庭矛盾纠纷。因此,在调解过程中,既要将重点放在赡养纠纷的调解上,又要以其他矛盾纠纷的解决为切入点,有时也有必要解决当事人的其他家庭矛盾纠纷。这就要求我们找准矛盾焦点,有的放矢,既要注重调解效果,也要讲求工作效率。

(三)选择合适的调解地点和方式

在许多赡养纠纷中的老人因年老体弱或疾病等原因,行动不便,调解员可以到当事人家里上门进行调解,方便赡养纠纷的当事人,尤其是老人。这样不仅可以方便当事人,还可以起到"调解一案,教育一片"的法律教育、宣传作用。

（四）找准法律和道德的结合点

不履行赡养义务既可以由法律来调整，同时也受到道德的约束。在调解中，应当动之以情，晓之以理，不仅要从法律的角度做当事人的思想工作，更重要的是从道德的角度让当事人明白赡养老人是其应尽的义务。

（五）加强"诉调对接"工作，充分发挥外部力量的协助调解作用

利用多方机制进行调解，特别是利用社会舆论给当事人施加一定压力，让其从思想根源上树立履行赡养义务的法律意识。多利用大调解中心、基层民调组织、当事人所在村委会干部及当事人的亲朋好友共同协助做当事人的调解工作。同时做好调解指导工作，使一些赡养纠纷在起诉到法院之前就将矛盾化解在萌芽状态。利用社会舆论给当事人施加一定压力，让其从思想根源上树立履行赡养义务的法律意识。

引导案例解析

据了解，这位老汉是东升乡某村的一位村民，老人因年迈丧失劳动能力，两亩责任田由村委会承包给老汉的两个儿子各一亩。两兄弟协商决定：老人由大儿子赡养，老人的全部财产由大儿子继承。现在大儿子认为父亲随自己生活，当然父亲的两亩责任田应当全部由自己承包，而小儿子家也是人多地少，不愿拿出一亩地来。土地的纠纷引起两兄弟在赡养上的争议，而致使老汉的生活没有了着落。该村委会多次调解效果不大。

了解情况后，司法所调解员相当重视这个情况，立即与该村委会取得联系，驱车前往老汉家中。此时，老汉的两个儿媳正在为土地界线问题争吵不休，不少邻居在围观。经调解员劝阻，兄弟俩同意坐下来调解，但谁也不愿进另一家门。不得已，调解员

只得在院子里的大树下进行调解。

调解人员就《婚姻法》中赡养老人的相关法律法规进行了解释，同时从中华民族的传统美德——尊老爱幼的角度对兄弟俩进行了批评教育，两兄弟在惭愧之余纷纷表示以后一定孝顺父亲。但大儿子对于土地问题还存在疑问：父亲随我生活，当然父亲名下的土地应该归我啊。围观的邻居也表示不解。司法所调解人员就土地承包的相关法律知识耐心地进行了解释，特别是对于人民群众容易误解的财产继承和土地承包之间的区别重点进行解释，兄弟俩最终握手言和。

所需法律法规

《中华人民共和国宪法》（节选）

第四十九条　成年子女有赡养扶助父母的义务。

赡养父母是子女应尽的法定义务。任何人不得以任何方式加以改变，也不得附加任何条件进行限制。

《中华人民共和国老年人权益保障法》

第一章　总则

第一条　为了保障老年人合法权益，发展老龄事业，弘扬中华民族敬老、养老、助老的美德，根据宪法，制定本法。

第二条　本法所称老年人是指六十周岁以上的公民。

第三条　国家保障老年人依法享有的权益。

老年人有从国家和社会获得物质帮助的权利，有享受社会服务和社会优待的权利，有参与社会发展和共享发展成果的权利。

禁止歧视、侮辱、虐待或者遗弃老年人。

第四条　积极应对人口老龄化是国家的一项长期战略任务。

国家和社会应当采取措施，健全保障老年人权益的各项制度，逐步改善保障老年人生活、健康、安全以及参与社会发展的条件，实现老有所养、老有所医、老有所为、老有所学、老有所乐。

第五条　国家建立多层次的社会保障体系，逐步提高对老年人的保障水平。

国家建立和完善以居家为基础、社区为依托、机构为支撑的社会养老服务体系。

倡导全社会优待老年人。

第六条　各级人民政府应当将老龄事业纳入国民经济和社会发展规划，将老龄事业经费列入财政预算，建立稳定的经费保障机制，并鼓励社会各方面投入，使老龄事业与经济、社会协调发展。

国务院制定国家老龄事业发展规划。县级以上地方人民政府根据国家老龄事业发展规划，制订本行政区域的老龄事业发展规划和年度计划。

县级以上人民政府负责老龄工作的机构，负责组织、协调、指导、督促有关部门做好老年人权益保障工作。

第七条　保障老年人合法权益是全社会的共同责任。

国家机关、社会团体、企业事业单位和其他组织应当按照各自职责，做好老年人权益保障工作。

基层群众性自治组织和依法设立的老年人组织应当反映老年人的要求，维护老年人合法权益，为老年人服务。

提倡、鼓励义务为老年人服务。

第八条　国家进行人口老龄化国情教育，增强全社会积极应对人口老龄化意识。

全社会应当广泛开展敬老、养老、助老宣传教育活动，树立尊重、关心、帮助老年人的社会风尚。

青少年组织、学校和幼儿园应当对青少年和儿童进行敬老、养老、助老的道德教育和维护老年人合法权益的法制教育。

广播、电影、电视、报刊、网络等应当反映老年人的生活,开展维护老年人合法权益的宣传,为老年人服务。

第九条 国家支持老龄科学研究,建立老年人状况统计调查和发布制度。

第十条 各级人民政府和有关部门对维护老年人合法权益和敬老、养老、助老成绩显著的组织、家庭或者个人,对参与社会发展做出突出贡献的老年人,按照国家有关规定给予表彰或者奖励。

第十一条 老年人应当遵纪守法,履行法律规定的义务。

第十二条 每年农历九月初九为老年节。

第二章 家庭赡养与扶养

第十三条 老年人养老以居家为基础,家庭成员应当尊重、关心和照料老年人。

第十四条 赡养人应当履行对老年人经济上供养、生活上照料和精神上慰藉的义务,照顾老年人的特殊需要。

赡养人是指老年人的子女以及其他依法负有赡养义务的人。

赡养人的配偶应当协助赡养人履行赡养义务。

第十五条 赡养人应当使患病的老年人及时得到治疗和护理;对经济困难的老年人,应当提供医疗费用。

对生活不能自理的老年人,赡养人应当承担照料责任;不能亲自照料的,可以按照老年人的意愿委托他人或者养老机构等照料。

第十六条 赡养人应当妥善安排老年人的住房,不得强迫老年人居住或者迁居条件低劣的房屋。

老年人自有的或者承租的住房,子女或者其他亲属不得侵占,不得擅自改变产权关系或者租赁关系。

老年人自有的住房,赡养人有维修的义务。

第十七条　赡养人有义务耕种或者委托他人耕种老年人承包的田地，照管或者委托他人照管老年人的林木和牲畜等，收益归老年人所有。

第十八条　家庭成员应当关心老年人的精神需求，不得忽视、冷落老年人。

与老年人分开居住的家庭成员，应当经常看望或者问候老年人。

用人单位应当按照国家有关规定保障赡养人探亲休假的权利。

第十九条　赡养人不得以放弃继承权或者其他理由，拒绝履行赡养义务。

赡养人不履行赡养义务，老年人有要求赡养人付给赡养费等权利。

赡养人不得要求老年人承担力不能及的劳动。

第二十条　经老年人同意，赡养人之间可以就履行赡养义务签订协议。赡养协议的内容不得违反法律的规定和老年人的意愿。

基层群众性自治组织、老年人组织或者赡养人所在单位监督协议的履行。

第二十一条　老年人的婚姻自由受法律保护。子女或者其他亲属不得干涉老年人离婚、再婚及婚后的生活。

赡养人的赡养义务不因老年人的婚姻关系变化而消除。

第二十二条　老年人对个人的财产，依法享有占有、使用、收益和处分的权利，子女或者其他亲属不得干涉，不得以窃取、骗取、强行索取等方式侵犯老年人的财产权益。

老年人有依法继承父母、配偶、子女或者其他亲属遗产的权利，有接受赠与的权利。子女或者其他亲属不得侵占、抢夺、转移、隐匿或者损毁应当由老年人继承或者接受赠与的财产。

老年人以遗嘱处分财产，应当依法为老年配偶保留必要的份额。

第二十三条　老年人与配偶有相互扶养的义务。

由兄、姐扶养的弟、妹成年后,有负担能力的,对年老无赡养人的兄、姐有扶养的义务。

第二十四条　赡养人、扶养人不履行赡养、扶养义务的,基层群众性自治组织、老年人组织或者赡养人、扶养人所在单位应当督促其履行。

第二十五条　禁止对老年人实施家庭暴力。

第二十六条　具备完全民事行为能力的老年人,可以在近亲属或者其他与自己关系密切、愿意承担监护责任的个人、组织中协商确定自己的监护人。监护人在老年人丧失或者部分丧失民事行为能力时,依法承担监护责任。

老年人未事先确定监护人的,其丧失或者部分丧失民事行为能力时,依照有关法律的规定确定监护人。

第二十七条　国家建立健全家庭养老支持政策,鼓励家庭成员与老年人共同生活或者就近居住,为老年人随配偶或者赡养人迁徙提供条件,为家庭成员照料老年人提供帮助。

第三章　社会保障

第二十八条　国家通过基本养老保险制度,保障老年人的基本生活。

第二十九条　国家通过基本医疗保险制度,保障老年人的基本医疗需要。享受最低生活保障的老年人和符合条件的低收入家庭中的老年人参加新型农村合作医疗和城镇居民基本医疗保险所需个人缴费部分,由政府给予补贴。

有关部门制定医疗保险办法,应当对老年人给予照顾。

第三十条　国家逐步开展长期护理保障工作,保障老年人的护理需求。

对生活长期不能自理、经济困难的老年人，地方各级人民政府应当根据其失能程度等情况给予护理补贴。

第三十一条　国家对经济困难的老年人给予基本生活、医疗、居住或者其他救助。

老年人无劳动能力、无生活来源、无赡养人和扶养人，或者其赡养人和扶养人确无赡养能力或者扶养能力的，由地方各级人民政府依照有关规定给予供养或者救助。

对流浪乞讨、遭受遗弃等生活无着的老年人，由地方各级人民政府依照有关规定给予救助。

第三十二条　地方各级人民政府在实施廉租住房、公共租赁住房等住房保障制度或者进行危旧房屋改造时，应当优先照顾符合条件的老年人。

第三十三条　国家建立和完善老年人福利制度，根据经济社会发展水平和老年人的实际需要，增加老年人的社会福利。

国家鼓励地方建立八十周岁以上低收入老年人高龄津贴制度。

国家建立和完善计划生育家庭老年人扶助制度。

农村可以将未承包的集体所有的部分土地、山林、水面、滩涂等作为养老基地，收益供老年人养老。

第三十四条　老年人依法享有的养老金、医疗待遇和其他待遇应当得到保障，有关机构必须按时足额支付，不得克扣、拖欠或者挪用。

国家根据经济发展以及职工平均工资增长、物价上涨等情况，适时提高养老保障水平。

第三十五条　国家鼓励慈善组织以及其他组织和个人为老年人提供物质帮助。

第三十六条　老年人可以与集体经济组织、基层群众性自治组织、养老机构等组织或者个人签订遗赠扶养协议或者其他扶助协议。

负有扶养义务的组织或者个人按照遗赠扶养协议,承担该老年人生养死葬的义务,享有受遗赠的权利。

第四章 社会服务

第三十七条 地方各级人民政府和有关部门应当采取措施,发展城乡社区养老服务,鼓励、扶持专业服务机构及其他组织和个人,为居家的老年人提供生活照料、紧急救援、医疗护理、精神慰藉、心理咨询等多种形式的服务。

对经济困难的老年人,地方各级人民政府应当逐步给予养老服务补贴。

第三十八条 地方各级人民政府和有关部门、基层群众性自治组织,应当将养老服务设施纳入城乡社区配套设施建设规划,建立适应老年人需要的生活服务、文化体育活动、日间照料、疾病护理与康复等服务设施和网点,就近为老年人提供服务。

发扬邻里互助的传统,提倡邻里间关心、帮助有困难的老年人。

鼓励慈善组织、志愿者为老年人服务。倡导老年人互助服务。

第三十九条 各级人民政府应当根据经济发展水平和老年人服务需求,逐步增加对养老服务的投入。

各级人民政府和有关部门在财政、税费、土地、融资等方面采取措施,鼓励、扶持企业事业单位、社会组织或者个人兴办、运营养老、老年人日间照料、老年文化体育活动等设施。

第四十条 地方各级人民政府和有关部门应当按照老年人口比例及分布情况,将养老服务设施建设纳入城乡规划和土地利用总体规划,统筹安排养老服务设施建设用地及所需物资。

非营利性养老服务设施用地,可以依法使用国有划拨土地或者农民集体所有的土地。

养老服务设施用地，非经法定程序不得改变用途。

第四十一条　政府投资兴办的养老机构，应当优先保障经济困难的孤寡、失能、高龄等老年人的服务需求。

第四十二条　国务院有关部门制定养老服务设施建设、养老服务质量和养老服务职业等标准，建立健全养老机构分类管理和养老服务评估制度。

各级人民政府应当规范养老服务收费项目和标准，加强监督和管理。

第四十三条　设立养老机构，应当符合下列条件：

（一）有自己的名称、住所和章程；

（二）有与服务内容和规模相适应的资金；

（三）有符合相关资格条件的管理人员、专业技术人员和服务人员；

（四）有基本的生活用房、设施设备和活动场地；

（五）法律、法规规定的其他条件。

第四十四条　设立养老机构应当向县级以上人民政府民政部门申请行政许可；经许可的，依法办理相应的登记。

县级以上人民政府民政部门负责养老机构的指导、监督和管理，其他有关部门依照职责分工对养老机构实施监督。

第四十五条　养老机构变更或者终止的，应当妥善安置收住的老年人，并依照规定到有关部门办理手续。有关部门应当为养老机构妥善安置老年人提供帮助。

第四十六条　国家建立健全养老服务人才培养、使用、评价和激励制度，依法规范用工，促进从业人员劳动报酬合理增长，发展专职、兼职和志愿者相结合的养老服务队伍。

国家鼓励高等学校、中等职业学校和职业培训机构设置相关专业或者培训项目，培养养老服务专业人才。

第四十七条　养老机构应当与接受服务的老年人或者其代理人签订服务协议，明确双方的权利、义务。

养老机构及其工作人员不得以任何方式侵害老年人的权益。

第四十八条　国家鼓励养老机构投保责任保险，鼓励保险公司承保责任保险。

第四十九条　各级人民政府和有关部门应当将老年医疗卫生服务纳入城乡医疗卫生服务规划，将老年人健康管理和常见病预防等纳入国家基本公共卫生服务项目。鼓励为老年人提供保健、护理、临终关怀等服务。

国家鼓励医疗机构开设针对老年病的专科或者门诊。

医疗卫生机构应当开展老年人的健康服务和疾病防治工作。

第五十条　国家采取措施，加强老年医学的研究和人才培养，提高老年病的预防、治疗、科研水平，促进老年病的早期发现、诊断和治疗。

国家和社会采取措施，开展各种形式的健康教育，普及老年保健知识，增强老年人自我保健意识。

第五十一条　国家采取措施，发展老龄产业，将老龄产业列入国家扶持行业目录。扶持和引导企业开发、生产、经营适应老年人需要的用品和提供相关的服务。

第五章　社会优待

第五十二条　县级以上人民政府及其有关部门根据经济社会发展情况和老年人的特殊需要，制定优待老年人的办法，逐步提高优待水平。

对常住在本行政区域内的外埠老年人给予同等优待。

第五十三条　各级人民政府和有关部门应当为老年人及时、便利地领取养老金、结算医疗费和享受其他物质帮助提供条件。

第五十四条　各级人民政府和有关部门办理房屋权属关系变更、户口迁移等涉及老年人权益的重大事项时，应当就办理事项是否为老年人的真实意思表示进行询问，并依法优先办理。

第五十五条　老年人因其合法权益受侵害提起诉讼交纳诉讼费确有困难的，可以缓交、减交或者免交；需要获得律师帮助，但无力支付律师费用的，可以获得法律援助。

鼓励律师事务所、公证处、基层法律服务所和其他法律服务机构为经济困难的老年人提供免费或者优惠服务。

第五十六条　医疗机构应当为老年人就医提供方便，对老年人就医予以优先。有条件的地方，可以为老年人设立家庭病床，开展巡回医疗、护理、康复、免费体检等服务。

提倡为老年人义诊。

第五十七条　提倡与老年人日常生活密切相关的服务行业为老年人提供优先、优惠服务。

城市公共交通、公路、铁路、水路和航空客运，应当为老年人提供优待和照顾。

第五十八条　博物馆、美术馆、科技馆、纪念馆、公共图书馆、文化馆、影剧院、体育场馆、公园、旅游景点等场所，应当对老年人免费或者优惠开放。

第五十九条　农村老年人不承担兴办公益事业的筹劳义务。

第六章　宜居环境

第六十条　国家采取措施，推进宜居环境建设，为老年人提供安全、便利和舒适的环境。

第六十一条　各级人民政府在制定城乡规划时，应当根据人口老龄化发展趋势、老年人口分布和老年人的特点，统筹考虑适合老年人的公共基础设施、生活服务设施、医疗卫生设施和文化体育设施建设。

第六十二条　国家制定和完善涉及老年人的工程建设标准体系，在规划、设计、施工、监理、验收、运行、维护、管理等环节加强相关标准的实施与监督。

第六十三条　国家制定无障碍设施工程建设标准。新建、改建和扩建道路、公共交通设施、建筑物、居住区等，应当符合国家无障碍设施工程建设标准。

各级人民政府和有关部门应当按照国家无障碍设施工程建设标准，优先推进与老年人日常生活密切相关的公共服务设施的改造。

无障碍设施的所有人和管理人应当保障无障碍设施正常使用。

第六十四条　国家推动老年宜居社区建设，引导、支持老年宜居住宅的开发，推动和扶持老年人家庭无障碍设施的改造，为老年人创造无障碍居住环境。

第七章　参与社会发展

第六十五条　国家和社会应当重视、珍惜老年人的知识、技能、经验和优良品德，发挥老年人的专长和作用，保障老年人参与经济、政治、文化和社会生活。

第六十六条　老年人可以通过老年人组织，开展有益身心健康的活动。

第六十七条　制定法律、法规、规章和公共政策，涉及老年人权益重大问题的，应当听取老年人和老年人组织的意见。

老年人和老年人组织有权向国家机关提出老年人权益保障、老龄事业发展等方面的意见和建议。

第六十八条　国家为老年人参与社会发展创造条件。根据社会需要和可能，鼓励老年人在自愿和量力的情况下，从事下列活动：

（一）对青少年和儿童进行社会主义、爱国主义、集体主义和艰苦奋斗等优良传统教育；

（二）传授文化和科技知识；

（三）提供咨询服务；

（四）依法参与科技开发和应用；

（五）依法从事经营和生产活动；

（六）参加志愿服务、兴办社会公益事业；

（七）参与维护社会治安、协助调解民间纠纷；

（八）参加其他社会活动。

第六十九条 老年人参加劳动的合法收入受法律保护。

任何单位和个人不得安排老年人从事危害其身心健康的劳动或者危险作业。

第七十条 老年人有继续受教育的权利。

国家发展老年教育，把老年教育纳入终身教育体系，鼓励社会办好各类老年学校。

各级人民政府对老年教育应当加强领导，统一规划，加大投入。

第七十一条 国家和社会采取措施，开展适合老年人的群众性文化、体育、娱乐活动，丰富老年人的精神文化生活。

第八章 法律责任

第七十二条 老年人合法权益受到侵害的，被侵害人或者其代理人有权要求有关部门处理，或者依法向人民法院提起诉讼。

人民法院和有关部门，对侵犯老年人合法权益的申诉、控告和检举，应当依法及时受理，不得推诿、拖延。

第七十三条 不履行保护老年人合法权益职责的部门或者组织，其上级主管部门应当给予批评教育，责令改正。

国家工作人员违法失职，致使老年人合法权益受到损害的，由其所在单位或者上级机关责令改正，或者依法给予处分；构成犯罪的，依法追究刑事责任。

第七十四条　老年人与家庭成员因赡养、扶养或者住房、财产等发生纠纷，可以申请人民调解委员会或者其他有关组织进行调解，也可以直接向人民法院提起诉讼。

人民调解委员会或者其他有关组织调解欠款纠纷时，应当通过说服、疏导等方式化解矛盾和纠纷；对有过错的家庭成员，应当给予批评教育。

人民法院对老年人追索赡养费或者扶养费的申请，可以依法裁定先予执行。

第七十五条　干涉老年人婚姻自由，对老年人负有赡养义务、扶养义务而拒绝赡养、扶养，虐待老年人或者对老年人实施家庭暴力的，由有关单位给予批评教育；构成违反治安管理行为的，依法给予治安管理处罚；构成犯罪的，依法追究刑事责任。

第七十六条　家庭成员盗窃、诈骗、抢夺、侵占、勒索、故意损毁老年人财物，构成违反治安管理行为的，依法给予治安管理处罚；构成犯罪的，依法追究刑事责任。

第七十七条　侮辱、诽谤老年人，构成违反治安管理行为的，依法给予治安管理处罚；构成犯罪的，依法追究刑事责任。

第七十八条　未经许可设立养老机构的，由县级以上人民政府民政部门责令改正；符合法律、法规规定的养老机构条件的，依法补办相关手续；逾期达不到法定条件的，责令停办并妥善安置收住的老年人；造成损害的，依法承担民事责任。

第七十九条　养老机构及其工作人员侵害老年人人身和财产权益，或者未按照约定提供服务的，依法承担民事责任；有关主管部门依法给予行政处罚；构成犯罪的，依法追究刑事责任。

第八十条 对养老机构负有管理和监督职责的部门及其工作人员滥用职权、玩忽职守、徇私舞弊的，对直接负责的主管人员和其他直接责任人员依法给予处分；构成犯罪的，依法追究刑事责任。

第八十一条 不按规定履行优待老年人义务的，由有关主管部门责令改正。

第八十二条 涉及老年人的工程不符合国家规定的标准或者无障碍设施所有人、管理人未尽到维护和管理职责的，由有关主管部门责令改正；造成损害的，依法承担民事责任；对有关单位、个人依法给予行政处罚；构成犯罪的，依法追究刑事责任。

第九章 附则

第八十三条 民族自治地方的人民代表大会，可以根据本法的原则，结合当地民族风俗习惯的具体情况，依照法定程序制定变通的或者补充的规定。

第八十四条 本法施行前设立的养老机构不符合本法规定条件的，应当限期整改。具体办法由国务院民政部门制定。

第八十五条 本法自2013年7月1日起施行。

第五章 抚养纠纷调解

第一节 抚养的理论与法律适用

一 抚养的概念和特征

（一）抚养的概念

抚养，主要是父母、祖父母、外祖父母等长辈对子女、孙子女、外孙子女等晚辈的抚育、教养。抚养，简单地说，就是"保护并教养"。抚养关系是长辈和晚辈之间的，并且是长辈对无行为能力人（主要是未成年人）的保护和教养，强调的是教育和保护。抚养的目的是要让子女健康成长。

我国《婚姻法》按不同的主体的相互关系对抚养、扶养、赡养分别加以规定，其"扶养"则属于狭义的。而《刑法》《继承法》《民法通则》等法律规范中又是都适用"扶养"，其"扶养"属于广义的。基于此，在法学研究和法律适用总体上，我们应按广义的"扶养"来理解，在具体的亲属关系中，应分别指称。关键是要区分不同主体的相互关系，简单来说，抚养的主体关系是长辈和晚辈之间的，如父母和子女，祖和孙。而兄弟姐妹之间则是扶养关系，而非抚养关系。

理解了抚养和扶养的区别，再来看一组概念，我们知道抚养费是给孩子的，那么扶养费又是什么呢？夫妻出现矛盾分居，经济困难，一方有权得到另一方的扶养费。我国《婚姻法》规定："夫妻有互相扶养的义务。一方不履行扶养义务时，需要扶养的一方，有要求对方付给扶养费的权利。"夫妻双方离婚时，经济上确实存在困难的一方不能向另一方请求扶养费，因为夫妻双方互相扶持的婚姻关系已经不存在了，只能请求给予经济帮助。经济帮助是指在夫妻离婚时，一方生活有困难，经双方协议或法院判决，有条件的一方给予另一方以适当财物帮助的行为。

（二）抚养的特征

1. 抚养时间的长期性。即从子女出生时开始，到子女达到成年年龄乃至具有独立生活能力为止，父母均责无旁贷地承担抚养义务。

2. 抚养内容的复合性。包括四个方面：一是精心关怀、照料子女、为子女营造安全、健康、幸福的生活条件和氛围，确保子女的生命权、健康权、生存权；二是提供子女所必需的一切生活费用，为子女健康成长和发展提供经济保障；三是提供子女教育、学习费用，保证子女充分享受接受义务教育的权利，为培养和提供子女的文化素质和生活技能创造条件；四是言传身教，身体力行，以健康的思想、品行和正确的方法教育子女，使生活抚养与家庭教育有机统一起来。

3. 抚养责任的无条件性。父母对未成年子女的抚养作为生活保持义务，是无条件的，子女一旦出生，父母无论经济条件、劳动能力如何，也无论是否愿意，均必须依法承担抚养义务。

4. 义务履行的自觉性。基于亲子关系的特殊情感联系和家庭共同生活状态，父母对未成年子女的抚养虽是强制义务，但绝大多数情形是父母自觉自愿地履行其义务为结果，法律和社会公力无须过多干预或介入。然而，这并不排除现实生活中少数人自私自利，生而不养，公然背离作为父母应承担的道义责任和法律义务。在此情形下，则必须动用社会公力，强制父母履行抚养义务，禁止溺婴、弃婴和其他残害婴儿的行为。

二 抚养的原则和类别

（一）抚养的原则

根据司法实践，可以把子女抚养问题分为哺乳期内的子女抚养和哺乳期后的子女抚养，也就是两周岁以下的子女抚养和两周岁以上子女的抚养。

1. 离婚后，哺乳期内子女，以随哺乳的母亲抚养为原则。这主要是考虑到婴儿和母亲的生理特点，这时候的婴儿最需要母亲的爱护。最高人民法院《关于人民法院审理离婚案件处理子女抚养问题的若干具体意见》规定，婴儿自出生后两年内为哺乳期。如果哺乳期内母方有下列情形之一的，可随父方生活：

（1）患有久治不愈的传染性疾病或其他严重疾病，子女不宜与其共同生活的；

（2）有抚养条件不尽抚养义务，而父方要求子女随其生活的；

（3）因其他原因，子女确无法随母方生活的。

可以看出，在哺乳期内子女以随母亲抚养为原则，以随父亲抚养为例外，法律不排除母亲和父亲双方协商解决子女的抚养问题的情况。如果双方协议由父亲抚养子女，并且对子女健康不会产生负面影响，法院应准许。

2. 哺乳期后的子女抚养问题。《婚姻法》第36条第三款规定："离婚后，哺乳期内的子女，以随哺乳的母亲抚养为原则。哺乳期后的子女，如双方因抚养问题发生争执不能达成协议时，由人民法院根据子女的利益和双方的具体情况判决。"我国《妇女权益保障法》第50条规定："离婚时，女方因实施绝育手术或者其他原因丧失生育能力的，处理子女抚养问题，应在有利于子女权益的条件下，照顾女方的合理要求。"对两周岁以上未成年的子女，一方有下列情形之一的，可予优先考虑：

（1）已做绝育手术或因其他原因丧失生育能力的；

（2）子女随其生活时间较长，改变生活环境对子女健康成长明显不利的；

（3）无其他子女，而另一方有其他子女的；

（4）子女随其生活，对子女成长有利。

3. 父方与母方抚养子女的条件基本相同，可作为子女随父或母生活的优先条件予以考虑。

4. 父母双方对十周岁以上的未成年子女随父或随母生活发生争执的，应考虑该子女的意见。

5. 在有利于保护子女利益的前提下，父母双方协议轮流抚养子女的，可予准许。

（二）抚养的类别

1. 对已成年子女的抚养

（1）成年子女因自身的生理、心理的客观障碍和短期内学习条件的限制，没有劳动能力或独立经济来源，确实需要他人供养或扶助；

（2）父母在现实条件下具备承担供养义务的经济承受能力或提供扶助的身心操劳能力。

只有在这两方面同时符合的前提下，父母才对子女承担抚养义务。

2. 祖孙之间的抚养

《婚姻法》第28条规定："有负担能力的祖父母、外祖父母，对于父母已经死亡或父母无力抚养的未成年的孙子女、外孙子女有抚养的义务,有负担能力的孙子女,外孙子女,对于子女已经死亡无力赡养的祖父母,外祖父母有赡养的义务。"由此可见,祖孙之间的抚养的条件有:(1)祖父母、外祖父母必须有抚养的负担能力;(2)孙子女、外孙子女的父母已经死亡或者无力抚养;(3)孙子女、外孙子女尚未成年。

3. 离婚时子女的抚养问题

夫妻离婚后,是从法律上解除了婚姻关系,夫妻间的相互的权利和义务随之终止。但是,这并不意味着解除了婚姻关系也就解除了对孩子的抚养、教育的义务。

婚姻法第 36 条规定:"父母与子女间的关系,不因为父母离婚而消除。离婚后,子女无论由父或由母直接抚养,仍是父母双方的子女。"因此,夫妻离婚后,父母对于子女仍有抚养和教育的义务。离婚后,孩子由谁抚育,应从有利于孩子健康成长的角度考虑,在这个前提下,夫妻离婚时可以协商确定,协商不成,可由人民法院判决。

人民法院对于离婚案件中的子女抚养问题必须慎重处理,因为这不仅关系到子女今后的成长问题,而且可以稳定离婚后的男女双方的关系,不至于因子女的抚养问题发生矛盾。人民法院处理此问题应依照《婚姻法》、最高人民法院《关于人民法院审理离婚案件处理子女抚养问题的若干意见》,以及《中华人民共和国未成年人保护法》《中华人民共和国妇女权益保障法》等有关法律规定,从有利于子女身心健康、保障子女的合法权益出发,结合父母双方的抚养能力和抚养条件等具体情况妥善解决。

三 抚养的变更

夫妻离婚后的任何时间内,一方或双方的情况或抚养能力发生较大变化,均可提出变更子女抚养权的要求。变更子女抚养权一般先由双方协商确定，如协商不成，可通过诉讼请求人民法院判决变更。有下列情形之一的，人民法院应予支持：（1）与子女共同生活的一方因患严重疾病或因伤残无力继续抚养子女的；（2）与子女共同生活的一方不尽抚养义务或有虐待子女行为，或其与子女共同生活对子女身心健康确有不利影响的；（3）十周岁以上未成年子女，愿随另一方生活，该方又有抚养能力的；（4）有其他正当理由需要变更的。

离婚后，经双方协议或法院判决，子女归谁抚养就确定下来。无论子女随哪一方生活，都应以有利于子女的身心健康为原则。人民法院在调解、判决离婚时，就子女抚养问题，从保障子女的合法权益出发，结合父母双方的抚养能力和抚养条件等具体情况妥善解决。但是随着时间的推移，父母双方的抚养能力和抚养条件可能会发生变化，子女的抚养归属也可能随之改变。从审判实践中来看，一方或双方要求变更子女抚养关系的比较多，也有的是子女提出变更抚养关系。提出变更抚养关系的主要有以下几种情况。（1）与子女共同生活的一方抚养条件恶化，无力继续抚养；（2）另一方抚养条件较好并表示愿意抚养；（3）与子女共同生活的一方虐待子女，或同子女感情恶化，子女不愿与之共同生活。

最高人民法院《关于人民法院审理离婚案件处理子女抚养问题的若干具体意见》规定："父母双方协议变更子女抚养关系的，应予准许。"父母要变更抚养关系的，首先应双方协商，协商的过程中最好还要征求子女本人的意见，父母应尊重子女的意见。

第二节 子女抚养纠纷调解

引导案例

陈某和朱某已离婚,孩子归父亲朱某抚养。但离婚后双方为看孩子纠纷一直不断。陈某因没有稳定的工作,又要租房住,生活拮据,孩子的抚养费一直没给,所以每次要求看孩子,孩子的奶奶都不让看。半年没有看到孩子的陈某,经过多方打听才得知孩子的住址,就找到那里再次要求看孩子,但孩子奶奶仍不给开门,陈某报警,双方来到了调解室。

问题:作为调解员,如何调解该纠纷?未给付抚养费就不能探视孩子吗?

相关理论知识

一个家庭的破碎,受伤害最大的,莫过于这个家庭中的子女。离婚时子女抚养纠纷的关键,在于怎样保护子女的健康成长权。夫妻双方为了避免因离婚而在子女抚养问题上产生纠纷,就应该在离婚时对于子女今后的抚养问题进行具体的协商和约定。

一 关于抚养费的问题

(一)抚养费的数额

最高人民法院《关于人民法院审理离婚案件处理子女抚养问题的若干具体意见》(以下简称《若干意见》)第 7 条规定:"子女抚育费的数额,可根据子女的实际需要、父母双方的负担能力和当地的实际生活水平确定。有固定收入的，抚育费一般可按其月总收入的百分之二十至三十的比例给付。负担两个以上子女抚育费的，比例可适当提高，但一般不得超过月总收入的百分之五十。无固定收入的，抚育费的数额可依据当年总收入或同行业平均收入，参照上述比例确定。有特殊情况的，可适当提高或降低上述比例。"

这里所谓的月总收入，是指其一个月所获得的固定报酬的总数，如基础工资、级别工资、职务工资、工龄工资、津贴、奖金、生活补贴及其他的收入。特殊情况，是指子女长期患有重大疾病或子女残疾的，或者双方收入悬殊，一方负担较重，或生活难以维持，另一方就应适当提高比例，收入少的一方则可相应地降低比例。

（二）给付抚养费的期限

根据《若干意见》中第11条和第12条的规定，抚育费的给付期限，包括两种：一种是对于未成年子女给付抚养费，一般至子女十八周岁为止。十六周岁以上不满十八周岁，以其劳动收入为主要生活来源，并能维持当地一般生活水平的，父母可停止给付抚育费。另一种是对成年子女给付抚养费，其法定条件包括两个方面：（1）成年子女因尚在校接受高中及其以下学历教育，或者丧失或未完全丧失劳动能力等非因主观原因而无法维持正常生活需要被抚养；（2）父母具备负担能力，即父母在维持自己的生活外还有承担抚养义务的给付能力。

（三）抚养费的给付方式

根据《若干意见》中第8条和第9条的规定，抚养费的给付方式一般包括一次性给付、定期给付和以物折抵。

（四）抚养费变更

抚养费的变更包括增加、减少和免除三种情况。子女抚养费发生法律效力之后，由于生活具有变动性，在父母的经济状况、抚养能力及社会实际生活水平发生变化时，可以提出要求增加、减少或免除抚养费。子女要求增加抚养费的事由包括：原定抚养费数额不足以维持当地的实际生活水平；因子女患病、上学等，实际需要已超过原定数额。减少给付情况，主要指给付一方由于长期疾病或者丧失劳动能力，经济相当困难，无力按原数额给付，而抚养子女一方又能负担子女的大部分抚养费，那么可请求减少给付。

二 关于探望权的问题

我国《婚姻法》第38条第一款规定："离婚后，不直接抚养子女的父或母，有探望子女的权利，另一方有协助的义务。行使探望权利的方式、时间由当事人协议；协议不成时，由人民法院判决。父或母探望子女，不利于子女身心健康的，由人民法院依法中止探望的权利；中止的事由消失后，应当恢复探望的权利。"当然，该条规定同样适用非婚生子女。协议中关于探视权的约定应注意以下几种情况：

（一）探望权的行使不得损害子女的身心健康

不直接抚养子女的一方对子女的探望，既是父母的权利，同时也是子女的权利。这种探望权是一种义务性权利，其行使不得损害子女的身心健康。《婚姻法》第38条第三款规定："父或母探望子女，不利于子女身心健康的，由人民法院依法中止探望的权利；中止的事由消失后，应当恢复探望的权利。"由此可见，如果父或母探望子女，不利于子女身心健康的，可由人民法院中止其探望权。但要注意，只是中止，在不利影响消除后父或母要求继续探望的，另一方是不能拒绝的。

（二）抚养协议中涉及放弃对子女探望权的约定无效

离婚后，父母对子女的探望不仅是权利，更是义务，而且是一种法定的权利、义务。这种权利和义务不只关乎抚养方的利益，还关乎非抚养方的利益，更关乎第三方，即子女的利益。因此，对于这种涉及未成年子女切身利益（主要是子女的身心健康成长利益）的问题，协议当事人双方是无权任意约定和处置的。

（三）探望权的具体内容约定应明确

在实务中，有许多协议对于探望的时间、地点、方式有明确约定的不多，导致离婚后一旦产生争议，还要再次通过法院确认，增加了当事人的经济成本和时间成本。因此，在双方当事人签订协议时可以在这方面做出具体的约定。比如双方可以明确具体的接送地点和方式。

三　关于离婚时子女归属问题

（一）一般情况下，子女抚养权的归属

一般情况下，父母是孩子的直接抚养人，祖父母及外祖父母的意见，对孩子抚养权的归属没有直接的影响。但如果父母双方工作繁忙，且其他条件相当，照看孩子的祖父母、外祖父母的意见就会有一定的作用。

1. 哺乳期内的子女的抚养。离婚后，哺乳期内子女的抚养，以随哺乳的母亲抚养为原则。

2. 两周岁以下子女的抚养。两周岁以下的子女，一般随母亲生活。但母亲有下列情形之一的，也可以随父亲生活：

（1）母亲患有久治不愈的传染性疾病或其他严重疾病，子女不宜与其共同生活的；

（2）母亲有抚养条件不尽抚养义务，而父亲要求子女随其生活，并对子女健康成长没有不利影响的；

（3）因其他原因，子女确无法随母亲生活的，如母亲的经济能力及生活环境对抚养子女明显不利的，或母亲品行不端（如有赌博、吸毒、乱搞两性关系等恶习不利于子女健康成长的）或因违法犯罪被判服刑不可能抚养子女的，等等。

3. 两周岁以上子女的抚养。对两周岁以上未成年子女的抚养，先由双方协商，若协商不成，则由人民法院根据子女的权益和双方的具体情况做出判决或裁定。法院主要是从以下几个方面考虑双方具体情况：双方的经济能力、个人素质（文化层次）、家庭环境、生活环境、对子女的责任感，以及与子女的感情亲密程度等。对两周岁以上的未成年子女，父母均要求随其生活，一方有下列情形之一的可以优先考虑：(1) 已做绝育手术或因其他原因丧失生育能力的；(2) 子女随其生活时间较长，改变生活环境对子女健康成长不利的；(3) 无其他子女而另一方有其他子女的；(4) 子女随其生活对子女成长有利，而另一方患有久治不愈的传染性疾病或其他严重疾病，或有其他不利于子女身心健康的情形，不宜与子女共同生活的。司法实践中，一方离婚后再婚困难的，可以作为优先因素加以考虑。

4. 父母双方对十周岁以上的未成年子女随谁生活发生争议的，应当征求子女本人的意见。

5. 父母双方抚养子女的条件基本相同，双方均要求直接抚养子女，若子女单独随祖父母或外祖父母共同生活多年，且祖父母或外祖父母要求并有能力帮助子女照顾孙子女或外孙子女的，可作为优先条件予以考虑。

（二）法院将孩子判归男方抚养的情形

1. 女方有恶性传染疾病，或有其他重大疾病，影响孩子成长的。

2. 女方长期在外不回家，不尽抚养义务的。

3. 男方已做绝育手术，或丧失生育能力的。

4. 男方年纪偏大，再次生育的概率较小，而女方却处于较好的生育期的。

5. 女方有不良嗜好或其他品质问题，可能会影响孩子的。

6. 女方收入较低，且工作不稳定，没有固定住所的。

（三）法院将子女判归女方抚养的情形

1. 两周岁以内的子女一般随母亲生活。这主要考虑孩子尚处在幼儿期，需要母亲的哺乳，母亲更能给孩子体贴和照顾。

2. 两周岁以上的子女，如果女方已做绝育手术，男方未做，且男方年龄与女方年龄差距不是很大的。

3. 子女一直随母亲生活，如果离婚后改为随父亲生活对其生活习惯改变较大且影响其成长的。

4. 男女双方的抚养条件，如工作稳定程度、收入情况差距不大的前提下，如果男方对于夫妻感情破裂有过错，比如，有证据证明有婚外情等。

5. 男方有不良嗜好，如赌博、酗酒等恶习等。考虑到其恶习对孩子成长有不利影响的。

6. 如果男女双方均无明显过错，各方面条件都相当，如果女方的思想品质好一些，更有时间照顾子女的。

7. 十周岁以上的子女愿意随母亲生活的。

引导案例解析

调解开始后，调解员先主动介绍了自己，让当事人对调解员有一个了解。然后向朱某了解情况，朱某情绪稳定后，开始介绍说："当初是陈某觉得我窝囊而提出离婚的，离婚后她一直也没给孩子抚养费，为了跟她断绝一切联系，抚养费我们不要了，她也别再来打扰我们。她每次来看孩子后，孩子都要哭闹好几天，她拍拍屁股走了，孩子奶奶要哄好几天，谁受得了呀？如果真的爱孩子，为了孩子好就不会哭着喊着要离婚了，我曾求她看在孩子的份上别离开这个家，她不听，现在觉得对不起孩子了，早干吗去了？"

调解过程和技巧：

听了朱某的一番话，调解员心平气和地说："离婚是你们夫妻之间的事，但父母离婚改变不了和子女的血缘关系，你如果爱孩子，就应该为孩子考虑，不要剥夺孩子应有的母爱。试想一下，如果你的父母离婚了，不管是父亲或者母亲，不让你和其中的一方联系，你会怎么样，你不想念吗？不心痛吗？"调解员的一席话，让朱某本来激动的心情慢慢平静下来。调解员继续做工作，说："你想想，你放弃向前妻追索子女抚养费，就能拒绝对方探视孩子吗？"不可以的，《婚姻法》明确规定了："离婚后，不直接抚养子女的父或母，有探望子女的权利，另一方有协助的义务。"做父母的都应遵守这条规定。但孩子母亲如何探视，在什么时间、什么地点，以什么方式探望双方可以协商确定。同时，调解员也做了陈某的工作，作为孩子母亲，生活再困难也不应委屈孩子，要克服困难，自觉承担给付子女抚养费的义务。经过调解员一番劝解，双方同意协商解决给付子女抚养费和探视子女的问题。

经调解，双方自愿达成协议：一、陈某同意给朱某补交孩子两年的抚养费3600元，之后每个月给孩子200元抚养费；二、朱某同意陈某每个周末看孩子，陪孩子玩半天。

调解注意事项

调解员的一番话为什么让当事人平静下来？当事人为什么能够接受调解员的建议？因为人民调解员这个职业获得了当事人的认同，在当事人心中具有威信。调解员没有执法权没有行政权，威信从哪里来？调解员的魅力在哪里？以下细节是提升调解员威信和魅力应当注意的：（1）介绍自己时不仅介绍姓，还介绍名字。（2）不傲慢、不自大。（3）就座的方式使人感到舒服。（4）注意力总是指向当事人，认真听取当事人陈述。（5）语气柔和、亲切。（5）不断改变面部表情，使用手势。(6) 讲话流利，充满自信。(7) 让当事人自由陈述，不强行打断当事人说话。(8) 能够直接切入问题实质。(9) 使用专业性语言。(10) 法律的运用。

其他典型案例分析

［案例一］　精神慰藉也是儿女应尽的义务

某小区居民王某（已离婚），80多岁，有三个儿子都已成家。王某因心脏病已做了三次支架手术，并装有心脏起搏器。因王某认为三个儿子不尽照顾义务，所以多次与儿子发生冲突。特别是与王某同住的三儿子不尽照顾义务，并经常发生口角，王某多次让三儿子搬出去。某日，王某与三儿子再次发生争吵后，便找到居委会，要求帮助调解。

调解过程与技巧

调解员与王某谈话后得知，王某的三个儿子生活都存在不同程度的困难，有的已买断工龄等待再就业，有的病退在家，有的因单位倒闭外出做临时工且他们的妻子、子女或生病，或无固定职业，有的还在上学。而老人每月退休金3700元，看病有医保，经济条件不错，老人缺的不是钱。只是现在老了，身体不好，又没有老伴照顾，所以需儿子在身边照顾。虽然儿子们经济不富裕且生活有些困难，但还是有能力照顾老父亲的，可是他们并没有做到，因此引发父子矛盾。了解情况后，调解员先做了儿子们的工作，当着老人的面，批评他们对老父亲关心照顾不够，指出，你们经济困难，老人体谅你们，经济上不需你们帮助，但希望你们多照顾，要求并不高，子女赡养父母不仅是物质上的，还包括精神方面的赡养。经做工作，三个儿子理解了赡养的全部含义，表示今后一定照顾好父亲，多给予他精神上的抚慰，尽可能多陪老人聊天，排解他的寂寞。特别是与王某同住的三儿子，此次受到震动最大，保证一定好好照顾老父亲，尽儿子的孝心。调解员同时也做了王某的工作,希望他要豁达,多与儿子沟通,多理解他们。

经调解,王某和三个儿子对调解员的工作表示感谢,高高兴兴地一起离开调解室。

调解中的情感梳理是调解中常用的技术。亲情之间发生了困难,需要第三方出面帮助梳理。调解员的调解过程,就是帮助家庭成员之间梳理情感的过程。本案中,调解员侧重从精神层面启发当事人对老人的关心,即避开了儿子没有经济能力的敏感话题,把调解的重点放在了子女对老人的精神抚慰上,让子女意识到老人精神需求的重要性,从而起到了四两拨千斤的作用,实现了和解。

[案例二] 夫妻分居 不是拒付抚养费的理由

宋老太与丈夫结婚五十余年,育有四个子女,十几年前,为了帮助女儿照顾外孙,搬到女儿家生活至今,其间宋老太生活的一切开支均由女儿负担。现女儿下岗,宋老太年事已高,体弱多病,医疗开支又加大,女儿全部承担有困难。而宋老太为了照顾四个子女一直没参加工作,无养老金和医疗保险费,所以宋老太要求丈夫每月给付两百元生活费。丈夫称:夫妻已分居多年,不同意给付。为此,宋老太委托女儿来到调解室寻求帮助。

调解过程与技巧

调解员通知宋老太的丈夫来到调解室,其表示接受调解。调解开始,宋老太的丈夫仍以夫妻长期分居,妻子对自己未尽做妻子的义务为由,不同意给付宋老太生活费。

调解员就以聊天的方式与老人谈了起来,劝老汉考虑与老伴已有五十多年的婚姻,且育有四个子女,念在以往的夫妻感情上,对妻子也应有同情心,关心并帮助年老体弱的妻子解决生活困难。从法律角度讲,夫妻长期分居不是婚姻关系的解除。既然婚姻关系还存在,就要履行婚姻法规定的相互抚养的义务。现妻子既没有退休金,又没有医疗保险,体弱多病,生活困难,丈夫给予帮助义不容辞,这是法定义务。同时调解员对宋老太说,你们双方年龄都大了,需相互搀扶度过晚年,对自己的丈夫要关心,尽妻子的义务,不理不睬是不对的,这不是正常的夫妻关系。通过调解员晓之以理、动之以情的劝解,双方达成和解,宋老太的丈夫同意每月给付其妻子抚养费200元,宋老太表示今后多关心丈夫。

调解也是谈话的艺术,调解员与当事人之间,更多是通过家长里短式的谈话,用老百姓听得懂的语言开展调解。调解中应避免讲大道理,更不应该讲法言法语。本案中,调解员针对上年纪的老年人,特别注意慢条斯理,娓娓道来,不仅要用当事人听得懂的语言,还要让当事人听得清楚,通过聊天的方式,改变当事人的态度,达成和解协议。

所需法律法规

最高人民法院

《关于人民法院审理离婚案件处理子女抚养问题的若干具体意见》

人民法院审理离婚案件,对子女抚养问题,应当依照《中华人民共和国婚姻法》第二十九条、第三十条及有关法律规定,从有利于子女身心健康,保障子女的合法权益出发,结合父母双方的抚养能力和抚养条件等具体情况妥善解决。根据上述原则,结合审判实践,提出如下具体意见:

1. 两周岁以下的子女,一般随母方生活。母方有下列情形之一的,可随父方生活:(1)患有久治不愈的传染性疾病或其他严重疾病,子女不宜与其共同生活的;(2)有抚养条件不尽抚养义务,而父方要求子女随其生活的;(3)因其他原因,子女确无法随母方生活的。

2. 父母双方协议两周以下子女随父方生活，并对子女健康成长无不利影响的，可予准许。

3. 对两周岁以上未成年的子女，父方和母方均要求随其生活，一方有下列情形之一的，可予优先考虑：（1）已做绝育手术或因其他原因丧失生育能力的；（2）子女随其生活时间较长，改变生活环境对子女健康成长明显不利的；（3）无其他子女，而另一方有其他子女的；（4）子女随其生活，对子女成长有利，而另一方患有久治不愈的传染性疾病或其他严重疾病，或者有其他不利于子女身心健康的情形，不宜与子女共同生活的。

4. 父方与母方抚养子女的条件基本相同，双方均要求子女与其共同生活，但子女单独随祖父母或外祖父母共同生活多年，且祖父母或外祖父母要求并且有能力帮助子女照顾孙子女或外孙子女的，可作为子女随父或母生活的优先条件予以考虑。

5. 父母双方对十周岁以上的未成年子女随父或随母生活发生争执的，应考虑该子女的意见。

6. 在有利于保护子女利益的前提下，父母双方协议轮流抚养子女的，可予准许。

7. 子女抚育费的数额，可根据子女的实际需要、父母双方的负担能力和当地的实际生活水平确定。

有固定收入的，抚育费一般可按其月总收入的百分之二十至三十的比例给付。负担两个以上子女抚育费的，比例可适当提高，但一般不得超过月总收入的百分之五十。

无固定收入的，抚育费的数额可依据当年总收入或同行业平均收入，参照上述比例确定。

有特殊情况的，可适当提高或降低上述比例。

8. 抚育费应定期给付，有条件的可一次性给付。

9. 对一方无经济收入或者下落不明的，可用其财物折抵子女抚育费。

10. 父母双方可以协议子女随一方生活并由抚养方负担子女全部抚育费。但经查实，抚养方的抚养能力明显不能保障子女所需费用，影响子女健康成长的，不予准许。

11. 抚育费的给付期限，一般至子女十八周岁为止。

十六周岁以上不满十八周岁，以其劳动收入为主要生活来源，并能维持当地一般生活水平的，父母可停止给付抚育费。

12. 尚未独立生活的成年子女有下列情形之一，父母又有给付能力的，仍应负担必要的抚育费：(1) 丧失劳动能力或虽未完全丧失劳动能力，但其收入不足以维持生活的；(2) 尚在校就读的；(3) 确无独立生活能力和条件的。

13. 生父与继母或生母与继父离婚时，对曾受其抚养教育的继子女，继父或继母不同意继续抚养的，仍应由生父母抚养。

14. 《中华人民共和国收养法》施行前，夫或妻一方收养的子女，对方未表示反对，并与该子女形成事实收养关系的，离婚后，应由双方负担子女的抚育费；夫或妻一方收养的子女，对方始终反对的，离婚后，应由收养方抚养该子女。

15. 离婚后，一方要求变更子女抚养关系的，或者子女要求增加抚育费的，应另行起诉。

16. 一方要求变更子女抚养关系有下列情形之一的，应予支持。(1) 与子女共同生活的一方因患严重疾病或因伤残无力继续抚养子女的；(2) 与子女共同生活的一方不尽抚养义务或有虐待子女行为，或其与子女共同生活对子女身心健康确有不利影响的；(3) 十周岁以上未成年子女，愿随另一方生活，该方又有抚养能力的；(4) 有其他正当理由需要变更的。

17. 父母双方协议变更子女抚养关系的，应予准许。

18. 子女要求增加抚育费有下列情形之一，父或母有给付能力的，应予支持。

（1）原定抚育费数额不足以维持当地实际生活水平的；（2）因子女患病、上学，实际需要已超过原定数额的；（3）有其他正当理由应当增加的。

19. 父母不得因子女变更姓氏而拒付子女抚育费。父或母一方擅自将子女姓氏改为继母或继父姓氏而引起纠纷的，应责令恢复原姓氏。

20. 在离婚诉讼期间，双方均拒绝抚养子女的，可先行裁定暂由一方抚养。

21. 对拒不履行或妨害他人履行生效判决、裁定、调解中有关子女抚养义务的当事人或者其他人，人民法院可依照《中华人民共和国民事诉讼法》第一百零二条的规定采取强制措施。

第六章 继承纠纷调解

第一节 继承概述

一 继承的概念和特征

(一) 继承的概念

继承,是指将死者生前所有的财产于死亡时依法转移给他人所有的法律制。在这项法律制度中,生前享有财产因死亡而移转给他人的死者为被继承人;被继承人死亡时遗留的财产为遗产;依照法律规定或者被继承人的合法遗嘱取得被继承人遗产的人为继承人;继承人依照法律的直接规定或者被继承人所立的合法遗嘱享有的继承被继承人遗产的权利就是继承权。继承人只能是自然人,继承权也只能为自然人享有。按照继承的依据不同可分为法定继承和遗嘱继承。法定继承,是指根据法律直接规定的继承人的范围、继承人继承的顺序、继承人继承遗产的份额及遗产的分配原则继承被继承人的遗产。遗嘱继承,是指继承开始后,按照被继承人所立的合法有效遗嘱继承被继承人遗产的继承制度。

(二) 继承的特征

1. 继承的发生以被继承人死亡和留有遗产等法律事实的存在为前提。继承的发生需要具备两个条件：一是被继承人的死亡，这是继承关系产生的原因；二是死者留有遗产，这是继承的财产条件。如果死者没有遗产，则继承就不能发生。

2. 继承的主体只能是自然人，且必须是与被继承人有特定身份关系的人。我国宪法规定，每一个公民都享有对私有财产的继承权，可以作为继承人。但在具体的继承关系中，继承只能基于自然人之间存在着的婚姻、家庭、血缘关系而发生。家庭、法人及其他社会组织都不能成为继承关系的主体；法人和其他社会组织只能作为遗赠受领人；国家只能在无人继承又无人受领遗赠遗产的情况下，获得无主财产。

3. 继承的客体是被继承人死亡时遗留的个人合法财产。继承人可以继承的只能是被继承人死亡时遗留的个人合法财产，而国家、集体的财产不能作为遗产被继承。而遗产的内容不仅包括被继承人死亡时遗留的个人所有的财物和债权，而且包括债务和法律规定可以继承的财产权利，如知识产权中的财产权利。因此，继承是权利义务的全面承受，即继承人要接受遗产，就得承受财产义务。

4. 继承是继承人无偿取得被继承人的遗产。继承是自然人取得财产的一种手段。按照法律规定，继承人从被继承人死亡时开始，即行使其享有的继承权，无偿地取得被继承人的遗产。这种财产所有权的转移，不是按照等价有偿原则转移财产，因而不属于商品交换关系，继承人取得被继承人的遗产，不需支付对价财产。

二　我国继承的发展和种类

(一) 我国继承的发展

中国历代律例虽有继承方面的规定，但作为独立的继承法，则是光绪三十三年（1907）开始起草的，于宣统三年（1911）完成，列为《大清民律（草案）》的第5编，仍以宗祧继承为主。"中华民国"时期国民党政府因袭德、法、日民法典的体例，把继承法列在亲属编之后，从法律上废弃了宗祧继承，采取财产继承制。

中华人民共和国的继承制度是在社会主义经济基础上产生的法律制度。中国1982年宪法规定："国家依照法律规定保护公民的私有财产的继承权。"在中国，公民的继承权主要是在社会主义生产资料公有制下，从按劳分配原则派生出来的，受到国家的保护。由于消灭了剥削阶级和剥削制度，主要生产资料为国家所有或者集体所有，从而使社会主义继承关系同过去的一切继承关系，有着本质的不同：一是以生产资料公有制为基础；二是继承关系的主体主要是劳动人民，继承关系的客体主要是生活资料，继承的目的不是剥削权利的延续。中国的社会主义继承制，不仅彻底废除了延续几千年的宗祧继承、立嗣承宗的制度，而且有利于妥善处理社会主义家庭中的财产关系，贯彻男女平等原则，保护无劳动能力和无生活来源的家庭成员的合法权益，以实现抚育子女、赡养老人的家庭职能。

（二）继承的种类

1. 法定继承，是指按照法律直接规定的继承人范围、继承顺序和遗产分配原则等进行财产继承的一种继承制度。法定继承是一个强制性规范，除被继承人生前依法以遗嘱的方式改变外，其他任何人均无法改变。

根据《中华人民共和国继承法》（以下简称《继承法》）第27条以及《最高人民法院关于贯彻执行〈继承法〉若干问题的意见》（以下简称《若干问题的意见》）的有关规定，有下列情形之一的，适用法定继承：一是被继承人生前未设立遗嘱继承或遗赠，也没有遗赠扶养协议的；二是全部无效或部分无效遗嘱所涉及的遗产；三是遗嘱未处理的部分遗产;四是遗嘱继承人或受遗赠人放弃继承或受遗赠;五是遗嘱继承人丧失继承权;六是遗嘱继承人、受遗赠人先于遗嘱人死亡的。

法定继承人的范围,依《继承法》第10、12条的规定,有配偶、子女、父母、兄弟姐妹、祖父母、外祖父母,以及对公婆或岳父母尽了主要赡养义务的丧偶儿媳与丧偶女婿。并按照以下顺序继承:第一顺序:配偶、子女、父母。对公婆或岳父母尽了主要赡养义务的丧偶儿媳与丧偶女婿,作为第一顺序继承人。第二顺序:兄弟姐妹、祖父母、外祖父母。继承开始后,由第一顺序继承人继承,第二顺序继承人不继承。没有第一顺序继承人继承的,由第二顺序继承人继承。

从被继承人死亡时开始,其法定继承人的继承权即告成立。隶属于第一顺序的继承人随时可提出继承遗产,亦可在遗产分割前明确表示放弃继承权。未作明示放弃的,则视为默认其继承权。当其他继承人故意拖延,导致继承权无法实现时,主张分割遗产的继承人可向法院提出继承遗产诉讼,其他继承人均为被告。

2. 遗嘱继承,又称指定继承,是法定继承的对称。是指被继承人生前通过立遗嘱的形式确定其个人财产在其死亡后的继承人及分配的法律制度。《继承法》第16条规定:"公民可以依照本法规定立遗嘱处分个人财产,并可以指定遗嘱执行人。"遗嘱的形式根据《继承法》第17条的规定,遗嘱有以下五种形式:

(1) 公证遗嘱,即立遗嘱人至公证机关对其遗嘱行为及遗嘱内容进行公证;

(2) 自书遗嘱,即立遗嘱人亲笔书写的遗嘱,该遗嘱必须由立遗嘱人亲笔签名,并注意年、月、日。

(3) 代书遗嘱,即立遗嘱人委托他人代笔书写的遗嘱。代书遗嘱应有两个以上见证人在场,其中一人代书,注明年、月、日,并由代书人、其他见证人和遗嘱人签名。见证人不得为遗嘱确定的继承人。

（4）录音遗嘱，即立遗嘱人通过录音或录像的形式，确定其遗嘱的内容。录音遗嘱同代书遗嘱一样，需要有两个以上的见证人在场，并将其见证的情况进行录音、录像。完后，应将录音、录像内容封存，封口由见证人及遗嘱人签名盖封。

（5）口头遗嘱，即立遗嘱人在危急情况下，无条件书写、录音或办理公证时，口头订立遗嘱的行为。口头遗嘱应当有两个以上见证人在场见证。危急情况解除后，遗嘱人能够用书面或者录音形式立遗嘱的，所立的口头遗嘱无效。

由于法律并不限制公民立遗嘱的次数及形式，实质上亦为尊重公民随时改变遗嘱的意愿，因而在现实生活中会存在多份遗嘱并存的情况。对于多份遗嘱的效力认定，根据《若干意见》第42条："遗嘱人以不同形式立有数份内容抵触的遗嘱，其中有公证遗嘱的，以最后所立公证遗嘱为准；没有公证遗嘱的，以最后所立的遗嘱为准。"

遗嘱中所确定的继承人先于被继承人死亡的，该遗嘱即告失效。在继承人死亡后，遗嘱中所涉及的遗产应按法定继承办理。

3. 代位继承，又称"间接继承"。是指在法定继承中，被继承人的子女先于被继承人死亡的，被继承人的子女的晚辈直系血亲代替其父母的继承顺序继承被继承人的遗产的法律制度。该制度的设立是基于继承权的行使主体应为实际生存，若继承人先于被继承人死亡，显然无法行使继承权利。为了保障先于被继承人死亡的继承人的晚辈直系血亲的物质及经济利益，因而设立了代位继承制度。《继承法》第11条规定："被继承人的子女先于被继承人死亡的，由被继承人的子女的晚辈直系血亲代位继承。代位继承人一般只能继承他的父亲或者母亲有权继承的遗产。"代位继承只适用于法定继承的第一顺序中先于被继承人死亡的子女。代位继承具有以下法律特征：

（1）代位继承的发生，必须有被继承人的子女先于被继承人死亡的法律事实。被继承人的子女也就是被代位人，包括有继承权的婚生子女、非婚生子女、养子女和有扶养关系的继子女。被继承人子女的死亡，包括民法所涉及的自然死亡和被宣告死亡。

（2）代位继承人必须是被继承人子女的晚辈直系血亲，即被继承人的孙子女、外孙子女或曾孙子女、外曾孙子女等。代位继承不受辈数限制。

（3）代位继承人一般只能取得被代位人应继承的遗产份额。无论代位继承人人数多寡，也只是代替被代位人行使继承权。

（4）被代位继承人生前必须具有继承权。如果被继承人的子女生前已经丧失了继承权，则其晚辈直系血亲不得代位继承。

（5）代位继承只适用于法定继承方式。这是因为遗嘱必须以立遗嘱人死亡为生效的条件，在遗嘱继承人先于立遗嘱人死亡的情况下，遗嘱无效。

代位继承权的实现前提是被继承人的子女先于被继承人死亡。需要注意的是，代位继承同样适用于胎儿的保留份，其原理与法定继承中的胎儿保留份是一致的。

4. 转继承，又称为再继承、连续继承，它是指继承人在继承开始后、遗产分割前死亡，其应继承的遗产转由他的合法继承人来继承的制度。实际接受遗产的已死亡继承人的继承人称为转继承人；已死亡的继承人称为被转继承人。《若干意见》第52条规定："继承开始后，继承人没有表示放弃继承，并于遗产分割前死亡的，其继承遗产的权利转移给他的合法继承人。"转继承的规定，不光适用于法定继承，还适用于遗嘱继承，以及遗赠。同时，该意见第53条还规定："继承开始后，受遗赠人表示接受遗赠，并于遗产分割前死亡的，其接受遗赠的权利转移给他的继承人。"

由于转继承与代位继承都是在继承人与被继承人死亡的条件下产生，现实生活中容易搞混。其区别主要表现在以下几个方面：

（1）两者适用的条件与时间不同。转继承适用的前提是继承人后于被继承人死亡，未实际取得遗产前；代位继承适用的前提是继承人先于被继承人死亡，且为被继承人的子或女。

（2）两者适用继承的范围不同。转继承既可以发生于法定继承之中，也可以发生在遗嘱继承和遗赠、遗赠扶养协议等多种场合。代位继承只能适用于法定继承之中。

（3）两者适用的主体不同。被转继承人为享有继承权的全体继承人或受遗赠人；享有转继承权的人，通常都是被转继承人的若干法定继承人，不限于被继承人的晚辈直系血亲。而被代位继承人仅为被继承人的子女；代位继承人只能是被代位继承人的晚辈直系血亲。

（4）两者的客体不同。转继承的客体为被转继承人未能分得的遗产份额，代位继承的客体是被代位人不能取得的应继份。

（5）两者的继承权利与义务不同。转继承引申出两个层次的遗产继受关系，转继承人所继承的是被继承人的权利义务；同时还会发生其继承被继承人继承的权利义务；代位继承则是单一的遗产继受关系，代位继承人代替被继承人所继承的，只是被继承人继承的权利义务。

（6）两者应继承份额的归属不同。转继承中可发生被转继承人的应继承份额归其配偶共有的情形；代位继承中被代位人期待的应继份则均归代位人，不发生与被代位人的配偶共有问题。

在转继承中，转继承人的配偶可主张分割已死亡的转继承人应继承的份额。而在婚姻关系存续期间，任何一方依法应享有继承权而未开始分割的，配偶则无权主张分配遗产。

三 继承权的放弃与丧失

当代各国,对继承问题都以民法或有关继承的单行法规做出各种具体规定。包括继承开始时间、地点,继承权的接受和放弃,继承权的丧失等。

(一)继承开始

被继承人死亡或宣告死亡(见失踪和死亡宣告)的时间是继承开始时间,从此继承权开始具有实行的效力。在继承开始时,确定继承人的范围,确定继承遗产的范围和价值。如果是遗嘱继承,需要在这时认定遗嘱是否有效。关于继承权的时效也从此时开始计算。

继承地点通常是被继承人的住所地。如果住所不明或主要财产不在住所地,可以财产所在地为继承地点。例如日本现行民法规定:继承在被继承人的住所开始,如果住所地不明或主要财产不在住所地,则以财产所在地为继承开始地点。苏联也规定继承发生的地点是被继承人的最后经常住所,如最后经常住所不明,则为遗产所在地或遗产基本部分所在地。

(二)继承的接受和放弃

享有继承权的人在得知被继承人死亡或宣告死亡后,应就是否接受继承做出意思表示。继承人接受或放弃继承的意思表示,是单方行为,具有法律效力。各国对此大体有两种规定:一是法国、日本、苏联等国的民法规定,无论接受或放弃继承,都必须做出意思表示;二是民主德国、匈牙利等国的民法规定,放弃继承必须做出意思表示,否则即视为接受继承。

根据我国司法实践,继承人放弃继承权的,应在继承开始后至遗产处理前,做出放弃继承的表示。没有表示的,视为接受继承。继承人的继承权,从知道权利被侵害时起2年内可以请求人民法院予以保护。

(三) 继承权的丧失

1. 继承权丧失的概念和特征

继承权丧失，是指本来具有继承资格的人因犯有某些严重违反人伦道德的罪行，或有严重的不道德行为，而丧失作为继承人的资格，不再享有继承遗产的权利。继承权丧失有以下特点：

(1) 继承权丧失不仅适用于法定继承也适用于遗嘱继承。只要继承人有《继承法》第7条规定的行为之一，无论是法定继承人还是遗嘱继承人都丧失继承权。

(2) 丧失继承权是一种民事制裁。继承权是一种民事财产权，所以丧失继承权是一种民事制裁。

(3) 继承人丧失继承权必须符合《继承法》第7条规定的条件。公民的继承权受法律保护，不能随意剥夺，只有公民有《继承法》规定的严重违反人伦道德的罪行或严重不道德的行为才丧失继承权。

(4) 继承权丧失仅具有相对性。也就是说丧失继承权并不意味着继承人从此失去了对一切被继承人的继承权，而仅仅是丧失了对特定继承人的继承权。因为继承权本身是个相对的概念，即只存在对某个被继承人的继承权，而不存在对全体被继承人的总的继承权。继承人对某个被继承人有依法应丧失继承权的行为时，仅丧失对该被继承人的继承权，而不影响其对其他被继承人的继承权。如某人故意杀死了父亲，便丧失了对其父的继承权，但他仍有权继承其母亲和妻子的遗产。(《若干意见》第11条)

2. 继承权丧失的法定理由。根据我国法律规定，继承人有下列行为之一的，丧失继承权：

(1) 故意杀害被继承人的。继承人故意杀害被继承人是一种严重的犯罪行为，不论是已遂还是未遂都丧失继承权。

(2) 为争夺遗产而杀害其他继承人的。继承人杀害其他继承人,既包括法定继承人杀害遗嘱继承人的情形,也包括遗嘱继承人杀害法定继承人的情形;既包括第一顺序人继承人杀害第二顺序继承人,也包括第二顺序继承人杀害第一顺序继承人。

根据有关司法解释,继承人为争夺遗产而杀害其他继承人的,如果被继承人以遗嘱方式将遗产指定由该继承人继承的,可以确认遗嘱无效,并按继承法第七条处理。(《若干意见》第 12 条)

(3) 遗弃被继承人的,或者虐待被继承人情节严重的。遗弃被继承人是指对没有劳动能力又没有生活来源的被继承人有扶养义务而拒不履行扶养义务;所谓虐待被继承人是指在被继承人生前对其从身体上或精神上进行摧残或者折磨。

对遗弃被继承人的,不管情节是否严重,都丧失了继承权,但继承人如确有悔改表示且被遗弃人在生前表示宽恕的,可以不确认其丧失继承权。

虐待被继承人情节是否严重,可以从实施虐待行为的时间、手段、后果和社会影响而定。如果虐待被继承人情节严重,则丧失继承权;继承人虐待被继承人情节严重的,或者遗弃被继承人的,如以后确有悔改表现,而且被虐待人、被遗弃人生前又表示宽恕,可不确认其丧失继承权。(《若干意见》第 13 条)

(4) 伪造、篡改或者销毁遗嘱,情节严重的。伪造遗嘱是指以被继承人的名义制造假遗嘱;篡改遗嘱是指改变被继承人所立的遗嘱的内容;销毁遗嘱是指将被继承人所立的遗嘱毁灭。伪造、篡改或者销毁遗嘱情节是否严重是判断继承权是否丧失的标准。

根据《若干意见》第 14 条的规定:"继承人伪造、篡改或者销毁遗嘱,侵害了缺乏劳动能力又无生活来源的继承人的利益,并造成其生活困难的,应认定其行为情节严重。"以此认定其行为情节严重。

第二节 继承纠纷调解

引导案例

王甲与齐乙于 2012 年结婚，齐乙与前夫刘丙育有一男孩刘丁，男孩随其父共同生活。婚后，齐乙居住在王甲 2009 年购置的 160 平方米的住宅中。2014 年 12 月，王甲和齐乙在国外旅游时遇车祸双双身亡。两人遗留的遗产包括：住宅一处，另有两人婚后购置的宝马车一辆及金银、钻石首饰和全套家电用品等共折合人民币 500 多万元，两人婚后的存款 30 万元，王甲和齐乙死亡后获得人身保险赔偿金 50 万元。以上夫妻全部遗产由王甲的父母继承了。

2015 年 2 月，齐乙的唯一法定继承人刘丁与王甲的父亲因分割遗产发生争议，找到街道调解委员会调解。

问题：如果调委会主任指派你去调解他们之间的纠纷，该如何处理？

相关理论知识

一 继承纠纷的特点

继承纠纷通常是因为遗产分割产生争议所致，纠纷往往发生在与被继承人有着血亲关系和婚姻关系的家庭成员之间，并往往涉及当事人及当事人与死者的亲情纠葛。

（一）不动产继承权属情况复杂

法定继承案件中，涉案的不动产（主要为房屋）多历时较长，变动情况多样且当事人证据意识不强、前后表述不一,部分遗产为祖产,几经翻盖修整,房屋面积、数量都多有变化,审理中权属认定困难。翻修时的出资情况对分配遗产份额的影响也成为当事人争议的焦点之一。

(二)涉及住房补贴继承案件增多

被继承人享有的住房补贴,其原单位在被继承人死亡后才开始发放。对住房补贴部分的继承、析产,是按照被继承人的夫妻共同财产处理,还是按照被继承人的个人财产认定,法院对此存在不同看法,容易出现"同案不同判"的情况。该类型案件占所受理继承纠纷案件的5%。

(三)家庭关系复杂增加调解难度

案件中涉及离婚、再婚、丧偶,以及亲生子女、继子女、收养子女等情形增多,使得调委会在进行财产分割时,对被继承人的财产是婚前、婚后,还是家庭共有的认定上难以把握。有些纠纷还涉及转继承和代位继承的问题,也加大了调解纠纷的难度。

二 继承纠纷的调解原则

妥善解决遗产分割纠纷,对维护家庭和谐、社会安定尤为重要。继承纠纷调解处理的原则有:

(一)男女享有平等继承权

财产继承权不分男女,平等享有。同一顺序的继承人继承遗产的份额不分男女,应当均等。有代位继承权的晚辈直系亲属不分男女都有权代位继承父或母的遗产。配偶一方死亡,继承的一方不分男女都有权处分其所继承的遗产,也可以在继承遗产后自主决定再婚与否。

(二)养老育幼,保护弱者原则

婚生子女、非婚生子女、养子女与形成抚养关系的继子女享有平等的继承权。在分割遗产时,要注意保留胎儿的继承份额,对生活有特殊困难或缺乏劳动能力又没有生活来源的继承人予以照顾,对与被继承人共同生活的老年人和未成年人应当多分遗产。在遗嘱继承中,即使遗嘱人未保留胎儿或缺乏劳动能力又没有生活来源的继承人的遗产继承份额,也要给予分配遗产。

(三) 权利义务相一致原则

对被继承人尽义务较多的,应当多分得遗产。丧偶儿媳对公、婆,丧偶女婿对岳父、岳母尽了主要赡养义务的,可以成为第一顺序法定继承人;有扶养能力和有扶养条件的继承人,不尽扶养义务的,应当不分或者少分;继承人以外的对被继承人扶养较多的人,可以分得适当的遗产。

(四) 充分发挥遗产效用原则

遗产分割应当有利于生产和生活需要,不损害遗产的效用,不宜分割的遗产可以采取折价、适当补偿或者共有等方法处理。

三 继承纠纷的调解流程及技巧

(一) 审查有无遗嘱,审核判断遗嘱是否有效

一个继承纠纷的调解,首先要审查有无遗嘱,如果有遗嘱,要帮助纠纷当事人做好下面的工作。

1. 审查遗嘱的形式,确定其是否生效。遗嘱的形式包括:公证遗嘱、自书遗嘱、代书遗嘱、录音遗嘱和口头遗嘱五种。五种形式的遗嘱中公证遗嘱的效力最高,自书、代书、录音、口头遗嘱不得变更公证遗嘱。

2. 审查遗嘱的效力。根据《继承法》第 22 条及《若干意见》第 37、38 条的规定,以下遗嘱无效:①无行为能力人或限制行为能力人所立的遗嘱;②受胁迫、欺骗所立的遗嘱;③伪造的遗嘱;④被篡改

部分的遗嘱内容；⑤处分了属于国家、集体或他人所有财产的遗嘱部分；⑥遗嘱未保留缺乏劳动能力又没有生活来源的继承人的遗产份额的，对应当保留遗产份额无效。

3. 审查遗嘱是否附义务。根据《继承法》第 21 条及《若干意见》第 43 条的规定，遗嘱继承附有义务的，继承人应当履行义务。没有正当理由不履行义务的，经有关单位、受益人或其他继承人请求，人民法院可以取消他接受附义务那部分遗产的权利。由提出请求的继承人或受益人负责按遗嘱人的意愿履行义务，接受遗产。但所附义务必须合法，否则所附义务无效。

（二）审查有无遗赠及其处理

遗赠，是公民以遗嘱方式表示在其死后将其遗产的一部分或全部赠给国家、集体或者法定继承人以外的人的法律行为。遗赠是一种单方、无偿民事法律行为，在遗赠人死亡后生效，并要求受遗赠人未先于遗赠人死亡且有明确表示接受的行为。其中设立遗嘱的人称遗赠人，接受遗产的人称受遗赠人。《继承法》第 16 条第 3 款规定："公民可以立遗嘱将个人财产赠给国家、集体或者法定继承人以外的人。"第 25 条第 2 款规定："受遗赠人应当在知道受遗赠后 2 个月内，作出接受或者放弃受遗赠的表示。到期没有表示的，视为放弃受遗赠。"

（三）审查有无遗赠扶养协议及其处理

遗赠扶养协议，是指遗赠人（又称被扶养人）与扶养人订立的关于遗赠和扶养关系的协议。根据这一协议，遗赠人将自己合法财产的一部分或全部于其死后转移给扶养人所有，而扶养人则承担对遗赠人生养死葬的义务。遗赠扶养协议是具有双方、双务、有偿、诺成性的民事法律行为，一方只能是自然人，另一方可以是法定继承人以外的自然人，也可以是集体所有制组织，当事人之间不能存在法定扶养权利义务关系。《继承法》第 31 条规定："公民可以与扶养人签订遗赠扶养协议。按照协议，扶养人承担该公民生养死葬的义务，享有受遗赠的权利。公民可以与集体所有制组织签订遗赠扶养协议。按照协议，集体所有制组织承担该公民生养死葬的义务，享有受遗赠的权利。"

（四）审核确定继承人的范围

处理好上述事项后，就可以和当事人一起确定继承人的范围。根据具体情况分为两种：

1. 确定法定继承人范围。我国继承法以婚姻关系、血缘关系、扶养关系为依据，将法定继承人的范围限定于近亲属，而不是所有的亲属。《继承法》第10、12条的规定，包括：①第一顺序：配偶、子女（包括婚生子女、非婚生子女、养子女和有扶养关系的继子女）、父母（包括生父母、养父母和有扶养关系的继父母）。第二顺序：兄弟姐妹（包括同父母的兄弟姐妹、同父异母或者同母异父的兄弟姐妹、养兄弟姐妹、有扶养关系的继兄弟姐妹）、祖父母、外祖父母。继承开始后，由第一顺序继承人继承。没有第一顺序继承人的，由第二顺序继承人继承。②丧偶儿媳对公、婆，丧偶女婿对岳父、岳母尽了主要赡养务的，作为第一顺序继承人。另外要特别注意《若干意见》第19、21—24、30条的规定。

2. 确定遗嘱继承人范围。一般情况下，在我国遗嘱继承人的范围与法定继承人一致。《继承法》第16条第2款规定："公民可以立遗嘱将个人财产指定由法定继承人的1人或数人继承。"换言之，能够作为遗嘱继承人的，只能是被继承人的配偶、子女、父母、兄弟姐妹、祖父母、外祖父母、对公婆或岳父母尽了主要赡养义务的丧偶儿媳或丧偶女婿，以及父母先于被继承人死亡的孙子女、外孙子女等。法定继承人范围以外的人不能成为遗嘱继承人，只能成为受遗赠人。

（五）审核判断相关继承人是否享有继承权

1. 审查继承人是否享有继承权。法定继承人的继承权是基于法律直接规定而取得的，其依据是血缘关系（包括父母子女、兄弟姐妹、祖孙）、婚姻关系（指配偶）和扶养关系（包括丧偶儿媳、丧偶女婿）。遗嘱继承人的继承权，其取得的条件有二：①有法定继承权；②有合法有效的遗嘱。

2. 查看是否有放弃继承权的情形。《继承法》第25条规定："继承开始后，继承人放弃继承的，应当在遗产处理前，作出放弃继承的表示。没有表示的，视为接受继承。受遗赠人应当在知道受遗赠后2个月内，作出接受或者放弃遗赠的表示，到期没有表示的，视为放弃受遗赠。"继承人放弃继承的意思表示，应当以明示的方式做出，放弃继承权的效力，追溯到继承开始的时间，即继承人不再继承被继承人的遗产，其"应继份额"依照有关规定处理。遗产分割后表示放弃的不再是继承权，而是财产所有权。只要放弃和接受行为符合法律规定，原则上不得撤回。《若干意见》第50条规定："遗产处理前或在诉讼进行中，继承人对放弃继承反悔的，由人民法院根据其提出的具体理由，决定是否承认。遗产处理后，继承人对放弃继承反悔的，不予承认。"

3. 审查继承人是否有丧失（或被剥夺）继承权的情形。《继承法》第7条规定："继承人有下列行为之一的，丧失继承权：①故意杀害被继承人的；②为争夺遗产而杀害其他继承人的；③遗弃被继承人的，或者虐待被继承人情节严重的；④伪造、篡改或者销毁遗嘱，情节严重的。"

（六）确认继承开始的时间

《继承法》第2条规定："继承从被继承人死亡时开始。"《若干意见》第1条进一步指出："继承从被继承人生理死亡或被宣告死亡时开始。"因而，在我国继承开始的时间以被继承人死亡的时间为准，自然死亡和宣告死亡都能引起继承的发生。值得注意的是，《若干意见》第2条规定："相互有继承关系的几个人在同一事件中死亡，如不能确定死亡先后时间的，推定没有继承人的人先死亡。死亡人各自都有继承人的，如几个死亡人辈分不同，推定长辈先死亡；几个死亡人辈分相同，推定同时死亡，彼此不发生继承，由他们各自的继承人分别继承。"

（七）确认遗产的范围并指导对遗产进行处理

1. 确认遗产的范围。成为遗产的条件包括：

（1）被继承人的个人财产。《继承法》第26条规定："夫妻在婚姻关系存续期间所得的共同所有的财产，除有约定的以外，如果分割遗产，应当先将共同所有的财产的一半分出为配偶所有，其余的为被继承人的遗产。遗产在家庭共有财产之中的，遗产分割时，应当先分出他人的财产。"

（2）合法财产。成为遗产的财产必须是被继承人个人合法财产，非合法财产如赌资等不能成为遗产。

（3）被继承人死亡时的财产，这是遗产范围大小的时间限定点。《继承法》第3条规定："遗产是公民死亡时的个人合法财产，包括：①公民的收入；②公民的房屋、储蓄和生活用品；③公民的林木、牲畜和家禽；④公民的文物、图书资料；⑤法律允许公民所有的生产资料；⑥公民的著作权、专利权中的财产权利；⑦公民的其他合法财产。"《若干意见》第3条规定："公民可继承的其他合法财产包括有价证券和履行标的为财物的债权等。"《若干意见》第4条进一步规定："承包人死亡时尚未取得承包收入，可把死者生前对承包所投入的资金和所付出的劳动及其增值和孳息，由发包单位或者接续承包合同的人合理折价、补偿，其价额作为遗产。"由此看来，继承法中的遗产仅指死者的财产和财产权利，而不包括债务。但继承遗产时，应当清偿被继承人依法应当缴纳的税款和债务。

2. 遗产分配处理。

（1）注意法定继承、遗嘱继承与遗赠、遗赠抚养协议的适用顺序。根据《继承法》第5条、第27条和《若干意见》第62条规定，遗赠抚养协议优先于遗嘱继承、遗赠的适用，遗嘱继承、遗赠优先于法定继承的适用。

（2）注意限定继承原则的适用。根据《继承法》第33条的规定：①继承遗产应当先清偿被继承人依法应当缴纳的税款和债务，遗产的分配顺序是：税款、一般债务、继承；②清偿遗产债务以实际遗产价值为限，超过遗产实际价值部分的债务不受法律保护。对超过部分的债务不负清偿责任，但继承人自愿偿还的，不受此限；③继承人放弃继承的，不负清偿税款和债务的责任。要特别注意《继承法》第34条的规定："执行遗赠不得妨碍清偿遗赠人依法应当缴纳的税款和债务。"以及《继承法意见》第61条的规定"继承人中有缺乏劳动能力又没有生活来源的人，即使遗产不足清偿债务，也应为其保留适当遗产……"

（3）根据法定继承遗产分配原则分配遗产。我国继承法就法定继承方式中的遗产分配，以"一般应当均等"为基本原则，以特殊情况下的不均等为例外。《继承法》第13条规定："同一顺序继承人继承遗产的份额，一般应当均等。对生活有特殊困难的缺乏劳动能力的继承人，分配遗产时，应当予以照顾。对被继承人尽了主要扶养义务或者与被继承人共同生活的继承人，分配遗产时，可以多分。具备扶养能力和扶养条件的继承人，不尽扶养义务的，分配遗产时，应当不分或少分。继承人协商同意的，也可以不均等。"

（4）处理遗产时要注意保留胎儿的份额。《继承法》第28条规定:"遗产分割时,应当保留胎儿的继承份额。胎儿出生时是死体的,保留的份额按照法定继承办理。"《继承法意见》第 45 条进一步规定:"应当为胎儿保留的遗产份额没有保留的应从继承人所继承的遗产中扣回。为胎儿保留的遗产份额,如胎儿出生后死亡的,由其继承人继承;如胎儿出生时就是死体的,由被继承人的继承人继承。"

(5) 对没有劳动能力依靠被继承人生活的人,应适当分给遗产。《继承法》第 14 条规定:"对继承人以外的依靠被继承人扶养的缺乏劳动能力又没有生活来源的人,或者继承人以外的对被继承人扶养较多的人,可以分给他们适当的遗产。"

(6) 注意对无人继承又无人接受遗赠遗产的处理。《继承法》第 32 条规定:"无人继承又无人受遗赠的遗产,归国家所有;死者生前是集体所有制组织成员的,归所在集体所有制组织所有。"由此可见,应区别死者生前的身份,决定遗产的归属。

(八) 审核是否有代位继承及其处理

代位继承,是指在法定继承中被继承人的子女先于被继承人死亡的情况下,由该先死子女的晚辈直系血亲代替其继承被继承人遗产的法律制度。先于被继承人死亡的子女是被代位人,其晚辈直系血亲是代位继承人。《继承法》第 11 条规定:"被继承人的子女先于被继承人死亡的,由被继承人的子女的晚辈直系血亲代位继承。代位继承人一般只能继承他的父亲或母亲有权继承的遗产份额。"由此可见,代位继承是由代位继承人一次性地间接继承被继承人的遗产,具有替补继承的性质。代位继承只适用于法定继承,不适用于遗嘱继承,遗嘱继承人先于被继承人死亡的,因遗嘱未生效,故未取得继承权,当然也不会发生代位继承。

要特别注意《继承法意见》第 25—29 条的规定:①被继承人的

孙子女、外孙子女、曾孙子女、外曾孙子女都可以代位继承，代位继承人不受辈数的限制。②被继承人的养子女、已形成扶养关系的继子女的生子女可代位继承；被继承人亲生子女的养子女可代位继承；被继承人养子女的养子女可代位继承；与被继承人已形成扶养关系的继子女的养子女也可以代位继承。③代位继承人缺乏劳动力又没有生活来源，或者对被继承人尽过主要赡养义务的，分配遗产时，可以多分。④继承人丧失继承权的，其晚辈直系血亲不得代位继承。如该代位继承人缺乏劳动能力又没有生活来源，或对被继承人尽赡养义务较多的，可适当分给遗产。⑤丧偶儿媳对公、婆，丧偶女婿对岳父、岳母，尽了主要赡养义务的，无论是否再婚，依《继承法》第12条规定作为第一顺序继承人时，不影响其子女代位继承。

（九）审核是否有转继承的情形及其处理

转继承，是指继承人在继承开始后、遗产分割前死亡，其所应继承的遗产份额的权利转由他的合法继承人继承的法律制度。我国继承法对转继承没有明确规定，但《继承法意见》第52条指出："继承开始后，继承人没有表示放弃继承，并于遗产分割前死亡的，其继承遗产的权利转移给他的合法继承人。"由此可见，转继承是两个相连的直接继承，具有连续继承的性质，后一个继承是前一个继承的继续。被转继承人可以是一切合法继承人，诸如被继承人的法定继承人、遗嘱继承人、受遗赠人等，因为被转继承人在继承开始后已取得了现实的继承权，因而该继承权当然可以转由其合法继承人继承。而一切有权分得被转继承人遗产的人，都可以作为转继承人。

（十）签订协议，结束调解

在上面的工作做通后，召集纠纷当事人签订调解协议，能够当场履行的就当场履行，如果不能当场履行的，约定好履行的时间。至此调解成功。

引导案例解析

申请人的调解申请符合《人民调解法》规定,调解委员会对当事人进行了受理登记并着手调解。

调解过程及技巧

受理后,首先查证有无遗嘱及遗赠等情形。经查证双方没有遗嘱,也没有遗赠和遗赠抚养协议,按法定继承办理。

然后查证死者继承人的范围和继承资格。经查证,齐乙除亲生儿子刘丁外,没有其他具有血缘关系的近亲属;王甲除了生身父母外,没有其他有继承资格的继承人。也就是说,本案继承人范围是刘丁和王甲父母。

关于继承资格,王甲父母强调:王甲在车祸中死于齐乙之后,齐乙的遗产已由王甲继承。所以,王甲死后其遗产由其父母继承。

调解委员会认为本案的关键环节是如何确定被继承人死亡的顺序。它直接关系到继承人顺序和应继承份额。

经调查:王甲和齐乙遇到车祸后,警方和急救车到场时二人均已死亡,没有医学和法律文书能够证明两人谁先死亡。因此,无法准确判断两人死亡的先后顺序。根据《最高人民法院关于贯彻执行〈中华人民共和国继承法〉若干问题的意见》第2条之规定,相互有继承关系的几个人在同一事件中死亡,如不能确定死亡先后时间的,推定没有继承人的人先死亡;几个死者辈分相同的,推定同时死亡,彼此不发生继承,由他们各自的继承人分别继承。

据此,在本案中,王甲和齐乙双方应该推定二人同时死亡,王甲与齐乙不发生继承关系。他们的共同遗产和个人遗产由各自的继承人继承。

根据法律规定和车祸实际情况,调解委员会向双方当事人做了明法析理的说服疏导后,王父认可了刘丁的继承权。

在调解员主持下,为刘丁和王父清点分割了死者夫妻共有财产和各自名下的财物,双方达成了和解。

此案被继承人意外死亡,没有继承遗嘱,属于法定继承范围。关键在于必须弄清被继承人的死亡顺序。如果真是王父所言其子是"后死亡的",那么齐乙的遗产可以由王甲继承。王甲死后,遗产由王父继承。但是经调解员过细调查后,发现被继承人"死亡有先后"的说法不实,便运用法治教育的方式启发王父按照法律规定办事,促使了双方达成和解。《人民调解法》规定要用"明法析理"的方法进行调解。明法析理法为先,这是受理民间纠纷时,最重要、最基本的调解方法。

第七章 分家析产纠纷调解

第一节 分家析产概述

一 分家析产的概念及与继承的区别

(一) 分家析产的概念

分家与析产是两个不同的概念,所谓分家是将一个较大的家庭根据分家协议而分成几个较小的家庭;所谓析产又称财产分析,是指财产共有人通过协议的方式,根据一定的标准,将共同财产予以分割,而分属各共有人所有。分家析产的前提是存在家庭共有财产。家庭共有财产是家庭成员在家庭共同生活期间共同创造、共同所得的共有财产。形成家庭共有财产必须具备以下条件:一是具有家庭共有财产取得的法律事实。家庭成员有共同的生产经营活动,或是基于家庭成员的共同继承、共同接受赠予或遗赠,或家庭成员将收入交归家庭共有等。二是一定的家庭结构。由夫妻与其未成年子女组成的家庭一般没有家庭共有财产,即使夫妻共同生产经营,也只有夫妻共有财产,而没有家庭共有财产(共同继承、共同接受赠予或遗赠除外);只有三代或三代以上共同生活的大家庭，或夫妻与成年子女共同生活的家庭，并且共同生产经营，或家庭成员将收入交归家庭共有等，才出现家庭共有财产。

在分家析产时，应注意这样几点：一是分家析产时，要把家庭共有财产和家庭成员的个人财产区分清楚。分家析产只能是分割家庭共有财产，属于家庭成员的个人财产是不属于分割范畴的。二是分家析产时，要根据公平合理的原则，分割家庭共有财产。对家庭共有财产的分割，特别是对某些生产、劳动工具、设备等财产的分割，要尽可能有利于生产，有利于发挥家庭成员各自的专长。对于某些特定的不便分割的财产，也可以特别协议的方式作变通处理，以充分发挥该项的效用。

（二）分家析产与继承的区别

分家析产不是财产继承，财产继承发生在被继承人死亡之时。被继承人死亡，其近亲属依据死亡人生前留下的遗嘱，没有遗嘱的按法律规定而发生的，由继承人依法无偿占有该财产的活动；而分家析产，是家庭成员间的矛盾、纠纷或其他原因，不愿意再继续共同生活在一起，而对家庭中的家庭共有财产进行分割处分的活动。

1. 两种活动的参与人是有所不同的。继承活动的参与人，有遗嘱的，且遗嘱合法有效的，应按遗嘱执行，没有遗嘱的，应按继承法第十条的规定确定第一和第二顺序继承人；而分家析产活动的参与人，是指家庭中的全体人员。

2. 两种财产的性质也完全不同。继承是继承死亡人生前的合法个人财产，如死者生前合法所有的房产权等；而分家析产的财产是指全体家庭成员共同创造、共同享有的财产。

3. 在继承和分家析产活动过程中，对财产的处置方法也是不同的。继承是按遗嘱内容或按法定继承顺序进行；分家析产是按人口和其他标准平均分配。

二 分家析产协议

分家析产直接关系到家庭成员今后生活安排的问题,因此,应当通过订立分家析产协议书的形式进行,这样,就不至于有分家后因某项财产产权的归属不清发生纠纷。分家析产协议书基本内容应当包括以下几个方面:

(一)立约人的姓名,在家庭中的辈分称呼;

(二)分家的理由、原因和目的;

(三)分割家庭共有财产的合意,以及对原家庭债务清偿的安排;

(四)分割后的财产细目及其所有人姓名;

(五)证人姓名;

(六)立约人、证人签名盖章;

(七)立约的具体时间及执行日期。

第二节 分家析产纠纷调解

引导案例

刘老汉夫妇二人,通过分家获得祖宅东、西房4间,夫妇就生活在祖辈留下的房产中。老两口生有三个女儿,大女儿刘甲,二女儿刘乙,三女儿刘丙。2001年,刘老太太主持拆除旧房建北房5间。当年,刘甲已成年且与父母共同生活,并参加了劳动。2004年,刘老汉夫妇主持建东房两间,刘甲、刘乙、刘丙都参加了劳动。2006年1月,刘甲与李丁结婚,仍与刘老汉夫妇共同生活。刘甲与李丁结婚后生有一女,即李戊。同年12月,刘乙结婚,户口在本村。刘丙于2009年参加工作,户口迁出,于2010年5月结婚。2011年刘甲将户口迁出本村,2012年又迁回,同时李丁的户口也迁入本村。2013年,刘老汉夫妇建造西房3间、东房门道一间。2014年建南房3间。在2013年、2014年的建房中,刘甲与李丁、刘乙、刘丙均不同程度参加了建房。该土地使用者为刘老汉。2015年刘老太太去世,2016年该村建设旅游区,将该房拆迁,村里给刘老汉4套楼房(小产权房),登记在刘老汉名下。同时村里说,刘甲、李丁、李戊三人有剩余购房平方米数,但他们没有购买。刘老汉与三个女儿刘甲、刘乙、刘丙口头协商分配4套楼房,由刘老汉与三个女儿各住一套。现刘甲、李丁及李戊提出,他们应该分得4套楼房中的两套,因为拆迁当年他们是该房的共同居住者,且4套房中还要有刘老太太的遗产没有分割。这自然遭到刘老汉、刘乙、刘丙的反对,双方因此起纠纷,尤其刘乙很生气,说当年母亲病重一年多,全靠刘乙一人照料,大姐刘甲根本无权分得母亲的遗产。为此,刘老汉、刘乙、刘丙与刘甲一家的关系处于紧张状态。最后没有办法,刘老汉来到调委会,请镇调委会出面调解。

问题:如果你是调委会主任,该如何调解该析产纠纷?

相关理论知识

一 分家析产纠纷的概念及特点

(一)分家析产纠纷的概念

分家与析产是两个不同的概念,分家,是指将一个较大的家庭根据分家协议而分成几个较小的家庭;析产,又称财产分析,是指财产共有人通过协议的方式，根据一定的标准，将共同财产予以分割，而分属各共有人所有。家庭成员在分割家庭共同财产的过程中发生利益、权益之争，就是分家析产纠纷。

（二）分家析产纠纷的特点

由于城市化进程的加快，以及离婚案件的不断增长，分家析产纠纷日益增多。该类纠纷多发生在农村，争执焦点多为土地、房屋之类的家族固定资产，分家析产纠纷是一种严重影响家庭和睦的多发性纠纷，尤其是近些年城近郊区的拆迁，使原有房屋升值大，更加剧了该纠纷的发生。分家析产纠纷，涉及家庭共有财产与夫妻共有财产、家庭成员个人财产，情况比较复杂，处理起来难度很大。农村分家析产纠纷具有如下的特点：

1. 利益驱动性。双方当事人为了获得更大的动迁利益，往往手牵手到法院要求分割农村宅基地房屋。

2. 权利实现性。由于农村宅基地房屋或农民集资房系夫妻关系存续期间与家庭其他人员共同申请建造或与家庭其他人员共同出资购买，故夫妻双方离婚后，一方要求分得属于自己的份额，以明确自己对房屋的权属。

3. 权利义务牵制性。兄弟姐妹之间为了父母的赡养问题反目成仇，据此，兄弟姐妹中的一人或数人提出要求分割共同申请建造的房屋。

二　分家析产纠纷的调解技巧

分家析产纠纷，涉及家庭共有财产与夫妻共有财产、家庭成员个人财产，情况比较复杂，处理起来难度比较大。在调解分家析产纠纷时，一般应注意如下问题：

(一) 准确认定家庭共有财产的共有人

家庭成员包括在同一家庭生活的夫妻、父母、子女及其他成员，如：祖父母、外祖父母、孙子女、外孙子女及兄弟姐妹等。

共有财产关系的形成必须基于一定的法律事实，如家庭成员共同生产经营，或家庭成员共同继承、共同接受赠予或遗赠，或家庭成员将收入交归家庭，或共同购置家庭财产等。如果不存在形成共有财产关系的法律事实，家庭成员之间就不存在共有财产关系。因此，只有对家庭共有财产的形成尽了义务的家庭成员，才是家庭共有财产的共有人。未成年家庭成员一般对家庭共有财产的形成没有尽过义务，如果没有共同继承、共同接受赠予或遗赠的事实，则不是家庭共有财产的共有人。

(二) 准确界定家庭共有财产的范围

"分家析产"是个古老的话题，我们所说的"分家析产"只能是分割家庭共有财产，夫妻共有财产、家庭成员的个人财产不属于分割范围。认定财产所有权是家庭共有，还是夫妻共有，或是家庭成员个人所有，必须根据财产所有权取得的法律事实。家庭共有财产是家庭成员在家庭共同生活期间共同创造、共同所得的共有财产。

家庭承包的土地不属于家庭共有财产，应由村民委员会根据规定重新承包到人。但土地上的林木、作物等属家庭共有财产。夫妻共有财产是夫妻在婚姻关系存续期间形成的共有财产。

家庭成员的个人财产是家庭成员中的某个人基于一定的法律事实其个人依法取得的财产。如果没有形成家庭共有财产的法律事实，在家庭成员间也不存在共有财产关系，因此，即使在家庭共同生活期间，家庭成员个人取得的财产也不一定是家庭共有财产。对于没有分配的遗产，只属于有继承权的人所有。

(三) 准确界定家庭共有财产的性质

家庭共有财产属于共同共有。所谓共有财产，是指两人或两人以上对同一财产享有所有权。共有可分为按份共有和共同共有。按份共有，是指两人或两人以上对同一财产按照各自的份额分享权利分担义务。共同共有，是指两人或两人以上对同一财产不分份额享有权利，承担义务。家庭共有财产属于共同共有。共同共有人对共有财产享有平等的所有权，同等地承担义务，在共同共有关系存续期间，共同共有人不得未经全体共有人同意划分共有财产中属于自己的份额。在共同共有关系存续期间，部分共有人私自处分共有财产的，一般应认定该处分无效。

(四) 把握家庭共有财产的分割原则

家庭共有财产属于共同共有，最高人民法院《关于贯彻执行〈中华人民共和国民法通则〉若干问题的意见（试行）》第90条规定："在共同共有关系终止时，对共有财产的分割，有协议的，按协议处理；没有协议的，应当根据等分原则处理，并且考虑共有人对共有财产的贡献大小，适当照顾共有人生产、生活的实际需要等情况。但分割夫妻共有财产，应当根据婚姻法的规定处理。"

家庭成员对家庭共同债务有共同偿还的义务，在分割共有财产时，也要分摊债务，并承担连带清偿责任。但未成年人无偿还义务。

(五) 合理选择家庭共有财产的分割方式

1. 实物分割。共有财产属于可分物，分割后不损害财产的用途和经济价值的，可对共有财产进行实物分割。实物分割，特别是对某些生产、劳动工具、设备等财产的分割，要尽可能有利于生产，有利于发挥家庭成员各自的专长。

如果共同共有财产分割后，一个或数个原共有人表示要出卖自己分得的财产，而出卖的财产又与其他共有人分得的财产属于一个整体或者配套使用的，为了提高财产的使用价值，减少纠纷的发生，其他原共有人主张优先购买权的，应当予以支持。

2. 变价分割。共有财产不能分割或分割后损害其用途和经济价值的，或者共有人对共有财产均不愿采取实物分割方法的，可将共有财物作价出卖，各共有人取得相应份额的价款。

3. 作价补偿。共有财产不能分割，或虽可分割，但有的共有人愿意取得实物，有的共有人不愿意取得实物，可将共有财产归愿取得实物的共有人所有，取得共有财物的共有人应按共有财产的价值，给未取得实物的共有人以相当于其实有份额的经济补偿。

三　分家析产纠纷案件举证要点

分家析产纠纷调解中，纠纷的当事人一般可以提交如下证据证明自己的主张：

（一）主体资格的证据

1. 户口本、身份证、结婚证或公安机关、街道办事处、村委会等有关部门出具的证明。

2. 当事人为无行为能力、限制行为能力或精神病人的还应提交监护人的身份证明资料，如身份证、户口本。

（二）家庭共有财产共有人的证据

家庭成员共同创造、共同所得形成家庭共有财产的证据，如共同投资购置家庭财产、将个人收入交归家庭、共同继承、共同接受赠予或遗赠等证据。

（三）家庭共有财产的证据

1. 房屋：应提交房屋所有权证、土地使用权证或购房合同、交款发票或出资证明等；

2. 存款：应提交存单、银行账号等；

3. 股票、股份、出资额：应提交股东代码、资金账号、出资证明、工商登记资料等；

4. 车辆：应提交行驶证或购车合同等；

5. 债权债务：应提交借据或其他权利义务凭证。

三 分家析产纠纷调解步骤

（一）要深入调查，访问每个家庭成员，弄清他们各自的想法、意见和要求，做到心中有数

1. 分家析产主体资格的确认。一是户口本、身份证、结婚证或公安机关、街道办事处、村委会等有关部门出具的证明；二是当事人为无行为能力、限制行为能力或精神病人的还应提交监护人的身份证明资料，如身份证、户口本。

2. 家庭共有财产共有人的确认。家庭成员共同创造、共同所得形成家庭共有财产的证据，如共同投资购置家庭财产、将个人收入交归家庭、共同继承、共同接受赠予或遗赠等证据。

3. 家庭共有财产的确认。一是房屋：应提交房屋所有权证、土地使用权证或购房合同、交款发票或出资证明等；二是存款：应提交存单、银行账号等；三是股票、股份、出资额：应提交股东代码、资金账号、出资证明、工商登记资料等；四是车辆：应提交行驶证或购车合同等；五是债权债务：应提交借据或其他权利义务凭证。

（二）召开全体家庭成员会议

召开全体家庭成员会议，确定哪些是家庭的共有财产，哪些属于个人所有的财产，不参加分割，对不可分物做出分割的具体意见。

（三）抓住纠纷的症结所在，寻找调解的突破口

分家析产纠纷的当事人都是亲人，各方发生纠纷，互不相让甚至对簿公堂的地步往往不仅仅因为钱财，可能背后另有隐情，调解员在

与各方当事人接触的过程中应注重了解纠纷的背后隐情，从而找到双方矛盾的症结，为化解纠纷找到突破口。

（四）在调解过程中，巧用调解方法与调解技巧

在分家析产纠纷中，无论双方当事人之间矛盾有多深，但毕竟是有血缘关系的亲人，在过去的共同生活的过程中肯定结下了深厚的感情。因此在调解过程中，调解员根据纠纷当事人的特点和所涉纠纷的具体情况，要善于抓住当事人之间的亲情关系，通过对过去亲情的细节描述和对固执己见的利弊分析，引导双方做出让步。比如：对于发生纠纷与分家这两个时间点相距较远，双方当事人又都无法举证证明自己主张的分家析产纠纷，调解要引导双方当事人放弃对过去是非曲直的争辩，而将注意点放在将来，即如何求同存异地获得双方都可接受的解决方案上。

（五）提出分家析产方案

根据法律的规定及已调查获得有关家庭财产的信息，提出分家析产的具体方案，逐一征求家庭成员的意见，合理的采纳，不合法的做好工作，防止矛盾激化。

（六）对家庭共有财产分割达成一致意见的，应订立分家析产协议书

在工作过程中调委会要注意事态发展，发现激化苗头，要停止分家析产，立即采取缓和矛盾措施。调委会调解不成功时，告知当事人向人民法院起诉。

分家析产协议书应当包括以下基本内容：一是立协议人姓名、基本情况，在家庭中的称呼；二是简述分家析产的原因；三是家庭共有财产分配方案；四是家庭共同债务清偿方案；五是协议生效条款；六是见证人姓名；七是立协议人、见证人签名或盖章；八是订立协议时间。

引导案例解析

调委会接到刘老汉的申请后,首先判定是一起分家析产纠纷,如果处理不好将会给当事人造成很多的困扰,经询问老人的三位子女,均表示同意由调委会调解。因此,镇调委会决定受理此案,调解该纠纷。

调解过程及技巧

调委会受理此案后,召集纠纷当事人进行调查,并到村委会调查了相关情况。与大家一起分析房屋的归属问题。坐落于该村的房屋原系刘老汉夫妇的共同财产。2001年刘老太太主持建房,刘甲已成年,并参与共同劳动,对建房有贡献;2004年刘老汉主持建房中,刘甲、刘乙、刘丙已成年,与父母共同生活,并参加了劳动。三个女儿对房屋都有贡献。在2013年、2014年的建房中,刘甲与李丁、刘乙、刘丙均不同程度参加了建房。虽然该土地使用者为刘老汉,但该村房屋属于刘老汉与刘老太太、刘甲、李戊、刘乙、刘丙的家庭共同财产。对于这一点大家没有意见。

在所争房屋的归属清楚后,再对房屋的权属进行分割。对于原属于刘老汉与刘老太太夫妻共同所有的财产,夫妻一方去世后,应将遗产一半归为刘老汉所有,另一半归为被继承人刘老太太的遗产,其遗产由法定继承人刘老汉、刘甲、刘乙、刘丙依法继承。此外,刘乙对其母尽了主要扶养义务,可以多分得财产。刘老汉作为刘甲的亲生父亲,现年事已高,分割遗产时也应当予以照顾。由于当年拆迁时,刘甲、李丁、李戊三人有剩余购房平方米数,未购买房屋,应视为放弃继承其母亲遗产的权利。且当年刘老汉与三个女儿刘甲、刘乙、刘丙口头协议,协商分配了已获得四套楼房,是大家真实意思表示。目前各方已居住、生活多年。且该房屋是小产权房屋,未在国家房屋管理部门登记,虽由村委会登记在刘老汉名下,但不具有法律意义上的所有权。

经过调解员据法入理的分析，刘甲、李丁及李戊主张分得两套房屋，于情、于理、于法均无法得到支持。最后接受调委会的调解，不再主张两套房屋的权利。

此案为常见矛盾纠纷，尤其是在城近郊区或新农村建设过程中，由于拆迁导致房屋价值升值，如何分配拆迁房屋容易引发纠纷。此案调解具有一定代表性。在本案中既有共同家庭财产分割，也有刘老太太遗产的分割。对于刘老太太遗产分割要运用继承法的相关规定。刘乙照顾被继承人多，因而可以适当多分一些遗产。刘老汉年事已高，分割遗产时也需要照顾。对于家庭财产分割时，有协议按照协议处理。在本争议中，拆迁当年，刘老汉与三个女儿就四套房达成了协议，是大家真实意思表示。在本案调解中，调解员既依照了法律，又照顾了情理，最后调解成功。

其他典型案例分析

张老汉已年过八旬，生活不能自理，其女儿不辞辛苦地看护他。老人觉得女儿这辈子很不容易，年轻时因家里条件不好就吃了不少苦，现在又被他拖累，也没个工作。女儿出嫁后一直也没有自己的房子，与公婆住在一起很不方便，所以非常心疼女儿。张老汉觉得自己的身体一天不如一天，快不行了，于是把女儿、儿子、村委会主任和村干事叫到身边，用微弱的声音说："如果我不在了，这套房子就归女儿了，女儿为我付出的太多了，儿子有住房。"老人的儿子当即表示同意。

老人去世后，女儿怀着悲痛的心情料理完后事，就把房子简单收拾了一下准备和家人去住。不料这时嫂子站出来说，老人的房子应由她丈夫继承。为此姑嫂争吵起来，并来到调解室要求调解。

调解过程与技巧

这起继承纠纷如何调解，关键看被继承人张老汉临终所立口头遗嘱是否合法有效。《继承法》第 17 条第四款规定:"遗嘱人在危急情况下,可以立口头遗嘱。口头遗嘱应当有两个以上见证人在场见证。"该纠纷老人所立口头遗嘱是否合法有效,要看是否符合口头遗嘱的生效要件。同时该法第 18 条第五款规定了:"遗嘱人在危急情况下,可以立口头遗嘱,口头遗嘱应当有两个以上见证人在场见证。危急情况解除后,遗嘱人能够用书面或录音形式立遗嘱的,所立的口头遗嘱无效。"由此可见,口头遗嘱必须具备以下几个条件才有法律效力:

一是口头遗嘱只能在危急情况下"订立"。法律规定只有在这种情况下立的口头遗嘱才有法律效力。

二是若"危急情况解除"而立遗嘱人没有死亡的,口头遗嘱即失效。如果处在生命垂危中的立遗嘱人经抢救而恢复了采用其他方式立遗嘱的能力的,那么该口头遗嘱即视为无效,应另用其他的方式立下遗嘱。

三是口头遗嘱必须有"两个以上证人在场见证"方为有效。《继承法》第 17 条规定:"下列人员不能作为遗嘱见证人:(一)无行为能力人、限制行为能力人;(二)继承人、受遗赠人;(三)与继承人受遗赠人有利害关系的人。'有利害关系的人'共有两类:一是继承人或受遗赠人的近亲属,包括配偶、子女、父母、兄弟姐妹、祖父母、外祖父母、孙子女、外孙子女,以及其他共同生活的家庭成员;二是与继承人有民事债权和债务关系的人。"《最高人民法院关于贯彻执行〈中华人民共和国继承法〉若干问题的意见》第三十六条规定:"继承人、受遗赠人的债权人、债务人、共同经营的合伙人,也应当视为与继承人、受遗赠人有利害关系,不能作为遗嘱见证人。"

于是调解员把在立遗嘱现场的村委会主任和村干事请来,请他们介绍张老汉临终前立口头遗嘱的情况,两位见证人证实,该口头遗嘱确实是张老汉在弥留之际立的,当时情况确实危急,他们两位和张老汉儿女也都没有利害关系，当时确实在场见证。见证人做证后，调解员对张老汉的儿媳说："从两位证人证明的情况看，我们认为你公公所立口头遗嘱是合法有效的，老人的房子应由他女儿继承而不是由你丈夫继承，你说呢？"老人的儿媳惭愧地说："我不懂法律，所以和小姑子争遗产，现在明白了，是应由我小姑子继承。"

在纠纷的调解中，涉及继承类纠纷调解，有一个澄清、盲点、判断的过程。所谓澄清，就是调解员要弄清楚当事人真实语言表述，以便帮助解决问题。所谓盲点，就是在调解中，当事人自己认识不到的问题点。因此，调解员始终要警惕盲点。所谓判断，就是在当事人讲述纠纷过程之后的粗糙判断。在这起继承纠纷中，调解员以严谨的态度澄清事实，找到证人，排除盲点，做出合理判断，最终让当事人认识到了口头遗嘱的有效性。

所需法律法规

《中华人民共和国继承法》

第一章　总则

第一条　根据《中华人民共和国宪法》规定，为保护公民的私有财产的继承权，制定本法。

第二条　继承从被继承人死亡时开始。

第三条　遗产是公民死亡时遗留的个人合法财产，包括：

（一）公民的收入；

（二）公民的房屋、储蓄和生活用品；

（三）公民的林木、牲畜和家禽；

（四）公民的文物、图书资料；

（五）法律允许公民所有的生产资料；

（六）公民的著作权、专利权中的财产权利；

（七）公民的其他合法财产。

第四条　个人承包应得的个人收益，依照本法规定继承。个人承包，依照法律允许由继承人继续承包的，按照承包合同办理。

第五条　继承开始后，按照法定继承办理；有遗嘱的，按照遗嘱继承或者遗赠办理；有遗赠扶养协议的，按照协议办理。

第六条　无行为能力人的继承权、受遗赠权，由他的法定代理人代为行使。

限制行为能力人的继承权、受遗赠权，由他的法定代理人代为行使，或者征得法定代理人同意后行使。

第七条　继承人有下列行为之一的，丧失继承权：

（一）故意杀害被继承人的；

（二）为争夺遗产而杀害其他继承人的；

（三）遗弃被继承人的，或者虐待被继承人情节严重的；

（四）伪造、篡改或者销毁遗嘱，情节严重的。

第八条　继承权纠纷提起诉讼的期限为二年，自继承人知道或者应当知道其权利被侵犯之日起计算。但是，自继承开始之日起超过二十年的，不得再提起诉讼。

第二章　法定继承

第九条　继承权男女平等。

第十条　遗产按照下列顺序继承：

第一顺序：配偶、子女、父母。

第二顺序：兄弟姐妹、祖父母、外祖父母。

继承开始后，由第一顺序继承人继承，第二顺序继承人不继承。没有第一顺序继承人继承的，由第二顺序继承人继承。

本法所说的子女，包括婚生子女、非婚生子女、养子女和有扶养关系的继子女。

本法所说的父母，包括生父母、养父母和有扶养关系的继父母。

本法所说的兄弟姐妹，包括同父母的兄弟姐妹、同父异母或者同母异父的兄弟姐妹、养兄弟姐妹、有扶养关系的继兄弟姐妹。

第十一条　被继承人的子女先于被继承人死亡的，由被继承人的子女的晚辈直系血亲代位继承。代位继承人一般只能继承他的父亲或者母亲有权继承的遗产份额。

第十二条　丧偶儿媳对公、婆，丧偶女婿对岳父、岳母，尽了主要赡养义务的，作为第一顺序继承人。

第十三条　同一顺序继承人继承遗产的份额，一般应当均等。

对生活有特殊困难的缺乏劳动能力的继承人，分配遗产时，应当予以照顾。

对被继承人尽了主要扶养义务或者与被继承人共同生活的继承人，分配遗产时，可以多分。

有扶养能力和有扶养条件的继承人，不尽扶养义务的，分配遗产时，应当不分或者少分。

继承人协商同意的，也可以不均等。

第十四条　对继承人以外的依靠被继承人扶养的缺乏劳动能力又没有生活来源的人，或者继承人以外的对被继承人扶养较多的人，可以分给他们适当的遗产。

第十五条　继承人应当本着互谅互让、和睦团结的精神，协商处理继承问题。遗产分割的时间、办法和份额，由继承人协商确定。协商不成的，可以由人民调解委员会调解或者向人民法院提起诉讼。

第三章　遗嘱继承和遗赠

第十六条　公民可以依照本法规定立遗嘱处分个人财产，并可以指定遗嘱执行人。

公民可以立遗嘱将个人财产指定由法定继承人的一人或者数人继承。

公民可以立遗嘱将个人财产赠给国家、集体或者法定继承人以外的人。

第十七条　公证遗嘱由遗嘱人经公证机关办理。

自书遗嘱由遗嘱人亲笔书写，签名，注明年、月、日。

代书遗嘱应当有两个以上见证人在场见证，由其中一人代书，注明年、月、日，并由代书人、其他见证人和遗嘱人签名。

以录音形式立的遗嘱，应当有两个以上见证人在场见证。

遗嘱人在危急情况下，可以立口头遗嘱。口头遗嘱应当有两个以上见证人在场见证。危急情况解除后，遗嘱人能够用书面或者录音形式立遗嘱的，所立的口头遗嘱无效。

第十八条　下列人员不能作为遗嘱见证人：

（一）无行为能力人、限制行为能力人；

（二）继承人、受遗赠人；

（三）与继承人、受遗赠人有利害关系的人。

第十九条　遗嘱应当对缺乏劳动能力又没有生活来源的继承人保留必要的遗产份额。

第二十条　遗嘱人可以撤销、变更自己所立的遗嘱。

立有数份遗嘱，内容相抵触的，以最后的遗嘱为准。

自书、代书、录音、口头遗嘱，不得撤销、变更公证遗嘱。

第二十一条　遗嘱继承或者遗赠附有义务的，继承人或者受遗赠人应当履行义务。没有正当理由不履行义务的，经有关单位或者个人请求，人民法院可以取消他接受遗产的权利。

第二十二条　无行为能力人或者限制行为能力人所立的遗嘱无效。

遗嘱必须表示遗嘱人的真实意思，受胁迫、欺骗所立的遗嘱无效。

伪造的遗嘱无效。

遗嘱被篡改的，篡改的内容无效。

第四章　遗产的处理

第二十三条　继承开始后，知道被继承人死亡的继承人应当及时通知其他继承人和遗嘱执行人。继承人中无人知道被继承人死亡或者知道被继承人死亡而不能通知的，由被继承人生前所在单位或者住所地的居民委员会、村民委员会负责通知。

第二十四条　存有遗产的人，应当妥善保管遗产，任何人不得侵吞或者争抢。

第二十五条　继承开始后，继承人放弃继承的，应当在遗产处理前，作出放弃继承的表示。没有表示的，视为接受继承。

受遗赠人应当在知道受遗赠后两个月内，作出接受或者放弃受遗赠的表示。到期没有表示的，视为放弃受遗赠。

第二十六条　夫妻在婚姻关系存续期间所得的共同所有的财产，除有约定的以外，如果分割遗产，应当先将共同所有的财产的一半分出为配偶所有，其余的为被继承人的遗产。

遗产在家庭共有财产之中的，遗产分割时，应当先分出他人的财产。

第二十七条　有下列情形之一的，遗产中的有关部分按照法定继承办理：

（一）遗嘱继承人放弃继承或者受遗赠人放弃受遗赠的；

（二）遗嘱继承人丧失继承权的；

（三）遗嘱继承人、受遗赠人先于遗嘱人死亡的；

（四）遗嘱无效部分所涉及的遗产；

（五）遗嘱未处分的遗产。

第二十八条　遗产分割时，应当保留胎儿的继承份额。胎儿出生时是死体的，保留的份额按照法定继承办理。

第二十九条 遗产分割应当有利于生产和生活需要，不损害遗产的效用。

不宜分割的遗产，可以采取折价、适当补偿或者共有等方法处理。

第三十条 夫妻一方死亡后另一方再婚的，有权处分所继承的财产，任何人不得干涉。

第三十一条 公民可以与扶养人签订遗赠扶养协议。按照协议，扶养人承担该公民生养死葬的义务，享有受遗赠的权利。

公民可以与集体所有制组织签订遗赠扶养协议。按照协议，集体所有制组织承担该公民生养死葬的义务，享有受遗赠的权利。

第三十二条 无人继承又无人受遗赠的遗产，归国家所有；死者生前是集体所有制组织成员的，归所在集体所有制组织所有。

第三十三条 继承遗产应当清偿被继承人依法应当缴纳的税款和债务，缴纳税款和清偿债务以他的遗产实际价值为限。超过遗产实际价值部分，继承人自愿偿还的不在此限。

继承人放弃继承的，对被继承人依法应当缴纳的税款和债务可以不负偿还责任。

第三十四条 执行遗赠不得妨碍清偿遗赠人依法应当缴纳的税款和债务。

第五章 附则

第三十五条 民族自治地方的人民代表大会可以根据本法的原则，结合当地民族财产继承的具体情况，制定变通的或者补充的规定。自治区的规定，报全国人民代表大会常务委员会备案。自治州、自治县的规定，报省或者自治区的人民代表大会常务委员会批准后生效，并报全国人民代表大会常务委员会备案。

第三十六条 中国公民继承在中华人民共和国境外的遗产或者继承在中华人民共和国境内的外国人的遗产，动产适用被继承人住所地法律，不动产适用不动产所在地法律。

外国人继承在中华人民共和国境内的遗产或者继承在中华人民共和国境外的中国公民的遗产，动产适用被继承人住所地法律，不动产适用不动产所在地法律。

中华人民共和国与外国订有条约、协定的，按照条约、协定办理。

第三十七条 本法自1985年10月1日起施行。

最高人民法院
《关于贯彻执行〈中华人民共和国继承法〉若干问题的意见》

为了正确贯彻执行继承法，我们根据继承法的有关规定和审判实践经验，对审理继承案件中具体适用继承法的一些问题，提出以下意见，供各级人民法院在审理继承案件时试行。

一、关于总则部分

1. 继承从被继承人生理死亡或被宣告死亡时开始。

失踪人被宣告死亡的，以法院判决中确定的失踪人的死亡日期，为继承开始的时间。

2. 相互有继承关系的几个人在同一事件中死亡，如不能确定死亡先后时间的，推定没有继承人的人先死亡。死亡人各自都有继承人的，如几个死亡人辈分不同，推定长辈先死亡；几个死亡人辈分相同，推定同时死亡，彼此不发生继承，由他们各自的继承人分别继承。

3. 公民可继承的其他合法财产包括有价证券和履行标的为财物的债权等。

4. 承包人死亡时尚未取得承包收益的，可把死者生前对承包所投入的资金和所付出的劳动及其增值和孳息，由发包单位或者接续承包合同的人合理折价、补偿，其价额作为遗产。

5. 被继承人生前与他人订有遗赠扶养协议，同时又立有遗嘱的，继承开始后，如果遗赠扶养协议与遗嘱没有抵触，遗产分别按协议和遗嘱处理；如果有抵触，按协议处理，与协议抵触的遗嘱全部或部分无效。

6. 遗嘱继承人依遗嘱取得遗产后，仍有权依继承法第十三条的规定取得遗嘱未处分的遗产。

7. 不满六周岁的儿童、精神病患者，可以认定其为无行为能力人。已满六周岁，不满十八周岁的未成年人，应当认定其为限制行为能力人。

8. 法定代理人代理被代理人行使继承权、受遗赠权，不得损害被代理人的利益。法定代理人一般不能代理被代理人放弃继承权、受遗赠权。明显损害被代理人利益的，应认定其代理行为无效。

9. 在遗产继承中，继承人之间因是否丧失继承权发生纠纷，诉讼到人民法院的，由人民法院根据继承法第七条的规定，判决确认其是否丧失继承权。

10. 继承人虐待被继承人情节是否严重，可以从实施虐待行为的时间、手段、后果和社会影响等方面认定。

虐待被继承人情节严重的，不论是否追究刑事责任，均可确认其丧失继承权。

11. 继承人故意杀害被继承人的，不论是已遂还是未遂，均应确认其丧失继承权。

12. 继承人有继承法第七条第（一）项或第（二）项所列之行为，而被继承人以遗嘱将遗产指定由该继承人继承的，可确认遗嘱无效，并按继承法第七条的规定处理。

13. 继承人虐待被继承人情节严重的，或者遗弃被继承人的，如以后确有悔改表现，而且被虐待人、被遗弃人生前又表示宽恕，可不确认其丧失继承权。

14. 继承人伪造、篡改或者销毁遗嘱，侵害了缺乏劳动能力又无生活来源的继承人的利益，并造成其生活困难的，应认定其行为情节严重。

15. 在诉讼时效期间内，因不可抗拒的事由致继承人无法主张继承权利的，人民法院可按中止诉讼时效处理。

16. 继承人在知道自己的权利受到侵犯之日起的二年之内，其遗产继承权纠纷确在人民调解委员会进行调解期间，可按中止诉讼时效处理。

17. 继承人因遗产继承纠纷向人民法院提起诉讼，诉讼时效即为中断。

18. 自继承开始之日起的第18年后至第20年期间内，继承人才知道自己的权利被侵犯的，其提起诉讼的权利，应当在继承开始之日起的20年之内行使，超过20年的，不得再行提起诉讼。

二、关于法定继承部分

19. 被收养人对养父母尽了赡养义务，同时又对生父母扶养较多的，除可依继承法第十条的规定继承养父母的遗产外，还可依继承法第十四条的规定分得生父母的适当的遗产。

20. 在旧社会形成的一夫多妻家庭中，子女与生母以外的父亲的其他配偶之间形成扶养关系的，互有继承权。

21. 继子女继承了继父母遗产的，不影响其继承生父母的遗产。

继父母继承了继子女遗产的，不影响其继承生子女的遗产。

22. 收养他人为养孙子女，视为养父母与养子女的关系的，可互为第一顺序继承人。

23. 养子女与生子女之间、养子女与养子女之间，系养兄弟姐妹，可互为第二顺序继承人。

被收养人与其亲兄弟姐妹之间的权利义务关系，因收养关系的成立而消除，不能互为第二顺序继承人。

24. 继兄弟姐妹之间的继承权，因继兄弟姐妹之间的扶养关系而发生。没有扶养关系的，不能互为第二顺序继承人。

继兄弟姐妹之间相互继承了遗产的，不影响其继承亲兄弟姐妹的遗产。

25. 被继承人的孙子女、外孙子女、曾孙子女、外曾孙子女都可以代位继承，代位继承人不受辈数的限制。

26. 被继承人的养子女、已形成扶养关系的继子女的生子女可代位继承；被继承人亲生子女的养子女可代位继承；被继承人养子女的养子女可代位继承；与被继承人已形成扶养关系的继子女的养子女也可以代位继承。

27. 代位继承人缺乏劳动能力又没有生活来源，或者对被继承人尽过主要赡养义务的，分配遗产时，可以多分。

28. 继承人丧失继承权的，其晚辈直系血亲不得代位继承。如该代位继承人缺乏劳动能力又没有生活来源，或对被继承人尽赡养义务较多的，可适当分给遗产。

29. 丧偶儿媳对公婆，丧偶女婿对岳父、岳母，无论其是否再婚，依继承法第十二条规定作为第一顺序继承人时，不影响其子女代位继承。

30. 对被继承人生活提供了主要经济来源，或在劳务等方面给予了主要扶助的，应当认定其尽了主要赡养义务或主要扶养义务。

31. 依继承法第十四条规定可以分给适当遗产的人，分给他们遗产时，按具体情况可多于或少于继承人。

32. 依继承法第十四条规定可以分给适当遗产的人，在其依法取得被继承人遗产的权利受到侵犯时，本人有权以独立的诉讼主体的资格向人民法院提起诉讼。但在遗产分割时，明知而未提出请求的，一般不予受理；不知而未提出请求，在二年以内起诉的，应予受理。

33. 继承人有扶养能力和扶养条件，愿意尽扶养义务，但被继承人因有固定收入和劳动能力，明确表示不要求扶养的，分配遗产时，一般不应因此而影响其继承份额。

34. 有扶养能力和扶养条件的继承人虽然与被继承人共同生活，但对需要抚养的被继承人不尽扶养义务，分配遗产时，可以少分或者不分。

三、关于遗嘱继承部分

35. 继承法实施前订立的，形式上稍有欠缺的遗嘱，如内容合法，又有充分证据证明确为遗嘱人真实意思表示的，可以认定遗嘱有效。

36. 继承人、受遗赠人的债权人、债务人，共同经营的合伙人，也应当视为与继承人、受遗赠人有利害关系，不能作为遗嘱的见证人。

37. 遗嘱人未保留缺乏劳动能力又没有生活来源的继承人的遗产份额，遗产处理时，应当为该继承人留下必要的遗产，所剩余的部分，才可参照遗嘱确定的分配原则处理。

继承人是否缺乏劳动能力又没有生活来源，应按遗嘱生效时该继承人的具体情况确定。

38. 遗嘱人以遗嘱处分了属于国家、集体或他人所有的财产，遗嘱的这部分，应认定无效。

39. 遗嘱人生前的行为与遗嘱的意思表示相反,而使遗嘱处分的财产在继承开始前灭失、部分灭失或所有权转移、部分转移的,遗嘱视为被撤销或部分被撤销。

40. 公民在遗书中涉及死后个人财产处分的内容,确为死者真实意思的表示,有本人签名并注明了年、月、日,又无相反证据的,可按自书遗嘱对待。

41. 遗嘱人立遗嘱时必须有行为能力。无行为能力人所立的遗嘱,即使其本人后来有了行为能力,仍属无效遗嘱。遗嘱人立遗嘱时有行为能力,后来丧失了行为能力,不影响遗嘱的效力。

42. 遗嘱人以不同形式立有数份内容相抵触的遗嘱,其中有公证遗嘱的,以最后所立公证遗嘱为准;没有公证遗嘱的,以最后所立的遗嘱为准。

43. 附义务的遗嘱继承或遗赠,如义务能够履行,而继承人、受遗赠人无正当理由不履行,经受益人或其他继承人请求,人民法院可以取消他接受附义务那部分遗产的权利,由提出请示的继承人或受益人负责按遗嘱人的意愿履行义务,接受遗产。

四、关于遗产的处理部分

44. 人民法院在审理继承案件时,如果知道有继承人而无法通知的,分割遗产时,要保留其应继承的遗产,并确定该遗产的保管人或保管单位。

45. 应当为胎儿保留的遗产份额没有保留的应从继承人所继承的遗产中扣回。

为胎儿保留的遗产份额,如胎儿出生后死亡的,由其继承人继承;如胎儿出生时就是死体的,由被继承人的继承人继承。

46. 继承人因放弃继承权,致其不能履行法定义务的,放弃继承权的行为无效。

47. 继承人放弃继承应当以书面形式向其他继承人表示。用口头方式表示放弃继承，本人承认，或有其他充分证据证明的，也应当认定其有效。

48. 在诉讼中，继承人向人民法院以口头方式表示放弃继承的，要制作笔录，由放弃继承的人签名。

49. 继承人放弃继承的意思表示，应当在继承开始后、遗产分割前作出。遗产分割后表示放弃的不再是继承权，而是所有权。

50. 遗产处理前或在诉讼进行中，继承人对放弃继承翻悔的，由人民法院根据其提出的具体理由，决定是否承认。遗产处理后，继承人对放弃继承翻悔的，不予承认。

51. 放弃继承的效力，追溯到继承开始的时间。

52. 继承开始后，继承人没有表示放弃继承，并于遗产分割前死亡的，其继承遗产的权利转移给他的合法继承人。

53. 继承开始后，受遗赠人表示接受遗赠，并于遗产分割前死亡的，其接受遗赠的权利转移给他的继承人。

54. 由国家或集体组织供给生活费用的烈属和享受社会救济的城市居民，其遗产仍应准许合法继承人继承。

55. 集体组织对"五保户"实行"五保"时，双方有扶养协议的，按协议处理；没有扶养协议，死者有遗嘱继承人或法定继承人要求继承的，按遗嘱继承或法定继承处理，但集体组织有权要求扣回"五保"费用。

56. 扶养人或集体组织与公民订有遗赠扶养协议，扶养人或集体组织无正当理由不履行，致协议解除的，不能享有受遗赠的权利，其支付的供养费用一般不予补偿；遗赠人无正当理由不履行，致协议解除的，则应偿还扶养人或集体组织已支付的供养费用。

57. 遗产因无人继承收归国家或集体组织所有时，按继承法第十四条规定可以分给遗产的人提出取得遗产的要求,人民法院应视情况适当分给遗产。

58. 人民法院在分割遗产中的房屋、生产资料和特定职业所需要的财产时,应依据有利于发挥其使用效益和继承人的实际需要,兼顾各继承人的利益进行处理。

59. 人民法院对故意隐匿、侵吞或争抢遗产的继承人,可以酌情减少其应继承的遗产。

60. 继承诉讼开始后,如继承人、受遗赠人中有既不愿参加诉讼,又不表示放弃实体权利的,应追加为共同原告;已明确表示放弃继承的,不再列为当事人。

61. 继承人中有缺乏劳动能力又没有生活来源的人,即使遗产不足清偿债务,也应为其保留适当遗产,然后再按继承法第三十三条和民事诉讼法第一百八十条的规定清偿债务。

62. 遗产已被分割而未清偿债务时,如有法定继承又有遗嘱继承和遗赠的,首先由法定继承人用其所得遗产清偿债务;不足清偿时,剩余的债务由遗嘱继承人和受遗赠人按比例用所得遗产偿还;如果只有遗嘱继承和遗赠的,由遗嘱继承人和受遗赠人按比例用所得遗产偿还。

五、关于附则部分

63. 涉外继承,遗产为动产的,适用被继承人住所地法律,即适用被继承人生前最后住所地国家的法律。

64. 继承法施行前,人民法院已经审结的继承案件,继承法施行后,按审判监督程序提起再审的,适用审结时的有关政策、法律。

人民法院对继承法生效前已经受理、生效时尚未审结的继承案件,适用继承法。但不得再以超过诉讼时效为由驳回起诉。

《中华人民共和国民法通则》(节选)

第七十一条 财产所有权是指所有人依法对自己的财产享有占有、使用、收益和处分的权利。

第七十八条 财产可以由两个以上的公民、法人共有。

共有分为按份共有和共同共有。按份共有人按照各自的份额,对共有财产分享权利,分担义务。共同共有人对共有财产享有权利,承担义务。

按份共有财产的每个共有人有权要求将自己的份额分出或者转让。但在出售时,其他共有人在同等条件下,有优先购买的权利。

第八十九条 共同共有人对共有财产享有共同的权利,承担共同的义务。在共同共有关系存续期间,部分共有人擅自处分共有财产的,一般认定无效。但第三人善意、有偿取得该财产的,应当维护第三人的合法权益;对其他共有人的损失,由擅自处分共有财产的人赔偿。

第九十条 在共同共有关系终止时,对共有财产的分割,有协议的,按协议处理;没有协议的,应当根据等分原则处理,并且考虑共有人对共有财产的贡献大小,适当照顾共有人生产、生活的实际需要等情况。但分割夫妻共有财产,应当根据婚姻法的有关规定处理。

第九十一条 共有财产是特定物,而且不能分割或者分割有损其价值的,可以折价处理。

第九十二条 共同共有财产分割后,一个或者数个原共有人出卖自己分得的财产时,如果出卖的财产与其他原共有人分得的财产属于一个整体或者配套使用,其他原共有人主张优先购买权的,应当予以支持。

《中华人民共和国物权法》(节录)

第八章 共 有

第九十三条 不动产或者动产可以由两个以上单位、个人共有。共有包括按份共有和共同共有。

第九十四条 按份共有人对共有的不动产或者动产按照其份额享有所有权。

第九十五条 共同共有人对共有的不动产或者动产共同享有所有权。

第九十六条 共有人按照约定管理共有的不动产或者动产;没有约定或者约定不明确的,各共有人都有管理的权利和义务。

第九十七条 处分共有的不动产或者动产以及对共有的不动产或者动产作重大修缮的,应当经占份额三分之二以上的按份共有人或者全体共同共有人同意,但共有人之间另有约定的除外。

第九十八条 对共有物的管理费用以及其他负担,有约定的,按照约定;没有约定或者约定不明确的,按份共有人按照其份额负担,共同共有人共同负担。

第九十九条 共有人约定不得分割共有的不动产或者动产,以维持共有关系的,应当按照约定,但共有人有重大理由需要分割的,可以请求分割;没有约定或者约定不明确的,按份共有人可以随时请求分割,共同共有人在共有的基础丧失或者有重大理由需要分割时可以请求分割。因分割对其他共有人造成损害的,应当给予赔偿。

第一百条 共有人可以协商确定分割方式。达不成协议,共有的不动产或者动产可以分割并且不会因分割减损价值的,应当对实物予以分割;难以分割或者因分割会减损价值的,应当对折价或者拍卖、变卖取得的价款予以分割。

共有人分割所得的不动产或者动产有瑕疵的,其他共有人应当分担损失。

第一百零一条　按份共有人可以转让其享有的共有的不动产或者动产份额。其他共有人在同等条件下享有优先购买的权利。

第一百零二条　因共有的不动产或者动产产生的债权债务，在对外关系上，共有人享有连带债权、承担连带债务，但法律另有规定或者第三人知道共有人不具有连带债权债务关系的除外；在共有人内部关系上，除共有人另有约定外，按份共有人按照份额享有债权、承担债务，共同共有人共同享有债权、承担债务。偿还债务超过自己应当承担份额的按份共有人，有权向其他共有人追偿。

第一百零三条　共有人对共有的不动产或者动产没有约定为按份共有或者共同共有，或者约定不明确的，除共有人具有家庭关系等外，视为按份共有。

第一百零四条　按份共有人对共有的不动产或者动产享有的份额，没有约定或者约定不明确的，按照出资额确定；不能确定出资额的，视为等额享有。

第一百零五条　两个以上单位、个人共同享有用益物权、担保物权的，参照本章规定。

第八章 家庭外财产纠纷调解

民间纠纷从不同角度可划分为不同的类型,根据纠纷所指向的对象,大致可以划分为以下类型:婚姻家庭纠纷、生产经营性纠纷、财产性纠纷、侵权性纠纷等。婚姻家庭纠纷可分为家庭成员间内部的财产纠纷,以及家庭成员与外部成员间的财产纠纷。

第一节 家庭外财产纠纷概述

家庭外部财产纠纷主要是几种常见合同的纠纷,本章仅讨论三类常见的家庭外部财产纠纷的调解:民间借贷合同纠纷、家政劳务合同纠纷、房屋租赁合同纠纷。

一 家庭外部财产纠纷的常见类型

民间纠纷从不同角度可划分为不同的类型,根据纠纷所指向的对象,大致可以划分为以下类型:婚姻家庭纠纷、生产经营性纠纷、财产性纠纷、侵权性纠纷等。婚姻家庭纠纷可分为家庭成员间内部的财产纠纷及家庭成员与外部成员间的财产纠纷。家庭外部财产纠纷主要是几种常见合同的纠纷,本节仅讨论三类常见的家庭外部财产纠纷的调解：民间借贷合同纠纷、家政服务合同纠纷、房屋租赁合同纠纷。

1. 民间借贷合同，是指公民之间依照约定进行货币或其他有价证券借贷的一种民事法律行为。此类合同的标的物是金钱（货币）。合同的标的物是作为特殊种类物的货币，合同到期后，借款人一般只是向贷款人返还同样种类、一定数量的货币，而不必也不可能返还原物。

2. 家政服务合同纠纷，是指家政服务机构与家政服务人员之间、家政服务人员与家政服务对象之间、家政服务对象与家政服务机构之间达成的关于相互之间权利义务关系的合同。中国家政服务业已粗具规模，众多家政服务公司如雨后春笋般出现在各个城市，有些甚至已形成一定品牌，服务范围日益扩大，内部分工更加精细，服务内容开始分级，现代家政服务已不再是简单的传统意义上的保姆和佣人，而是一项复杂的、综合的、高技能的服务工作。

3. 房屋租赁合同，是指承租人与出租人就房屋租赁的相关权利义务达成一致合意，从而签订的协议。

二 家庭外部财产纠纷的特点

（一）民间借贷合同纠纷的特点

1. 纠纷多发生在熟人之间。民间借贷纠纷的主体通常是熟人社会圈里的人，即该纠纷往往发生在亲属、朋友、同事之间等，双方大多是因为信任才发生借贷关系。在这种情况下，双方当事人未约定利息的无偿合同占相当的比重。

2. 手续比较简单，随意性强。有的只写个借条，有的连借条都不写，甚至有的归还借款时连借条都没有收回。所以，当双方发生纠纷时，就很难说清借款是否归还、借款有无利息及还款期限等。对于利息的约定也比较随意，如果借贷合同是有偿的，甚至其利息在一定程度上还可以略高于以银行等金融机构为出借人的借款合同。

3. 风险性强,易造成诸多社会问题。向私人借钱,大多是在半公开甚至秘密场合进行的资金交易,借贷双方仅靠所谓的信誉维持,不仅借贷手续不完备,缺乏担保抵押,而且一旦遇到情况变化,极易引发纠纷乃至刑事犯罪。

(二) 家政服务合同纠纷的特点

1. 家政服务合同纠纷大多存在三方主体。包括家政服务公司、家政服务人员和雇主,法律关系比较复杂。大部分合同中,家政服务公司往往只扮演居间介绍的角色,不负责对家政服务人员或雇主的考察。然而,家政服务人员因在上岗前缺乏必要的业务培训,家政服务公司对家政服务人员的管理也只停留在收取介绍费上,因而,当家政服务人员与雇主发生纠纷时,家政服务公司往往把责任一推,让家政服务人员与雇主自行解决,沟通协调不力,导致了目前家政服务合同纠纷的高发多发。

2. 引发纠纷的原因多样化。从家政服务的内容来看,包括家居保洁、照顾老人、家庭教育和家庭烹饪、新生儿护理、照顾病人、接送服务等服务项目,家政服务内容的多样化导致引发的家政服务矛盾的多样化,从而导致纠纷发生的原因较为复杂。

3. 家政服务合同的规范化程度较低。目前家政服务公司普遍规模偏小,经营管理服务不规范,而市场需求旺盛,相关法律法规、行业标准不健全,家政服务员的素质普遍偏低,并且流动性比较强。因而,当事人在遇到纠纷时往往无明确依据可以依照,协商谈判扯皮让纠纷各方十分困扰。

(三) 房屋租赁纠纷的特点

1. 承租人不履行合同,拖欠租金纠纷占比大。这类纠纷占租赁纠纷的70%,是目前房屋租赁纠纷的主要表现形式。当事人欠租金从几千元到数万元不等。

2. 租户擅自改变房屋使用功能或结构的纠纷常发。这类纠纷在近年的房屋租赁中为数不少。如原房屋使用功能是居住,但在未经出租人同意的情况下,被承租人用来办公,或改变房屋原有结构和装修,在户内打隔断、拆改房屋承重墙等,以达到群租利用的目的,从而引发纠纷。

3. 租赁合同不规范是导致纠纷的主要原因。合同的主要内容不完备,双方权利义务不明确而发生租赁纠纷,特别是关于房屋维修、交接,租金支付和合同解除与违约的条件约定不明,导致利益责任不明发生纠纷。农村当事人,由于租住双方缺乏法律知识,或怕麻烦、图简便,很少签订书面合同,更是埋下了纠纷的种子。

第二节　民间借贷合同纠纷调解

引导案例

借钱不还伤友情,律师调解终挽回。张凯系深圳某地的建筑承包商。2009年,张凯承包了一个大的建设工程项目,需要大笔资金周转,但其自有资金不足,遂向多年好友刘翔借钱。刘翔考虑到双方多年的友情,遂在2010年3月至2010年12月这十个月的时间内共分三次将人民币600万元借给了张凯。具体借款情况如下:

1.2010年3月1日,刘翔借给张凯人民币300万元,约定月息3分,2012年2月28日前要还清本息;

2.2010年7月15日,刘翔借给张凯人民币100万元,约定月息3分，2012年7月14日前要还清本息；

3. 2010年12月1日，刘翔借给张凯人民币200万元，约定月息3分，2012年11月30日前要还清本息；

张凯借到上述人民币600万元的款项后，陆续将之全部投入工程的建设中去。2011年2月至2012年8月，张凯分多次共向刘翔偿还了利息人民币60万元、本金人民币120万元。谁料，该建设工程项目可能涉及环境污染问题（可能危害到周边居民的身体健康），在施工过程中多次遭到周边居民的强烈反对和阻挠，导致该工程项目在2011年10月被迫停工。在深圳市人居环境委员会（简称人居委）及其他环保机构、政府部门对该建设项目开展了多次调查与充分论证后，认为项目只要做好《建设项目环境影响报告书》里面所要求的各项环保措施，是不会对环境造成危害的，也不会对周边居民的健康造成不良影响。在2013年10月，该工程得以继续施工建设。但此时早已过了张、刘之间所约定的还款期限。在刘翔的多次要求下，张凯又陆续向刘翔还了利息20万元，本金100万元。之后张凯就没再还款，也不接听刘翔电话。2015年2月15日，刘翔一纸诉状将张凯告到法院，要求张凯偿还借款本金人民币380万元，利息人民币150万元。张、刘双方多年的友情眼看就要决裂。

相关理论知识

一方是开着名车招摇过市的欠债者，一方是多方求助无能为力的债主，"借债难，要债更难"的情形在现实生活中已不罕见。有人戏言：现今"杨白劳"与"黄世仁"已角色转换，"黄世仁"不再趾高气扬，反而得低声下气向"杨白劳"乞怜，以期其能早日还债。一些地方出现的与民间借贷相关的债务不能及时清偿、债务人出逃、债务人变相隐匿财产等事件，对当地经济发展和社会稳定造成了较大冲击,相关纠纷案件在短期内大量增加,社会的公平与稳定正不断受到考验。

一 民间借贷合同纠纷的特点

民间借贷作为一种资源丰富、操作简捷灵便的融资手段,在一定程度上缓解了银行信贷资金不足的矛盾,促进了经济的发展。但是,民间借贷的随意性、风险性容易造成诸多社会问题。向私人借钱,大多是在半公开甚至秘密场合进行的资金交易,借贷双方仅靠所谓的信誉维持,借贷手续不完备,缺乏担保抵押,无可靠的法律保障,一旦遇到情况变化,极易引发纠纷乃至刑事犯罪。由此看来,民间借贷也必须规范运作,逐步纳入法制化的轨道。

(一)民间借贷合同的概念和特点

民间借贷,是指公民之间、公民与法人之间、公民与其他组织之间借贷。只要双方当事人意思表示真实,即可认定有效,因借贷产生的抵押相应有效,但利率不得超过人民银行规定的相关利率。狭义的民间借贷是指公民之间依照约定进行货币或其他有价证券借贷的一种民事法律行为。现实生活中通常指的是狭义上的民间借贷。民间借贷合同具有如下特征:

1. 合同的标的物是金钱(货币)。合同的标的物是作为特殊种类物的货币,合同到期后,借款人一般只是向贷款人返还同样种类、一定数量的货币,而不必也不可能返还原物。

2. 合同是转让货币所有权的合同。当贷款人将借款交给借款人后,货币的所有权转给了借款人,借款人可以处分所得的货币。

3. 民间借贷合同可以是有偿合同也可以是无偿合同。民间借贷往往是有亲戚朋友关系的自然人之间基于互助互济而发生,在这种情况下,未约定利息的民间借贷合同是无偿合同。与此同时,民法奉行意思自治、等价有偿的原则，只要当事人达成协议，民间借贷合同也可以是有偿的，甚至其利息在一定程度上还可以略高于以银行等金融机构为出借人的借款合同。

4. 民间借贷合同中除个人借贷合同为实践性合同外，其余均为诺成性合同。对于个人借贷合同，《合同法》第 210 条做出了特别规定，"自然人之间的借款合同，自贷款人提供借款时生效"，也就是说自然人之间的借款合同的生效除了当事人意思表示达成一致之外，还要求实际交付货币，因此个人借贷合同是实践性合同。

5. 个人借贷合同为不要式合同，其他民间借贷合同均为要式合同。

二 民间借贷纠纷调解原则

民间借贷纠纷的主体通常是熟人社会圈里的人，即该纠纷往往发生在亲属、朋友、同事之间等，双方大多是因为信任才发生借贷关系。手续一般比较简单，有的只写个借条，有的连借条都不写，甚至有的归还借款时连借条都没有收回。所以，当双方发生纠纷时，就很难说清借款是否归还、借款有无利息及还款期限等。

（一）保护合法借贷原则

在民间资本日益壮大、投资需求日益强烈的现状下，调解借贷合同纠纷，要充分运用法律、行政法规及司法解释的相关规定，平等保护当事人合法权益，保护合理合法的民间借贷行为，维护债权人合法权益。同时要注意甄别以各种合法形式掩盖的非法金融活动，在调解中，如果发现存在非法集资嫌疑和犯罪线索，要及时向有关部门通报情况，维护金融安全和社会稳定。

（二）债务应当清偿原则

调解民间借贷纠纷，应坚持"债务应当清偿"的原则。由于民间借贷之债属于种类之债，因此民间借贷不适用民法上关于履行不能的规定，无论是否有可归责于债务人的事由而使标的物发生一部分毁损或者灭失的，债务人都不得免除给付该种类物的责任。民间借贷也不发生因不可抗力而免责的问题，即无论债务的不履行是否可归责于债务人的原因，债务人的清偿义务均不得免除。

（三）合法、合理原则

民间借贷合同纠纷双方一般都存在生活、生产或居住地域等方面的联系，调解借贷合同纠纷既要合法，也要合情合理。首先要审查调解诉求是否合法，同时还要看双方陈述的事实、理由是否存在明显不合常理的内容，当事人之间是否存在亲属关系或其他亲密关系。妥善化解当事人之间的纠纷，防止矛盾激化。

三 民间借贷合同纠纷调解技巧

调解此类纠纷时，调解员应当关注和着重解决以下问题：

（一）应界定借贷关系的合法性

我国法律对借贷关系的保护以借贷关系的合法性为前提，只要出借人与借款人在实施订立、变更和终止借贷行为时，在形式和内容上符合法律规定，国家就对债权人的合法权益予以法律保护。最高人民法院《关于审理民间借贷案件适用法律若干问题的规定》对借贷利率有最高额的限定。第26条规定："借贷双方约定的利率未超过年利率24%，出借人请求借款人按照约定的利率支付利息的，人民法院应予支持。借贷双方约定的利率超过年利率36%，超过部分的利息约定无效。借款人请求出借人返还已支付的超过年利率36%部分的利息的，人民法院应予支持。"因此在调解过程中，对借据的形成过程，出借人的借款原因和借款目的，出借人资金的具体来源等要进行细致的了解和调查，以查明是否存在借款合同形式违法及"高利贷""赌债"等"问题借贷"的情形。

（二）应了解"高利贷"和复利均不受法律保护

调解中需要特别注意的是"高利贷"和复利均不受法律保护。所谓"高利贷"是指超过央行借贷利率最高额限定那部分利息。民间借贷可以约定利息，目前法律认定的"高利贷"下限是央行基准贷款利率的4倍。"高利贷"不受法律保护并非全部不受保护，而是指超过央行基准利率4倍的部分才不受保护，本金和没有超过4倍的利息部分是受法律保护的。复利又称为"利滚利"，是指对利息的归还约定一定的期限，若借款人在约定的期限中未返还利息，则未返还的部分计入本金计算利息。民间借贷禁止复利，"复利"不受法律保护。

（三）注意区别"借条""欠条"和"收条"

"借条""欠条""收条"俗称借贷的"三条"，民间借贷大多以"借条""欠条""收条"等形式进行，但是三者的法律效力并不完全相同，调解中要准确把握。

"借条"实际上是一份简化的借款合同，表明当事人之间存在借贷法律事实，其法律后果是直接在当事人之间确立了借贷的债权债务关系，借款人应依照约定向出借人归还借款，否则将承担相应违约责任。

"欠条"虽然可以说明当事人之间存在欠钱的债权债务关系，但无法证明借贷的事实。也就是说欠钱可能因为借贷原因形成，也可能因为其他原因形成。

"收条"只能证明对方当事人收取了款项，却无法证明当事人之间存在借贷事实，也不能证明当事人之间必然存在债权债务关系。也就是说无法证明双方存在借贷的事实原因，也不是债权债务的必然凭证。

综上，有"借条"时，通过借条本身就能确定当事人之间存在着借贷事实，对方当事人要否认一般十分困难，借条持有人不需要再举证证明借贷关系，调解员就可以做出判断。当有"欠条"时，欠条持有人必须陈述欠条形成的事实原因，也就是必须证明存在借贷事实，如果对方否认，欠条持有人还必须进一步举证证明。当有"收条"时，收条持有人必须证明收条背后存在的借贷事实，如果收条持有人无法证明借贷事实，仅凭收条是无法证明当事人之间存在借贷关系的。"借条""欠条"和"收条"的法律效果完全不同。借条效力最高，可以直接证明借贷关系；其次是欠条的法律效力，可以证明"欠钱"的债权债务关系，但无法证明"借钱"的借贷关系；收条效力最低，无法证明借贷关系。

引导案例解析

（一）本纠纷涉及的法律问题分析

1. 刘翔借钱给张凯时所约定的利息是否符合法律规定？

民间借贷属于民事法律关系中的借款合同关系，主要依靠当事人之间的意思表示来确定双方的权利义务。但并非所有约定事项均受法律保护。最高人民法院《关于审理民间借贷案件适用法律若干问题的规定》对借贷利率有最高额的限定。第26条规定："借贷双方约定的利率未超过年利率24%，出借人请求借款人按照约定的利率支付利息的，人民法院应予支持。借贷双方约定的利率超过年利率36%，超过部分的利息约定无效。借款人请求出借人返还已支付的超过年利率36%部分的利息的，人民法院应予支持。"依据该条规定，在民间借贷中，借贷双方约定的利率超过年利率36%，超过部分是不受法律保护的。也就是说如果借款人请求出借人返还已支付的超过年利率36%部分的利息的，人民法院应予支持。

2. 存在多笔借款的民间借贷纠纷中，借款人在还款时未明确所还款项（利息、本金）对应何笔借款，如何计算剩余的借款本金及利息？

在实践中，常常存在借款人在一定时期内多次向出借人借款，而每笔借款的金额、还款期限、利息等内容都不同。在此情形下，借款人在还款期限内陆续还款（包括本金、利息），但双方均未明确所还款项对应何笔借款。这是在民间借贷中非常常见的情形，它符合人们的日常交易习惯。但是这种快速、便捷的还款方式会带来以下问题：该如何计算剩余借款的本金及利息？因为所还款项（包括本金、利息）对应不同笔借款，将会给剩余本金及利息的计算带来不同的结果。

具体到本纠纷，张凯在向刘翔借到人民币 600 万元后，在 2011 年 2 月至 2011 年 8 月期间陆续向刘翔偿还了利息 60 万元，本金 120 万元。以下就以对应不同笔借款来计算剩余借款本金及利息：

（1）如果该笔 60 万元利息及 120 万元本金是偿还 2010 年 3 月 1 日那笔 300 万元借款，按照法定最高利息计算，至 2011 年 8 月的利息约为 100 万元，扣除所还利息 60 万元，剩余利息 40 万元就从还款本金 120 万元中予以抵充。那么至 2011 年 8 月，仅仅是 2010 年 3 月 1 日那笔 300 万元借款，张凯就还欠刘翔本金 220 万元；

（2）如果该笔 60 万元利息及 120 万元本金是偿还 2010 年 7 月 15 日那笔 100 万元借款，按照法定最高利息计算，至 2011 年 8 月的利息约为 25 万元，那么所还利息 60 万元中有剩余 35 万元可抵扣借款本金，加上所还本金 120 万元，至 2011 年 8 月，张凯已还清第二笔借款的全部本息，剩余 55 万元可抵扣第一笔和第三笔借款的本金或利息。

同样，若该笔 60 万元利息及 120 万元本金是偿还第三笔借款的话，所计算出的剩余本金与利息肯定与前面两种情形不一样。以上均是将张凯所还的 60 万元利息及 120 万元本金作为一个整体来分析，若将该利息及本金拆分对应不同笔借款，剩余借款本金、利息的计算过程将会更加复杂。如此可见，若不明确所还款项对应的某笔借款，同样的还款行为（同一本金、利息）将会导致不同的结果，对出借人或者借款人是不公平或不合理的。那么在这种情况下该如何做才能最大限度地保证双方之间的公平与合理？实践中的做法一般有以下几种：第一，借款人还款后，出借人、借款人双方及时以书面形式明确每笔还款所应对的是哪笔借款的本金、利息；第二，在一定时期内，综合计算所有借款所产生的利息，以及所还本息，双方以《借款确认书》等方式将某段时间内所欠本息确定下来；第三，双方约定剩余本金、利息的计算方式，但应以不违反法律法规的强制性规定为前提。

（二）处理过程

刘翔起诉后，张凯及时找到当地的调委会调解此纠纷。在与张凯交谈中得知刘翔、张凯是多年的好友，双方有较为深厚的友谊，张凯不想因为暂时还不了钱而失去一个好朋友。在跟张凯详细分析了本纠纷的相关法律问题后，调解员认为必须尽快联系到刘翔，在竭力挽回张凯、刘翔之间的友情的大前提下，共同协商还款事宜。

经过调解员与张凯的友好沟通与协调，调解员也认为张凯、刘翔之间的多年的友情非常可贵、难得，如果因为借款争议导致双方友情出现裂痕甚至决裂，将会是非常可惜的。于是调解员积极做当事人的思想工作，从法律规定、司法实践、友情价值等各方面向当事人讲解调解方案，最终张凯、刘翔之间达成了如下调解协议：

1. 张凯、刘翔双方确定张凯尚欠刘翔借款本金人民币 380 万元，利息人民币 100 万元；

2. 刘翔愿意将上述张凯所欠的借款本息扣减至人民币 420 万元，并分 11 个月还清（即 2015 年 6 月 30 日前还款 40 万元，2015 年 7 月 31 日前还款 40 万元……2016 年 5 月 31 日前还款 20 万元）；

3. 本案诉讼费用由被告张凯承担。

(三)调解结果

在上述调解协议签订后,原告刘翔向法院申请撤诉,张凯也依照调解协议按时向刘翔还款。张凯、刘翔双方之间经常往来,并没有因为此事使双方感情出现裂痕。"案结事了情未了"——这是调解员和双方当事人都非常满意的结果。

第三节 家政劳务合同纠纷调解

引导案例

近日,消费者闫女士到某司法所投诉,闫女士与某家政公司签订雇用一名保姆协议,公司保姆在消费者家中工作半天后离开再无消息。之后消费者找到签约家政公司要求退还所交服务费600元,公司拒绝退还,不退理由是保姆离开是因为你们不想用她,是你们给气走的。在双方无法达成协议的情况下,消费者申诉到某司法所。工作人员分别与家政公司、消费者进行沟通协调,最后经过调解退还消费者服务费540元,双方均表示满意。

相关理论知识

一 家政劳务合同纠纷的特点

(一)家政劳务合同纠纷大多存在三方主体

合同纠纷的主体一般是特定的,即合同双方当事人。家政劳务合同纠纷大多存在三方主体,包括家政服务公司、家政服务人员和雇主,法律关系比较复杂。

（二）纠纷内容的多样化

家政服务的内容丰富多彩，有调查数据表明，从家政服务的内容来看，家居保洁占 46.7%，照顾老人占 20.6%，家庭教育和家庭烹饪分别占 10%；新生儿护理占 5.8%，照顾病人占 3.85%，接送服务占 1.6%，其他占 11.4%。家政服务内容多样化导致了家政服务合同纠纷的多样化。

（三）导致纠纷发生的原因较为复杂

导致家政服务纠纷发生的原因较为复杂，主要是因为目前家政服务业存在着以下几个方面的问题：一是产业发展处在整合阶段，企业规模普遍偏小，经营管理服务不规范；二是市场发展的空间比较大，需求旺盛，供应不足；三是法律法规不完善，缺乏行业标准，缺乏管理依据；四是从业者素质普遍偏低，并且流动性比较强；五是消费观念需要正确引导。

（四）家政服务纠纷高发多发

虽然近年来家政服务企业数量迅猛增加，行业发展迅速，但是在经营服务过程中存在着企业、用户和家政服务员三方都不满意的现象。社会对家政行业不满意，用户对家政企业不信任，企业和用户对家政服务员的职业诚信度的满意度比较低，这些因素都导致了目前家政服务合同纠纷的高发多发。

二 家政劳务合同纠纷的调解原则

（一）兼顾各方利益原则

在家政劳务合同纠纷调解中要充分兼顾各方的利益。因为家政服务合同的法律关系比较复杂，家政服务员大多是普通打工人员，雇主也多为工薪阶层，为照顾老人或孩子等家庭需要而雇请家政服务，至于家政服务公司也多为小微企业，规模不大。因此在调解中要充分考虑到这一市场实际情况，实事求是，正确反映和兼顾各方的利益，妥善协调各方面的利益关系，化解社会矛盾。

（二）强化家政公司管理意识和服务意识原则

在化解家政劳务合同纠纷中，要适当增强家政公司的责任意识。部分家政公司在服务人员匮乏的情况下，从社会上找来打工人员不经过正规培训就直接上岗。同时，家政服务公司不按行业协会有关规定进行操作的现象也时有发生。

家政公司应当为消费者提供合格的家政服务，不能因家政服务人员个人原因而回避自身的责任。调解中要敦促家政公司加强对家政服务员的管理，家政公司应对员工进行必要的培训，并且家政公司在管理过失下要承担相应的责任和义务。

三 家政劳务合同纠纷的调解技巧

（一）明确雇主与家政公司以及家政服务人员之间的法律关系

如果家政公司以公司名义与雇主签订合同并提供家政服务，两者之间是承揽合同关系，如果家政服务人员的责任产生纠纷而给雇主带来损失，应由家政公司承担赔偿责任。

如果雇主是通过中介公司或者熟人介绍聘请的家政服务人员，雇主和家政服务人员之间是雇佣民事关系，家政服务人员提供家政服务的方式受雇主的指挥与分配，双方具有人身依附关系，当出现纠纷时，就只能向家政服务人员个人主张权利解决矛盾。

（二）教育各方增强法律意识，特别是合同意识

无论是通过哪种方式形成的家政服务关系，一定要有法律意识，特别是合同意识，一定要签合同。现在家政服务合同在履行过程中出现违约、失信的问题，根源在于没有合同或者合同没有定好，有的是

由家政公司起草的格式合同。与发生了纠纷再寻求解决和事后的维权相比,事先订立一个较为完备的合同更有利于维护各方利益。具体的服务主体、服务内容、工资数额、福利待遇、责任承担方式等都要形成文字性的东西。目前有些地方的政府部门已经推出家政服务合同的示范文本,这对于规范家政服务,减少此类合同纠纷会起到很好的作用。

同时,还要看家政服务公司是否具备合法的经营资格,服务人员是否具备健康证、工作证等,雇主不要选择在小区贴广告或流动的"野家政"。这样在解决纠纷时就能明确责任主体,合法有效地处理矛盾。

引导案例解析

近几年,家政服务公司与消费者之间投诉量有上升趋势,主要是部分公司在招聘人员匮乏的情况下,从社会上找来打工人员不经过正规培训直接上岗,家政服务公司不按行业协会有关规定进行操作的现象时有发生。消费者在找寻保姆之前应当根据自身需要确定标准,明确与家政公司以及保姆之间的法律关系。

如果家政公司以公司名义与雇主签订合同并提供家政服务,两者之间是承揽合同关系,如果由于家政服务人员的责任而给雇主带来损失,应由家政公司承担赔偿责任。保姆与雇主之间并不直接建立法律关系。本案既是这种情况,家政公司应当为消费者提供合格的保姆服务,不能因保姆个人原因而回避自身的责任。最终通过综合考虑双方的过错程度,通过调解的方式达成的方案符合法律规定和现实情况,较好地处理了市场交易矛盾。

但是如果消费者是通过中介公司或者熟人介绍聘请的保姆,雇主和保姆之间是雇佣民事关系,保姆提供家政服务的方式受雇主的指挥与分配,在饮食起居等方面也会受到雇主一定程度的管理,双方具有人身依附关系,当出现纠纷时,就只能向保姆个人主张权利解决矛盾。

因此,无论是通过哪种方式找的家政服务,一定要有签合同的意识,具体的服务主体、服务内容、工资数额、福利待遇、责任承担方式等都要形成文字性的东西。看家政服务公司是否具备合法的经营资格,服务人员是否具备健康证、工作证等,不要选择在小区贴广告或流动的"野家政"。这样在解决纠纷时就能明确责任主体,合法有效地处理矛盾。

第四节 房屋租赁合同纠纷调解

引导案例

2013年8月16日房屋承租人王岚(化名)租住在太平庄北里铁路小区8号楼103室,小区暖气没有达到标准温度,一楼的温度更低,因此,她母亲的脚已经冻伤,老人还患有糖尿病,伤口无法愈合。于是她就想退租,但是她没有提前告知房主说要搬家,只是在搬家的前两天才告知房主,没有履行租房合同上所约定的提前15天告知,还要求房主退还预交的房款及押金,房主李想(化名)不愿意退房款,因为王岚(化名)没有履行协议上所说的提前半月告知,并且水卡、电卡及房门钥匙也未还给房主,多次与房主协商无果,李想(化名)想再次出租房屋,王岚(化名)总是从中作梗,致使房屋至今无法出租,李想(化名)不愿退还房款及押金4600元,王岚(化名)在电话联系房主不是挂断就是不接,情急之下王岚(化名)来到调委会请求调解。

如调解不成功，她声称有起诉到法院的想法。

相关理论知识

房屋租赁是日常生活最常见合同，房屋租赁产生的纠纷也越来越多。最高人民法院《关于审理城镇房屋租赁合同纠纷案件具体应有法律若干问题的解释》（以下简称《解释》）于2009年9月1日起实施生效，房屋租赁合同纠纷的审理有了更加明确司法解释依据。

一 房屋租赁合同概述

（一）房屋租赁合同的形式

《合同法》第215条规定，"租赁期限六个月以上的，应当采用书面形式。当事人未采用书面形式的，视为不定期租赁"。因此，房屋租赁期限不满半年的，可以是口头租赁合同或者书面租赁合同；房屋租赁期限在半年（6个月）以上应当采取书面形式租赁合同。

（二）房屋租赁合同的期限

房屋租赁合同的期限分为定期房屋租赁合同和不定期房屋租赁合同，并且期限不得超过法律规定的最长期限。

1. 定期房屋租赁合同。是指当事人明确约定了租赁期限的房屋租赁合同。定期房屋租赁合同包括以下形式：

（1）口头约定或者书面约定房屋租赁期限不满6个月的；

（2）书面约定房屋租赁期限在6个月以上的。

2. 不定期房屋租赁合同。是指当事人没有约定租赁期限或者约定租赁期限不明确的房屋租赁合同。不定期房屋租赁合同包括以下形式：

（1）非书面形式的不定期租赁合同：租赁期限6个月以上，当事人未采用书面形式的，视为不定期租赁；

(2) 约定不明确的不定期租赁合同：如果当事人未明确约定租赁期限的，视为不定期租赁合同；

(3) 事实不定期租赁合同：租赁期间届满，承租人继续使用租赁物，出租人没有提出异议的，原租赁合同继续有效，但租赁期限为不定期。在此情形下，承租人可以随时通知出租人解除不定期租赁合同；出租人也可以随时解除不定期租赁合同，但应当在合理期限之前通知承租人，给予承租人合理搬出出租房屋的期限。

3. 房屋租赁合同最长期限。《合同法》第214条规定："租赁期限不得超过二十年。超过二十年的，超过部分无效。租赁期间届满，当事人可以续订租赁合同，但约定的租赁期限自续订之日起不得超过二十年。"因此，房屋租赁合同包括续订房屋租赁合同的最长期限均为20年。

(三) 房屋租赁合同当事人（出租人、承租人及次承租人）的权利义务

1. 房屋出租人的权利

出租人享有按期收取租金的权利、监督承租人合理使用房屋的权利、按规定收回房屋的权利。

2. 房屋出租人的义务

(1) 交付出租房屋的义务：出租人应当按照约定将出租房屋交付承租人占有、使用和受益。

(2) 出租房屋保持义务：出租人应当保持出租房屋符合约定的用途。

(3) 出租房屋维修义务：出租人应当履行出租房屋的维修义务，但当事人另有约定的除外。也就是说，承租人在出租房屋需要维修时可以要求出租人在合理期限内维修；出租人未履行出租房屋维修义务的，承租人可以自行维修，维修费用由出租人负担；因维修出租房屋

影响承租人使用的，应当相应减少租金或者延长租期。

房屋出租人承担维修出租房屋义务需要具备以下四个条件：一是以租赁期间承租人履行了通知义务为前提条件；二是以出租房屋有维修必要、维修可能为基本条件；三是租赁房屋毁损必须是因不可归责于承租人的事由造成的；四是当事人没有约定出租人不承担出租房屋维修义务。

（4）出租房屋权利瑕疵担保义务。是指承租人在订立合同时，出租人应当保证出租房屋交付后不因第三人主张对出租房屋享有权利而导致承租人不能对出租房屋使用、收益的义务。因此，因第三人主张权利的，承租人应当及时通知出租人；因第三人主张权利，致使承租人不能对出租房屋使用、收益的，承租人可以要求减少租金或者不支付租金。

最高人民法院《关于审理城镇房屋租赁合同纠纷案件具体应用法律若干问题的解释》（以下简称《解释》）第 8 条规定，因下列情形之一，导致租赁房屋无法使用，承租人请求解除合同的，人民法院应予支持：①租赁房屋被司法机关或者行政机关依法查封的；②租赁房屋权属有争议的；③租赁房屋具有违反法律、行政法规关于房屋使用条件强制性规定情况的。

（5）法律规定的其他义务。例如，出租房屋安全担保义务，是指出租房屋危及承租人的安全或者健康的，即使承租人订立合同时明知该出租房屋质量不合格，承租人仍然可以随时解除合同。

3. 房屋承租人的权利。房屋承租人的权利主要包括：对租赁房屋进行占有、使用、收益的权利和优先购买权、合同解除权、经出租人同意转租房屋的权利，以及承租人的同住人对租赁房屋的权利。对于后者，最高人民法院《关于贯彻执行〈中华人民共和国民法通则〉若干问题的意见（试行）》（以下简称《民通意见》)第119条就已经规定:"承租户以一人名义承租私有房屋,在租赁期内,承租人死亡,该户共同居住人要求按原租约履行的,应当准许。"

《合同法》第234条也做出相同规定:"承租人在房屋租赁期间死亡的,与其生前共同居住的人可以按照原租赁合同租赁该房屋。"

4. 房屋承租人的义务。承租人有正当使用出租房屋的义务,即应当按照约定方法或者出租房屋性质使用出租房屋。

(1) 承租人应当按照约定的方法使用出租房屋;对出租房屋的使用方法没有约定或者约定不明确,可以协议补充;不能达成补充协议的,按照合同有关条款或者交易习惯确定;按照合同有关条款或者交易习惯仍不能确定的,应当按照出租房屋的性质使用。

(2) 承租人对出租房屋承担保管义务。承租人应当妥善保管出租房屋,因保管不善造成出租房屋毁损、灭失的,应当承担损害赔偿责任。如果承租人已尽妥善保管义务,承租人不承担损害赔偿责任。

(3) 承租人能否对出租房屋进行转租应当经出租人同意。《合同法》第224条第二款规定:"承租人经出租人同意,可以将租赁物转租给第三人。承租人转租的,承租人与出租人之间的租赁合同继续有效,第三人对租赁物造成损失的,承租人应当赔偿损失。承租人未经出租人同意转租的,出租人可以解除合同。"

《解释》第15条规定:"承租人经出租人同意将租赁房屋转租给第三人时,转租期限超过承租人剩余租赁期限的,人民法院应当认定超过部分的约定无效。但出租人与承租人另有约定的除外。"

《解释》第16条规定,出租人知道或者应当知道承租人转租,但在六个月内未提出异议,其以承租人未经同意为由请求解除合同或者认定转租合同无效的,人民法院不予支持。

出租人自知道或者应当知道承租人转租后6个月内未提出异议,

视为出租人同意转租。

(4) 房屋承租人有支付租金的义务。承租人应当按照约定的期限支付租金。对支付期限没有约定或者约定不明确，可以补充协议；无法达成补充协议的，按照合同有关条款或者交易习惯。按照合同有关条款或者交易习惯仍不能确定的，按照法定期限支付：一是租赁期间不满 1 年的，应当在租赁期间届满时支付；二是租赁期间 1 年以上的，应当在每届满一年时支付；剩余期间不满一年的，应当在租赁期间届满时支付。

(5) 承租人、次承租人返还房屋租赁物的义务。租赁期间届满，承租人应当返还租赁物。返还的租赁物应当符合按照约定或者租赁物的性质使用后的状态。房屋租赁合同无效、履行期限届满或者解除：一是出租人有权请求次承租人腾房；二是负有腾房义务的次承租人逾期腾房的，出租人有权请求次承租人支付逾期腾房占有使用费。

(四) 房屋租赁合同效力的判定及其法律后果

1. 未经整体验收合格的城镇房屋，当事人订立的房屋租赁合同有效。出租未经整体验收合格的城镇房屋，违反《建筑法》第 61 条、《消防法》第 10 条的强制性规定，但是不论是合同法还是《解释》均未将此种情形规定为合同无效情形。因此，不应当认定房屋租赁合同无效。

《建筑法》第 61 条第二款规定，建筑工程竣工经验收合格后，方可交付使用；未经验收或者验收不合格的，不得交付使用。

《消防法》第 10 条规定，按照国家工程建设消防技术标准需要进行消防设计的建设工程，除本法第十一条另有规定的外，建设单位应当自依法取得施工许可之日起七个工作日内，将消防设计文件报公安机关消防机构备案，公安机关消防机构应当进行抽查。

《消防法》第 11 条规定，国务院公安部门规定的大型的人员密集场所和其他特殊建设工程，建设单位应当将消防设计文件报送公安机关消防机构审核。公安机关消防机构依法对审核的结果负责。

2. 违反建设工程规划的农村房屋，当事人签订的房屋租赁合同不因此无效。未取得建设工程规划许可证或者未按照建设工程规划许可证的规定建设的农村房屋租赁合同，不因此无效。

农村房屋是指乡、村规划区内的房屋。《解释》第1条第二款规定，"乡、村庄规划区内的房屋租赁合同纠纷案件，可以参照本解释处理。但法律另有规定的，适用其规定"。

法律、法规对农村居民住宅设计、建设、验收方面的规定，至今适用的仍然是1993年6月29日国务院第116号令发布的《村庄和集镇规划建设管理条例》，农村居民房屋的设计、施工、验收均缺少具体和严格的标准。

3. 临时建筑物房屋租赁合同，应当有效。《解释》第3条规定：

> 出租人就未经批准或者未按照批准内容建设的临时建筑，与承租人订立的租赁合同无效。但在一审法庭辩论终结前经主管部门批准建设的，人民法院应当认定有效。
>
> 租赁期限超过临时建筑的使用期限，超过部分无效。但在一审法庭辩论终结前经主管部门批准延长使用期限的，人民法院应当认定延长使用期限内的租赁期间有效。

非法的临时建筑物房屋租赁合同除了在一审辩论终结前取得批准有效以外，均为无效房屋租赁合同。

4. 房屋租赁合同不因未经备案而无效。房屋租赁合同登记备案不是法定有效要件，而是约定生效要件。

《房地产管理法》第54条规定，"房屋租赁，出租人和承租人应当签订书面租赁合同，并向房产管理部门登记备案"。

《解释》第 4 条规定："当事人以房屋租赁合同未按照法律、行政法规规定办理登记备案手续为由，请求确认合同无效的，人民法院不予支持。当事人约定以办理登记备案手续为房屋租赁合同生效条件的，从其约定。但当事人一方已经履行主要义务，对方接受的除外。"

5. 房屋租赁合同无效的法律后果。房屋租赁合同无效，当事人不得请求支付租金；但是可以请求参照合同约定的租金标准支付房屋占有使用费。房屋租赁合同无效，当事人可以请求赔偿损失。房屋租赁合同无效的，出租人可以请求支付房屋占有使用费。

（五）"一房数租"情况下承租人的确定

《解释》第 6 条规定，"出租人就同一房屋订立数份租赁合同，在合同均有效的情况下，承租人均主张履行合同的，人民法院按照下列顺序确定履行合同的承租人：（一）已经合法占有租赁房屋的；（二）已经办理登记备案手续的；（三）合同成立在先的。""一房数租"占有人优先→登记备案人优先→先成立合同优先。

（六）因房屋租赁而发生装饰装修的处理

1. 租赁合同无效时，装饰装修的处理

（1）承租人经出租人同意装饰装修，未形成附合的装饰装修物：出租人同意利用的，可折价归出租人所有；不同意利用的，可由承租人拆除。因拆除造成房屋毁损的，承租人应当恢复原状。

（2）承租人经出租人同意装饰装修，已形成附合的装饰装修物：出租人同意利用的，可折价归出租人所有；不同意利用的，由双方各自按照导致合同无效的过错分担现值损失。

2. 租赁期间届满时，装饰装修的处理

（1）承租人经出租人同意装饰装修，租赁期间届满时，未形成附合的装饰装修物，可由承租人拆除。因拆除造成房屋毁损的，承租人应当恢复原状。

承租人经出租人同意装饰装修，租赁期间届满时，承租人不得请求出租人补偿附合装饰装修费用。

（2）承租人经出租人同意装饰装修，租赁期间届满时，当事人另有约定的按照约定处理。

综上所述，经出租人同意装饰装修，租赁期间届满时，除另有约定或者可以拆除以外，承租人不得要求赔偿装饰装修费用。

3. 合同解除时，装饰装修的处理

（1）承租人经出租人同意装饰装修，合同解除时，未形成附合的装饰装修物，可由承租人拆除。因拆除造成房屋毁损的，承租人应当恢复原状。

（2）承租人经出租人同意装饰装修，合同解除时，双方对已形成附合的装饰装修物的处理没有约定的，按照下列情形分别处理：①因出租人违约导致合同解除，承租人有权请求出租人赔偿剩余租赁期内装饰装修残值损失。②因承租人违约导致合同解除，承租人不得请求出租人赔偿剩余租赁期内装饰装修残值损失。但出租人同意利用的，应在利用价值范围内予以适当补偿。③因双方违约导致合同解除，剩余租赁期内的装饰装修残值损失，由双方根据各自的过错承担相应的责任。④因不可归责于双方的事由导致合同解除的，剩余租赁期内的装饰装修残值损失，由双方按照公平原则分担。法律另有规定的，适用其规定。

（3）当事人另有约定的，按照约定处理。

（七）关于"买卖不破租赁"

《民通意见》第119条第二款规定，私有房屋在租赁期内，因买卖、赠予或者继承发生房屋产权转移的，原租赁合同对承租人和新房主继续有效。

《合同法》第229条规定，租赁物在租赁期间发生所有权变动的，不影响租赁合同的效力。

《解释》第 20 条规定："租赁房屋在租赁期间发生所有权变动，承租人请求房屋受让人继续履行原租赁合同的，人民法院应予支持。但租赁房屋具有下列情形或者当事人另有约定的除外：（一）房屋在出租前已设立抵押权，因抵押权人实现抵押权发生所有权变动的；（二）房屋在出租前已被人民法院依法查封的。"

根据上述规定，"买卖不破租赁"是指租赁房屋在租赁期间发生所有权变动的，不影响租赁合同的效力，原租赁合同对承租人和新房主继续有效，承租人有权请求房屋受让人继续履行原租赁合同。

但是，"买卖不破租赁"受到约定限制和法定限制：①当事人另有约定除外，"买卖不破租赁"受当事人另有约定限制；②事先抵押权限制：受房屋在出租前已设立抵押权，因抵押权人实现抵押权发生所有权变动的，"买卖不破租赁"受限制；③事前查封限制：房屋在出租前已被人民法院依法查封的，"买卖不破租赁"受限制。"买卖不破租赁"受到事先抵押权、事前查封和当事人约定的限制。

（八）关于承租人的优先购买权

1. 承租人的优先购买权。《合同法》第 230 条规定，出租人出卖租赁房屋的，应当在出卖之前的合理期限内通知承租人，承租人享有以同等条件优先购买的权利。

《解释》第 22 条规定，出租人与抵押权人协议折价、变卖租赁房屋偿还债务，应当在合理期限内通知承租人。承租人请求以同等条件优先购买房屋的，人民法院应予支持。

根据上述规定，承租人的优先购买权，是指出租人出卖租赁房屋，或者协议折价、变卖抵押的租赁房屋偿还债务时，承租人享有在同等条件下优先购买的权利。

2. 承租人优先购买权的限制。承租人怠于行使优先购买权、更高优先权人行使优先购买权,以及善意第三人确定物权的,承租人均不得请求优先购买权。

《解释》第 23 条规定,出租人委托拍卖人拍卖租赁房屋,应当在拍卖 5 日前通知承租人。承租人未参加拍卖的,人民法院应当认定承租人放弃优先购买权。

《解释》第 24 条具有下列情形之一:"承租人主张优先购买房屋的,人民法院不予支持:(一)房屋共有人行使优先购买权的;(二)出租人将房屋出卖给近亲属,包括配偶、父母、子女、兄弟姐妹、祖父母、外祖父母、孙子女、外孙子女的;(三)出租人履行通知义务后,承租人在十五日内未明确表示购买的;(四)第三人善意购买租赁房屋并已经办理登记手续的。"

根据上述规定,承租人在以下情形不得主张优先购买权。

(1)承租人怠于行使优先购买权,视为放弃优先购买权:出租人在拍卖 5 日前已经通知承租人,承租人未参加拍卖的;出租人已经履行通知义务,承租人在 15 日内未明确表示购买的。

(2)房屋共有人、近亲属购买权优先于承租人购买:房屋共有人行使优先购买权的;出租人将房屋出卖给近亲属的。

(3)善意第三人已经取得租赁房屋物权的:第三人善意购买租赁房屋并已经办理登记手续的。

3. 出租人侵犯承租人的优先购买权的法律后果。《民通意见》第 118 条规定已经作废:"出租人出卖出租房屋,应提前 3 个月通知承租人。承租人在同等条件下,享有优先购买权;出租人未按此规定出卖房屋的,承租人可以请求人民法院宣告该房屋买卖无效。"

《解释》第 21 条规定:"出租人出卖租赁房屋未在合理期限内通知承租人或者存在其他侵害承租人优先购买权情形,承租人请求出租人承担赔偿责任的,人民法院应予支持。但请求确认出租人与第三人签订的房屋买卖合同无效的,人民法院不予支持。"

根据上述规定,出租人侵害承租人优先购买权的法律后果:

(1)出租人与第三人签订的房屋买卖合同不因此无效;

(2)承租人只能请求出租人承担赔偿责任。

随着《民通意见》第118条规定的废止,承租人无权请求法院确认违反承租人优先购买权的房屋买卖合同无效。

二 房屋租赁合同纠纷的调解原则

(一)公平原则

合同双方是平等的民事主体,调解时应遵循公平的原则。对双方当事人不论经济地位强弱、本地还是外地、自然人还是法人,调解都要坚持公正的立场,以公认的社会正义、公平观念指导调解,以维持当事人之间的利益均衡,不得偏袒任何一方。

(二)合法原则

根据合法原则的要求,要充分利用法律法规,依法进行调解,不能无原则地"抹稀泥",当"和事佬"。

(三)合情合理原则

合情合理原则就是说既要实事求是,通过调查研究分清是非,达到以理服人,又要动之以情,说服劝导双方当事人友好沟通、互相谅解,最终达到化解矛盾,解决纠纷的目的。

三 房屋租赁合同纠纷的调解技巧

(一)确认租赁合同的效力

确认合同是否有效是调解的关键。《解释》确定了无效合同的范围,包括:违法建筑物租赁合同、转租期限超过承租人剩余租赁期限的合同、未经出租人同意的转租合同，均应认定为无效。另外，根据《合同法》第 5 条及第 54 条的规定，以欺诈、胁迫的手段或乘人之危，使对方在违背真实意思的情况下订立的合同，属可撤销合同。

(二) 审查当事人（出租人和承租人）主体资格

出租人是否具备出租房屋的主体资格，直接关系到合同的效力问题，所以应予以充分重视。主要从以下三方面来审查：(1) 出租人为自然人的，是否具备完全民事行为能力，审查其居民身份证或户口簿；出租人系法人或其他组织的，是否依法成立，审查其营业执照并进行必要的工商查询。(2) 出租人是否享有出租房屋的实体权利。①房屋的所有权人：出租人是否与出租房屋产权证上的名称一致，必要时到房屋管理部门查询；②委托或代理出租的：房屋所有权人是否与出租房屋产权证上的名称一致，是否经所有权人同意或授权，是否有所有权人同意或授权出租的书面证明材料；③共有房屋出租的：是否经其他共有人同意，是否有其他共有人同意出租的书面证明材料；④房屋转租的：是否经出租人同意，是否有出租人同意转租的书面证明材料。

承租人是否具备主体资格。审查承租人是否具有合法的身份，如暂住人口承租房屋的，必经持有公安机关核发的暂住证；法人或其他组织的，必经持有合法有效的营业执照。

(三) 明确出租房屋是否属于法律规定不得出租的房屋

依据相关法律法规，有下列情形之一的房屋是不能出租的，调解时要调查清楚：(1) 未依法取得房屋所有权证的；(2) 司法机关和行政机关依法裁定、决定查封或者以其他形式限制房地产权利的；(3) 共有房屋未取得共有人同意的；(4) 权属有争议的；(5) 属于违法建筑的；(6) 不符合安全标准的；(7) 已抵押，未经抵押权人同意的；(8) 不符合公安、环保、卫生等主管部门有关规定的。

（四）双方过错导致合同解除时的处理

1. 因承租人过错导致合同解除时，承租人应向出租人承担的违约责任一般包括：

（1）所欠租金及其他费用的逾期付款违约金（即滞纳金）；

（2）签约时所交租赁定金由出租人没收；

（3）当上述违约金及租赁定金不足以弥补出租人因解除合同所受的损失时，承租人还应向出租人另行支付损失赔偿金；

2. 因出租人过错导致合同解除时的，出租人应向承租人承担的违约责任一般包括：

（1）向承租人双倍返还租赁定金；

（2）赔偿承租人的装修损失；

（3）当上述违约金及租赁定金仍不足以弥补承租人因解除合同所受的损失时，出租人还应另行向承租人支付损失赔偿。

引导案例解析

铁路社区调委会及时介入，电话多次联系房主李想（化名），做其工作，终于将矛盾双方约在 2013 年 2 月 22 日下午在铁路社区调委会进行调解。起初，双方唇枪舌剑，各说各的理，互不相让，调委会经研究决定需分开调解，调委会主任耐心地做李想（化名）的思想工作，告知他利与弊要考虑清楚，如不退还房款你房屋出租很难，他不给水卡、电卡你怎么出租？一个月租金几千元，如果今天调解不成功，耽误一个月损失你多少钱你自己想想，为了你自己的利益，咱们放下点姿态，退还给她点租金，她不干扰你了，你就可以踏实地出租房子了。李想（化名）想了想说："是她违约在先，我退不了那么多。"调解员一看有缓和的希望，于是就告知李想（化名）退多少给我们一个底线，我们再和王岚（化名）谈谈，给你们找一个平衡点，在双方都满意的情况下把问题解决好，长时间拖着对双方都没好处，经过一番思考，李想（化名）说，我最多退 3600 元。有了这个底线，调委会人员心里有了底，调解员之间也及时沟通了情况。

另一边调解员也在做王岚（化名）的思想工作，先告知王岚（化名）是你违约在先，按照协议上写的是不应该退你房款的，打官司你也没理，房子冷也不是房主造成的，你的母亲冻伤原则上说也不是房主的责任，作为女子，既然那么心疼、在乎老母亲，那么知道冷就应该采取措施，现在电暖气、空调都可以调节室内的温度，你的母亲身体不好，你是知道的，应该千方百计地给她创造温暖的环境，在这个问题上，你的责任是主要的。你因此违约在先，即便你想打官司，也应该想想有多少胜算的把握，况且打官司是又耗体力又要付出一定的财力，你想想怎样才划算，现在既然你来调委会希望我们帮助你，你就应该拿出诚意来，不是你说退多少就退多少，你也要站在对方的角度考虑一下，对方其实也挺冤的，他也损失了许多，你也是要上班，还要照顾老人，天天为这点钱来回跑你说犯得上吗？不如赶快解决好，有时间踏踏实实地上班挣钱，照顾老娘，你说是不是？经过我们的一番劝解，王岚（化名）拿起笔算了算说："最少也要退我 2700 元。"双方的目标差距不大，经过调解员动之以情、晓之以理、法理并用的再三劝说下，双方终于各自退让一步，本着相互宽容、损失共担的心态，在调委会的协调下，房主表示愿意退还房款 2700 元，并签订了口头调解协议。

经过调委会的耐心调解，双方达成共识，并签订了书面协议书：

1. 王岚（化名）在调解后 3 日内退还李想（化名）的水卡、电卡及房门钥匙。

2. 李想（化名）自调解3日内退还王岚（化名）预付的房款及押金。

3. 在李想（化名）房屋出租的过程中王岚（化名）不能再干预。调解成功。

其他典型案例分析

［案例一］民间借贷起纠纷，人民调解促和谐

某司法所成功调解了一起民间借贷纠纷，及时化解了当事人的矛盾，并在司法所工作人员的见证下当事人履行了自己的义务。

2014年6月，太平庄乡某村人张某经熟人介绍，把自己的三万元私房钱以高于银行利率借给在朝阳镇开酒吧的武某，约定武某每月按约定利率给何某利息，一年后偿还本金。可是在支付了张某一个月利息后就再也没有支付过，张某多次找武某询问情况，武某都说现在没钱，有钱的时候一起给。可是眼看约定的时间就要到了，张某便打电话通知武某，但是武某还是以各种理由搪塞，甚至不接张某的电话，更找不到武某的踪影。张某找到当时介绍其借钱给武某的李某询问才知道，武某染上了赌博，并且嗜赌成性，不但输光了酒吧和向多位债权人借来融资的钱，还欠放水公司数百万元，整天被放水公司找人、跟踪，对多名债权人承诺的每月支付利息都不能兑现，更不要说偿还本金了。张某自知已经上当了，可是后悔已经没用。张某的丈夫知晓其借钱给武某的事情，并一再催促她尽快要回借款。实在是没法，走投无路的张某找到司法所咨询相关事宜，怎么样才能拿到借款。

调解过程和技巧

司法所工作人员在了解了当事人基本情况后，建议张某把武某找来调解。工作人员按照张某提供的电话联系武某，要求他前来调解，武某也不理会。不得已，张某将武某告上法院，法院对武某位于高坪的一套房子进行了冻结，接到传票的武某才知道已经不能敷衍了事，并一再强调"姊妹之间不要搞得那么僵，怎么还跑到法院去起诉他去了"，再三恳请张某先把房子解除冻结，等她把房子卖了就可以还钱。然而已经上过当的张某则表示不管怎样要先还钱才解除冻结，她一个妇道人家，又没有工作，三万元对她来说是个不小的数字，而且再不收回借款，丈夫就要和她离婚了。双方就这样僵持不下。工作人员通过背对背地给双方做工作，一方面给武某讲解欠债还钱是天经地义，另一方面给张某说那几个月的利息就不要了，只要对方把本金还了就可以了，失点小财。经过工作人员的耐心调解，张某终于做出让步，答应给武某两天的时间准备，两天后一手交钱，一手就申请法院解除冻结。至此，一场朋友间的民间借贷纠纷得到化解。

[案例二]　　不及时通报幼儿伤情，家长不理解致损失扩大

2014年4月29日，北京市朝阳区发生了因家政服务而发生的家政公司、家政员、客户之间的纠纷。家政员徐某在客户家照看一位一岁九个月大的孩子时，由于小孩玩耍不小心跌倒，导致门牙受伤。徐某事后只与小孩的爷爷奶奶打过招呼，因没有发现异常，故当天并没有将情况告知小孩的父母，小孩的父母发现后，于次日带小孩到医院检查治疗，共花医疗费四百元，客户韩某很生气，认为家政员不负责，可能给孩子留下后遗症，要求徐某和公司共同赔偿五千元。三方协商不成，找到调委会请求调解。

调解过程和技巧

调委会调解员了解到，家政员在工作中没有照顾好孩子的安全，导致孩子意外受伤，且孩子受伤后，徐某既不把孩子送到医院检查治

疗，又未告知孩子的父母。虽然徐某已告知孩子的爷爷奶奶，但孩子的法定监护人为孩子的父母，家政员必须直接对孩子父母负责。客户据此要求家政员和公司赔偿5000元，数额可以协商，但是索赔有一定道理。

家政员应及时告知孩子父母并报告公司，同时主动道歉，取得客户的谅解。还应该提出自己的处理建议，在公司或客户同意后，按其意见执行。一般情况下客户会通情达理的。这是一个沟通和善后处理的水平问题。

根据《消费者权益保护法》第41条的规定，经营者提供商品或者服务，造成消费者或者其他受害人人身伤害的，应当支付医疗费、治疗期间的护理费、因误工减少收入等费用，造成残疾的，还应当支付残疾者生活自助费、生活补助费、残疾赔偿金以及其抚养的人所必需的生活费等费用；构成犯罪的，依法追究刑事责任。

[案例三] 群租房扰民引纷争　调委会联合多部门解烦忧

永华南里社区调委会接到社区居民反映，艺苑桐城小区10号楼5单元102室扰民情况十分严重，该单元的居民意见非常大。社区调委会在了解反映的基本情况后，第一时间指派社区人民调解员及两名流动人口协管员进行实地考察，进一步了解详细情况。经调查发现：2014年5月初，10号楼5单元102室业主与北京某某房地产经纪有限公司大兴支公司签订了一份房屋租赁委托代理合同，将该房屋出租。但102室业主在房屋租赁委托代理合同中明确要求北京某某房地产经纪公司大兴支公司承诺不打隔断，不拆除房内的器具，房内家电、橱柜等设备，还房时房屋要保证整洁、完好、能正常使用。然而，在签订合同拿到该房屋钥匙后，北京某某房地产经纪公司大兴支公司便将房屋做了多间隔断，使得原本三室一厅的房子变成了八间房，并分别租给了8

户人家，每户 2—3 口人，以年轻人为主。这些年轻人大多数都在小区附近的同一家饭店上班。他们一般上午 9 点前上班，下午 1 点以后屋内便开始有人，由于其工作时间的特殊性，尤其是在晚上 10 点下班以后直到深夜一两点钟，经常发出各种噪声。这些租户的平均年龄在二十几岁，精力充沛，活泼好动，平时又不注意生活小节，时常在下班后夜深人静时来回走动并伴随着叮叮当当的响声，冲刷洗漱，大声喧哗，并时常移动物品发出刺耳的噪声。虽然他们住在一楼，但噪声还是经常吵得整个单元都不得安宁。该单元的居民们有的是上岁数的老人，睡眠质量本身就不好，一旦被惊醒就很难入睡；有的是家中面临高考的学生，希望有安静的学习环境；还有的居民劳累一天了，希望回到家能够好好地放松身心，免除工作一天带来的疲劳。租户们的行为却严重影响到左邻右舍，引起居民们的强烈不满，居民们也曾多次找到他们协调，希望他们多多注意，但却始终收效甚微。

调解过程和技巧

详细了解上述情况后，社区调委会的调解员首先明确了该纠纷的两个关系：一是承租人与房地产经纪公司的关系；二是出租人与房地产经纪公司的关系。其次，把握化解纠纷的重点。社区调委员感觉到导致此次纠纷的根本性原因在于房地产经纪公司私自改变房屋性质后，又分租给 8 户人家，由于噪音引起单元内其他居民的不满而引发纷争。针对该情况，调解员制订了两套调解方案，并付诸行动。第一，调解员对租户逐一进行劝说，租户们也表示日后一定约束自己的行为，尽量降低声音，还给居民们一个安静的生活环境；第二，社区调委会找到该租户的相关单位，希望该单位能够给其员工提供宿舍，这样既方便员工工作也能从根源上解决噪声扰民问题。该单位表示正在研究解决此事，并表示会主动采取整改措施，告知员工争取减少噪声。第一套调解方案落实后，通过回访，该单元的居民们表示噪音比以前小多了。本以为事情就这样过去了，但是，又经过一段时间后，调委会却再次收到居民们的反映，噪声又回来了。原来，毕竟是年轻人，工作时间又比较特殊，在所难免地会给其他居民造成困扰。因此，经调委会多次调查，调委会决定启动第二套调解方案。永华南里的调解员再次联合流动人口协管员约请了出租户、房地产经纪公司及业主共同商量解决此事。调解员在调解过程中指出：一是房地产经纪公司在代理出租房屋过程中存在违法行为，具体如下：违反了住房城乡建设部出台的《商品房租赁管理办法》的第十条，承租人应当按照合同约定的租赁用途和使用要求合理使用房屋，不得擅自改动房屋承重结构和拆改室内设施，不得损害其他业主和使用人的合法权益；违反了《北京市房屋租赁管理若干规定》第十九条，承租人应当配合出租人进行房屋出租登记；不得擅自改变承租房屋的规划设计用途，不得利用租赁房屋从事非法生产、加工、储存、经营爆炸性、毒害性、放射性、腐蚀性物质或者传染病病原体等危险物质和其他违法活动，不得损害公共利益或者妨碍他人正常工作、生活。群租现象是国家禁止的，房地产经纪公司属于知法犯法。二是房屋内人员超标存在很多的安全隐患，租户们用电极不规范，存在火灾隐患，同时租户们平时不注意对周围环境的保护，也引起居民们的强烈不满。三是将房屋加装隔断后出租没有经过有关方面的登记和批准。鉴于以上理由，调解员建议租户们尽快搬出去，以免激化矛盾。并且，调委会将协调综合执法部门对102室的隔断进行强制拆除。经过不断协调、规劝、说服，租户们表示现在可以搬出小区，但是与房地产经纪公司签订了租房协议，现在毁约会承担违约金，再者现在单位还未给他们安排宿舍，在短时间内很难再找到合适的地方承租，希望调委会能够予以考虑。业主表示，他已经与房地产经纪公司签订了委托代理合同，对这件事不再进行任何表态。房地产经纪公司则表示，他们在签订合同后对房屋进行了装修，现在拆除对他们会有一定的经济损失。综合上述情况，调委会又做了如下工作：首先是调委会与业主沟通：房屋增加隔断后，违法不说，给左邻右舍及自己带来了安全隐患，破坏了小区环境，也容易与邻居发生矛盾、纠纷。况且，120平方米的房子住了20来人，这不出事故则已，如果出事故，业主作为该房屋的产权人就负有不可推卸的责任。调解员从情、理、法的角度让业主知晓群租房所带来的严重后果，并让其给房地产经纪公司施压，根据其与房地产经纪公司签订的委托代理合同要求房地产经纪公司尽快拆除隔断，将房屋恢复原样。其次，与房地产经纪公司沟通：从法律角度告知其违法的严重性，并说服其取消房屋的违约金并且全额退还租户们的押金。最后，积极协调租户的单位，并帮助其在附近找到适合的地方作为员工宿舍。

在租户们搬出房屋之后，永华南里调委会积极协调街道办事处，联合街道综治办、城管等执法部门在2014年5月23日对小区10号楼5单元102室的隔断进行强制拆除。虽然经历了两次调解才成功得解决此事，但是却得到了居民们的一致认可和好评。

近年来，随着外来流动人口大量涌入城市，房屋租赁市场非常火爆，为了尽量降低生活成本，导致房屋群租的现象也越来越普遍，但是群租的出现却也带来了大量的安全、卫生、扰民等方面的隐患，由此而引发的矛盾纠纷便层出不穷。本纠纷的调解中社区调解员注意把握了以下几点：首先，在法理上指出了房地产经纪公司为谋求利益最大化在使用房屋上存在瑕疵，违背了国家的相关法律、法规，同时整租房承租人明明知道群租房存在种种安全隐患，却为了降低生活成本不惜以身犯险；其次，人民调解员充分运用其灵活机动的调解方式，兼顾多方的利益，在调解时充分运用情理进行调解，当一方当事人有困难时，又帮助其积极进行协调，及时排除了消极因素，避免引发其他纠纷；再次，在调解中，注意协调多方力量共同参与，全面收集信息；最后，在调解过程中，有时会出现相互纠结的矛盾，此时就需要分清主次，不怕反复，找准突破口，及时地调整解决方案。

所需法律法规

《中华人民共和国合同法》（节录）

第十二章 借款合同

第一百九十六条 借款合同是借款人向贷款人借款，到期返还借款并支付利息的合同。

第一百九十七条 借款合同采用书面形式，但自然人之间借款另有约定的除外。

借款合同的内容包括借款种类、币种、用途、数额、利率、期限和还款方式等条款。

第一百九十八条 订立借款合同，贷款人可以要求借款人提供担保。担保依照《中华人民共和国担保法》的规定。

第一百九十九条 订立借款合同，借款人应当按照贷款人的要求提供与借款有关的业务活动和财务状况的真实情况。

第二百条 借款的利息不得预先在本金中扣除。利息预先在本金中扣除的，应当按照实际借款数额返还借款并计算利息。

第二百零一条 贷款人未按照约定的日期、数额提供借款，造成借款人损失的，应当赔偿损失。

借款人未按照约定的日期、数额收取借款的，应当按照约定的日期、数额支付利息。

第二百零二条 贷款人按照约定可以检查、监督借款的使用情况。借款人应当按照约定向贷款人定期提供有关财务会计报表等资料。

第二百零三条　借款人未按照约定的借款用途使用借款的,贷款人可以停止发放借款、提前收回借款或者解除合同。

第二百零四条　办理贷款业务的金融机构贷款的利率,应当按照中国人民银行规定的贷款利率的上下限确定。

第二百零五条　借款人应当按照约定的期限支付利息。对支付利息的期限没有约定或者约定不明确,依照本法第六十一条的规定仍不能确定,借款期间不满一年的,应当在返还借款时一并支付;借款期间一年以上的,应当在每届满一年时支付,剩余期间不满一年的,应当在返还借款时一并支付。

第二百零六条　借款人应当按照约定的期限返还借款。对借款期限没有约定或者约定不明确,依照本法第六十一条的规定仍不能确定的,借款人可以随时返还;贷款人可以催告借款人在合理期限内返还。

第二百零七条　借款人未按照约定的期限返还借款的,应当按照约定或者国家有关规定支付逾期利息。

第二百零八条　借款人提前偿还借款的,除当事人另有约定的以外,应当按照实际借款的期间计算利息。

第二百零九条　借款人可以在还款期限届满之前向贷款人申请展期。贷款人同意的,可以展期。

第二百一十条　自然人之间的借款合同,自贷款人提供借款时生效。

第二百一十一条　自然人之间的借款合同对支付利息没有约定或者约定不明确的,视为不支付利息。自然人之间的借款合同约定支付利息的,借款的利率不得违反国家有关限制借款利率的规定。

第十三章　租赁合同

第二百一十二条　租赁合同是出租人将租赁物交付承租人使用、

收益，承租人支付租金的合同。

第二百一十三条　租赁合同的内容包括租赁物的名称、数量、用途、租赁期限、租金及其支付期限和方式、租赁物维修等条款。

第二百一十四条　租赁期限不得超过二十年。超过二十年的，超过部分无效。租赁期间届满，当事人可以续订租赁合同，但约定的租赁期限自续订之日起不得超过二十年。

第二百一十五条　租赁期限六个月以上的，应当采用书面形式。当事人未采用书面形式的，视为不定期租赁。

第二百一十六条　出租人应当按照约定将租赁物交付承租人，并在租赁期间保持租赁物符合约定的用途。

第二百一十七条　承租人应当按照约定的方法使用租赁物。对租赁物的使用方法没有约定或者约定不明确，依照本法第六十一条的规定仍不能确定的，应当按照租赁物的性质使用。

第二百一十八条　承租人按照约定的方法或者租赁物的性质使用租赁物，致使租赁物受到损耗的，不承担损害赔偿责任。

第二百一十九条　承租人未按照约定的方法或者租赁物的性质使用租赁物，致使租赁物受到损失的，出租人可以解除合同并要求赔偿损失。

第二百二十条　出租人应当履行租赁物的维修义务，但当事人另有约定的除外。

第二百二十一条　承租人在租赁物需要维修时可以要求出租人在合理期限内维修。出租人未履行维修义务的，承租人可以自行维修，维修费用由出租人负担。因维修租赁物影响承租人使用的，应当相应减少租金或者延长租期。

第二百二十二条　承租人应当妥善保管租赁物，因保管不善造成租赁物毁损、灭失的，应当承担损害赔偿责任。

第二百二十三条　承租人经出租人同意，可以对租赁物进行改善或者增设他物。

承租人未经出租人同意，对租赁物进行改善或者增设他物的，出租人可以要求承租人恢复原状或者赔偿损失。

第二百二十四条　承租人经出租人同意，可以将租赁物转租给第三人。承租人转租的，承租人与出租人之间的租赁合同继续有效，第三人对租赁物造成损失的，承租人应当赔偿损失。承租人未经出租人同意转租的，出租人可以解除合同。

第二百二十五条　在租赁期间因占有、使用租赁物获得的收益，归承租人所有，但当事人另有约定的除外。

第二百二十六条　承租人应当按照约定的期限支付租金。对支付期限没有约定或者约定不明确，依照本法第六十一条的规定仍不能确定，租赁期间不满一年的，应当在租赁期间届满时支付；租赁期间一年以上的，应当在每届满一年时支付，剩余期间不满一年的，应当在租赁期间届满时支付。

第二百二十七条　承租人无正当理由未支付或者迟延支付租金的，出租人可以要求承租人在合理期限内支付。承租人逾期不支付的，出租人可以解除合同。

第二百二十八条　因第三人主张权利，致使承租人不能对租赁物使用、收益的，承租人可以要求减少租金或者不支付租金。

第三人主张权利的，承租人应当及时通知出租人。

第二百二十九条　租赁物在租赁期间发生所有权变动的，不影响租赁合同的效力。

第二百三十条　出租人出卖租赁房屋的，应当在出卖之前的合理期限内通知承租人，承租人享有以同等条件优先购买的权利。

第二百三十一条　因不可归责于承租人的事由，致使租赁物部分或者全部毁损、灭失的,承租人可以要求减少租金或者不支付租金;因租赁物部分或者全部毁损、灭失,致使不能实现合同目的的,承租人可以解除合同。

第二百三十二条 当事人对租赁期限没有约定或者约定不明确,依照本法第六十一条的规定仍不能确定的,视为不定期租赁。当事人可以随时解除合同,但出租人解除合同应当在合理期限之前通知承租人。

第二百三十三条 租赁物危及承租人的安全或者健康的,即使承租人订立合同时明知该租赁物质量不合格,承租人仍然可以随时解除合同。

第二百三十四条 承租人在房屋租赁期间死亡的,与其生前共同居住的人可以按照原租赁合同租赁该房屋。

第二百三十五条 租赁期间届满,承租人应当返还租赁物。返还的租赁物应当符合按照约定或者租赁物的性质使用后的状态。

第二百三十六条 租赁期间届满,承租人继续使用租赁物,出租人没有提出异议的,原租赁合同继续有效,但租赁期限为不定期。

最高人民法院《关于贯彻执行〈中华人民共和国民法通则〉若干问题的意见(试行)》(节录)

121. 公民之间的借贷款,双方对返还期限有约定的,一般应按约定处理;没有约定的,出借人随时可以请求返还,借方应当根据出借人的请求及时返还;暂时无力返还的,可以根据实际情况责令其分期返还。

122. 公民之间的生产经营性借贷的利率,可以适当高于生活性借贷利率。如因利率发生纠纷,应本着保护合法借贷关系,考虑当地实际情况,有利于生产和稳定经济秩序的原则处理。

123. 公民之间的无息借款，有约定偿还期限而借款人不按期偿还，或者未约定偿还期限但经出借人催告后，借款人仍不偿还的，出借人要求借款人偿付逾期利息，应当予以准许。

124. 借款双方因利率发生争议，如果约定不明，又不能证明的，可以比照银行同类贷款利率计息。

125. 公民之间的借贷，出借人将利息计入本金计算复利的，不予保护；在借款时将利息扣除的，应当按实际出借款数计息。

最高人民法院关于《审理民间借贷案件适用法律若干问题的规定》

为正确审理民间借贷纠纷案件，根据《中华人民共和国民法通则》《中华人民共和国物权法》《中华人民共和国担保法》《中华人民共和国合同法》《中华人民共和国民事诉讼法》《中华人民共和国刑事诉讼法》等相关法律之规定，结合审判实践，制定本规定。

第一条 本规定所称的民间借贷，是指自然人、法人、其他组织之间及其相互之间进行资金融通的行为。

经金融监管部门批准设立的从事贷款业务的金融机构及其分支机构，因发放贷款等相关金融业务引发的纠纷，不适用本规定。

第二条 出借人向人民法院起诉时，应当提供借据、收据、欠条等债权凭证以及其他能够证明借贷法律关系存在的证据。

当事人持有的借据、收据、欠条等债权凭证没有载明债权人，持有债权凭证的当事人提起民间借贷诉讼的，人民法院应予受理。被告对原告的债权人资格提出有事实依据的抗辩，人民法院经审理认为原告不具有债权人资格的，裁定驳回起诉。

第三条 借贷双方就合同履行地未约定或者约定不明确，事后未达成补充协议，按照合同有关条款或者交易习惯仍不能确定的，以接受货币一方所在地为合同履行地。

第四条　保证人为借款人提供连带责任保证，出借人仅起诉借款人的，人民法院可以不追加保证人为共同被告；出借人仅起诉保证人的，人民法院可以追加借款人为共同被告。

保证人为借款人提供一般保证，出借人仅起诉保证人的，人民法院应当追加借款人为共同被告；出借人仅起诉借款人的，人民法院可以不追加保证人为共同被告。

第五条　人民法院立案后，发现民间借贷行为本身涉嫌非法集资犯罪的，应当裁定驳回起诉，并将涉嫌非法集资犯罪的线索、材料移送公安或者检察机关。

公安或者检察机关不予立案，或者立案侦查后撤销案件，或者检察机关作出不起诉决定，或者经人民法院生效判决认定不构成非法集资犯罪，当事人又以同一事实向人民法院提起诉讼的，人民法院应予受理。

第六条　人民法院立案后，发现与民间借贷纠纷案件虽有关联但不是同一事实的涉嫌非法集资等犯罪的线索、材料的，人民法院应当继续审理民间借贷纠纷案件，并将涉嫌非法集资等犯罪的线索、材料移送公安或者检察机关。

第七条　民间借贷的基本案件事实必须以刑事案件审理结果为依据，而该刑事案件尚未审结的，人民法院应当裁定中止诉讼。

第八条　借款人涉嫌犯罪或者生效判决认定其有罪，出借人起诉请求担保人承担民事责任的，人民法院应予受理。

第九条　具有下列情形之一，可以视为具备合同法第二百一十条关于自然人之间借款合同的生效要件：

（一）以现金支付的，自借款人收到借款时；

（二）以银行转账、网上电子汇款或者通过网络贷款平台等形式支付的，自资金到达借款人账户时；

（三）以票据交付的，自借款人依法取得票据权利时；

（四）出借人将特定资金账户支配权授权给借款人的，自借款人取得对该账户实际支配权时；

（五）出借人以与借款人约定的其他方式提供借款并实际履行完成时。

第十条　除自然人之间的借款合同外，当事人主张民间借贷合同自合同成立时生效的，人民法院应予支持，但当事人另有约定或者法律、行政法规另有规定的除外。

第十一条　法人之间、其他组织之间以及它们相互之间为生产、经营需要订立的民间借贷合同，除存在合同法第五十二条、本规定第十四条规定的情形外，当事人主张民间借贷合同有效的，人民法院应予支持。

第十二条　法人或者其他组织在本单位内部通过借款形式向职工筹集资金，用于本单位生产、经营，且不存在合同法第五十二条、本规定第十四条规定的情形，当事人主张民间借贷合同有效的，人民法院应予支持。

第十三条　借款人或者出借人的借贷行为涉嫌犯罪，或者已经生效的判决认定构成犯罪，当事人提起民事诉讼的，民间借贷合同并不当然无效。人民法院应当根据合同法第五十二条、本规定第十四条之规定，认定民间借贷合同的效力。

担保人以借款人或者出借人的借贷行为涉嫌犯罪或者已经生效的判决认定构成犯罪为由，主张不承担民事责任的，人民法院应当依据民间借贷合同与担保合同的效力、当事人的过错程度，依法确定担保人的民事责任。

第十四条　具有下列情形之一，人民法院应当认定民间借贷合同无效：

（一）套取金融机构信贷资金又高利转贷给借款人，且借款人事先知道或者应当知道的；

（二）以向其他企业借贷或者向本单位职工集资取得的资金又转贷给借款人牟利，且借款人事先知道或者应当知道的；

（三）出借人事先知道或者应当知道借款人借款用于违法犯罪活动仍然提供借款的；

（四）违背社会公序良俗的；

（五）其他违反法律、行政法规效力性强制性规定的。

第十五条 原告以借据、收据、欠条等债权凭证为依据提起民间借贷诉讼，被告依据基础法律关系提出抗辩或者反诉，并提供证据证明债权纠纷非民间借贷行为引起的，人民法院应当依据查明的案件事实，按照基础法律关系审理。

当事人通过调解、和解或者清算达成的债权债务协议，不适用前款规定。

第十六条 原告仅依据借据、收据、欠条等债权凭证提起民间借贷诉讼，被告抗辩已经偿还借款，被告应当对其主张提供证据证明。被告提供相应证据证明其主张后，原告仍应就借贷关系的成立承担举证证明责任。

被告抗辩借贷行为尚未实际发生并能作出合理说明，人民法院应当结合借贷金额、款项交付、当事人的经济能力、当地或者当事人之间的交易方式、交易习惯、当事人财产变动情况以及证人证言等事实和因素，综合判断查证借贷事实是否发生。

第十七条 原告仅依据金融机构的转账凭证提起民间借贷诉讼，被告抗辩转账系偿还双方之前借款或其他债务，被告应当对其主张提供证据证明。被告提供相应证据证明其主张后，原告仍应就借贷关系的成立承担举证证明责任。

第十八条　根据《关于适用〈中华人民共和国民事诉讼法〉的解释》第一百七十四条第二款之规定，负有举证证明责任的原告无正当理由拒不到庭，经审查现有证据无法确认借贷行为、借贷金额、支付方式等案件主要事实，人民法院对其主张的事实不予认定。

第十九条　人民法院审理民间借贷纠纷案件时发现有下列情形，应当严格审查借贷发生的原因、时间、地点、款项来源、交付方式、款项流向以及借贷双方的关系、经济状况等事实，综合判断是否属于虚假民事诉讼：

（一）出借人明显不具备出借能力；

（二）出借人起诉所依据的事实和理由明显不符合常理；

（三）出借人不能提交债权凭证或者提交的债权凭证存在伪造的可能；

（四）当事人双方在一定期间内多次参加民间借贷诉讼；

（五）当事人一方或者双方无正当理由拒不到庭参加诉讼，委托代理人对借贷事实陈述不清或者陈述前后矛盾；

（六）当事人双方对借贷事实的发生没有任何争议或者诉辩明显不符合常理；

（七）借款人的配偶或合伙人、案外人的其他债权人提出有事实依据的异议；

（八）当事人在其他纠纷中存在低价转让财产的情形；

（九）当事人不正当放弃权利；

（十）其他可能存在虚假民间借贷诉讼的情形。

第二十条　经查明属于虚假民间借贷诉讼，原告申请撤诉的，人民法院不予准许，并应当根据民事诉讼法第一百一十二条之规定，判决驳回其请求。

诉讼参与人或者其他人恶意制造、参与虚假诉讼，人民法院应当依照民事诉讼法第一百一十一条、第一百一十二条和第一百一十三条之规定，依法予以罚款、拘留；构成犯罪的，应当移送有管辖权的司法机关追究刑事责任。

单位恶意制造、参与虚假诉讼的，人民法院应当对该单位进行罚款，并可以对其主要负责人或者直接责任人员予以罚款、拘留；构成犯罪的，应当移送有管辖权的司法机关追究刑事责任。

第二十一条　他人在借据、收据、欠条等债权凭证或者借款合同上签字或者盖章，但未表明其保证人身份或者承担保证责任，或者通过其他事实不能推定其为保证人，出借人请求其承担保证责任的，人民法院不予支持。

第二十二条　借贷双方通过网络贷款平台形成借贷关系，网络贷款平台的提供者仅提供媒介服务，当事人请求其承担担保责任的，人民法院不予支持。

网络贷款平台的提供者通过网页、广告或者其他媒介明示或者有其他证据证明其为借贷提供担保，出借人请求网络贷款平台的提供者承担担保责任的，人民法院应予支持。

第二十三条　企业法定代表人或负责人以企业名义与出借人签订民间借贷合同，出借人、企业或者其股东能够证明所借款项用于企业法定代表人或负责人个人使用，出借人请求将企业法定代表人或负责人列为共同被告或者第三人的，人民法院应予准许。

企业法定代表人或负责人以个人名义与出借人签订民间借贷合同，所借款项用于企业生产经营，出借人请求企业与个人共同承担责任的，人民法院应予支持。

第二十四条　当事人以签订买卖合同作为民间借贷合同的担保，借款到期后借款人不能还款，出借人请求履行买卖合同的，人民法院应当按照民间借贷法律关系审理，并向当事人释明变更诉讼请求。当事人拒绝变更的，人民法院裁定驳回起诉。

按照民间借贷法律关系审理作出的判决生效后，借款人不履行生效判决确定的金钱债务，出借人可以申请拍卖买卖合同标的物，以偿还债务。就拍卖所得的价款与应偿还借款本息之间的差额，借款人或者出借人有权主张返还或补偿。

第二十五条　借贷双方没有约定利息，出借人主张支付借期内利息的，人民法院不予支持。

自然人之间借贷对利息约定不明，出借人主张支付利息的，人民法院不予支持。除自然人之间借贷的外，借贷双方对借贷利息约定不明，出借人主张利息的，人民法院应当结合民间借贷合同的内容，并根据当地或者当事人的交易方式、交易习惯、市场利率等因素确定利息。

第二十六条　借贷双方约定的利率未超过年利率24%，出借人请求借款人按照约定的利率支付利息的，人民法院应予支持。

借贷双方约定的利率超过年利率36%，超过部分的利息约定无效。借款人请求出借人返还已支付的超过年利率36%部分的利息的，人民法院应予支持。

第二十七条　借据、收据、欠条等债权凭证载明的借款金额，一般认定为本金。预先在本金中扣除利息的，人民法院应当将实际出借的金额认定为本金。

第二十八条　借贷双方对前期借款本息结算后将利息计入后期借款本金并重新出具债权凭证，如果前期利率没有超过年利率24%，重新出具的债权凭证载明的金额可认定为后期借款本金；超过部分的利息不能计入后期借款本金。约定的利率超过年利率24%，当事人主张超过部分的利息不能计入后期借款本金的，人民法院应予支持。

按前款计算，借款人在借款期间届满后应当支付的本息之和，不能超过最初借款本金与以最初借款本金为基数，以年利率24%计算的整个借款期间的利息之和。出借人请求借款人支付超过部分的，人民法院不予支持。

第二十九条　借贷双方对逾期利率有约定的，从其约定，但以不超过年利率24%为限。

未约定逾期利率或者约定不明的，人民法院可以区分不同情况处理：

（一）既未约定借期内的利率，也未约定逾期利率，出借人主张借款人自逾期还款之日起按照年利率6%支付资金占用期间利息的，人民法院应予支持；

（二）约定了借期内的利率但未约定逾期利率，出借人主张借款人自逾期还款之日起按照借期内的利率支付资金占用期间利息的，人民法院应予支持。

第三十条　出借人与借款人既约定了逾期利率，又约定了违约金或者其他费用，出借人可以选择主张逾期利息、违约金或者其他费用，也可以一并主张，但总计超过年利率24%的部分，人民法院不予支持。

第三十一条　没有约定利息但借款人自愿支付，或者超过约定的利率自愿支付利息或违约金，且没有损害国家、集体和第三人利益，借款人又以不当得利为由要求出借人返还的，人民法院不予支持，但借款人要求返还超过年利率36%部分的利息除外。

第三十二条　借款人可以提前偿还借款，但当事人另有约定的除外。

借款人提前偿还借款并主张按照实际借款期间计算利息的，人民法院应予支持。

第三十三条　本规定公布施行后，最高人民法院于1991年8月

13 日发布的《关于人民法院审理借贷案件的若干意见》同时废止；最高人民法院以前发布的司法解释与本规定不一致的，不再适用。

最高人民法院
《关于审理城镇房屋租赁合同纠纷案件具体应用法律若干问题的解释》

为正确审理城镇房屋租赁合同纠纷案件，依法保护当事人的合法权益，根据《中华人民共和国民法通则》《中华人民共和国物权法》《中华人民共和国合同法》等法律规定，结合民事审判实践，制定本解释。

第一条　本解释所称城镇房屋，是指城市、镇规划区内的房屋。

乡、村庄规划区内的房屋租赁合同纠纷案件，可以参照本解释处理。但法律另有规定的，适用其规定。

当事人依照国家福利政策租赁公有住房、廉租住房、经济适用住房产生的纠纷案件，不适用本解释。

第二条　出租人就未取得建设工程规划许可证或者未按照建设工程规划许可证的规定建设的房屋，与承租人订立的租赁合同无效。但在一审法庭辩论终结前取得建设工程规划许可证或者经主管部门批准建设的，人民法院应当认定有效。

第三条　出租人就未经批准或者未按照批准内容建设的临时建筑，与承租人订立的租赁合同无效。但在一审法庭辩论终结前经主管部门批准建设的，人民法院应当认定有效。

租赁期限超过临时建筑的使用期限，超过部分无效。但在一审法庭辩论终结前经主管部门批准延长使用期限的，人民法院应当认定延长使用期限内的租赁期间有效。

第四条　当事人以房屋租赁合同未按照法律、行政法规规定办理登记备案手续为由，请求确认合同无效的，人民法院不予支持。

当事人约定以办理登记备案手续为房屋租赁合同生效条件的，从其约定。但当事人一方已经履行主要义务，对方接受的除外。

第五条　房屋租赁合同无效，当事人请求参照合同约定的租金标准支付房屋占有使用费的，人民法院一般应予支持。

当事人请求赔偿因合同无效受到的损失，人民法院依照合同法的有关规定和本司法解释第九条、第十三条、第十四条的规定处理。

第六条　出租人就同一房屋订立数份租赁合同，在合同均有效的情况下，承租人均主张履行合同的，人民法院按照下列顺序确定履行合同的承租人：

（一）已经合法占有租赁房屋的；

（二）已经办理登记备案手续的；

（三）合同成立在先的。

不能取得租赁房屋的承租人请求解除合同、赔偿损失的，依照合同法的有关规定处理。

第七条　承租人擅自变动房屋建筑主体和承重结构或者扩建，在出租人要求的合理期限内仍不予恢复原状，出租人请求解除合同并要求赔偿损失的，人民法院依照合同法第二百一十九条的规定处理。

第八条　因下列情形之一，导致租赁房屋无法使用，承租人请求解除合同的，人民法院应予支持：

（一）租赁房屋被司法机关或者行政机关依法查封的；

（二）租赁房屋权属有争议的；

（三）租赁房屋具有违反法律、行政法规关于房屋使用条件强制性规定情况的。

第九条　承租人经出租人同意装饰装修，租赁合同无效时，未形成附合的装饰装修物，出租人同意利用的，可折价归出租人所有；不同意利用的，可由承租人拆除。因拆除造成房屋毁损的，承租人应当恢复原状。

已形成附合的装饰装修物，出租人同意利用的，可折价归出租人所有；不同意利用的，由双方各自按照导致合同无效的过错分担现值损失。

第十条　承租人经出租人同意装饰装修，租赁期间届满或者合同解除时，除当事人另有约定外，未形成附合的装饰装修物，可由承租人拆除。因拆除造成房屋毁损的，承租人应当恢复原状。

第十一条　承租人经出租人同意装饰装修，合同解除时，双方对已形成附合的装饰装修物的处理没有约定的，人民法院按照下列情形分别处理：

（一）因出租人违约导致合同解除，承租人请求出租人赔偿剩余租赁期内装饰装修残值损失的，应予支持；

（二）因承租人违约导致合同解除，承租人请求出租人赔偿剩余租赁期内装饰装修残值损失的，不予支持。但出租人同意利用的，应在利用价值范围内予以适当补偿；

（三）因双方违约导致合同解除，剩余租赁期内的装饰装修残值损失，由双方根据各自的过错承担相应的责任；

（四）因不可归责于双方的事由导致合同解除的，剩余租赁期内的装饰装修残值损失，由双方按照公平原则分担。法律另有规定的，适用其规定。

第十二条　承租人经出租人同意装饰装修，租赁期间届满时，承租人请求出租人补偿附合装饰装修费用的，不予支持。但当事人另有约定的除外。

第十三条　承租人未经出租人同意装饰装修或者扩建发生的费用，由承租人负担。出租人请求承租人恢复原状或者赔偿损失的，人民法院应予支持。

第十四条 承租人经出租人同意扩建，但双方对扩建费用的处理没有约定的，人民法院按照下列情形分别处理：

（一）办理合法建设手续的，扩建造价费用由出租人负担；

（二）未办理合法建设手续的，扩建造价费用由双方按照过错分担。

第十五条 承租人经出租人同意将租赁房屋转租给第三人时，转租期限超过承租人剩余租赁期限的，人民法院应当认定超过部分的约定无效。但出租人与承租人另有约定的除外。

第十六条 出租人知道或者应当知道承租人转租，但在六个月内未提出异议，其以承租人未经同意为由请求解除合同或者认定转租合同无效的，人民法院不予支持。

因租赁合同产生的纠纷案件，人民法院可以通知次承租人作为第三人参加诉讼。

第十七条 因承租人拖欠租金，出租人请求解除合同时，次承租人请求代承租人支付欠付的租金和违约金以抗辩出租人合同解除权的，人民法院应予支持。但转租合同无效的除外。

次承租人代为支付的租金和违约金超出其应付的租金数额，可以折抵租金或者向承租人追偿。

第十八条 房屋租赁合同无效、履行期限届满或者解除，出租人请求负有腾房义务的次承租人支付逾期腾房占有使用费的，人民法院应予支持。

第十九条 承租人租赁房屋用于以个体工商户或者个人合伙方式从事经营活动，承租人在租赁期间死亡、宣告失踪或者宣告死亡，其共同经营人或者其他合伙人请求按照原租赁合同租赁该房屋的，人民法院应予支持。

第二十条 租赁房屋在租赁期间发生所有权变动，承租人请求房屋受让人继续履行原租赁合同的，人民法院应予支持。但租赁房屋具有下列情形或者当事人另有约定的除外：

（一）房屋在出租前已设立抵押权，因抵押权人实现抵押权发生所有权变动的；

（二）房屋在出租前已被人民法院依法查封的。

第二十一条　出租人出卖租赁房屋未在合理期限内通知承租人或者存在其他侵害承租人优先购买权情形，承租人请求出租人承担赔偿责任的，人民法院应予支持。但请求确认出租人与第三人签订的房屋买卖合同无效的，人民法院不予支持。

第二十二条　出租人与抵押权人协议折价、变卖租赁房屋偿还债务，应当在合理期限内通知承租人。承租人请求以同等条件优先购买房屋的，人民法院应予支持。

第二十三条　出租人委托拍卖人拍卖租赁房屋，应当在拍卖5日前通知承租人。承租人未参加拍卖的，人民法院应当认定承租人放弃优先购买权。

第二十四条　具有下列情形之一，承租人主张优先购买房屋的，人民法院不予支持：

（一）房屋共有人行使优先购买权的；

（二）出租人将房屋出卖给近亲属，包括配偶、父母、子女、兄弟姐妹、祖父母、外祖父母、孙子女、外孙子女的；

（三）出租人履行通知义务后，承租人在十五日内未明确表示购买的；

（四）第三人善意购买租赁房屋并已经办理登记手续的。

第二十五条　本解释施行前已经终审，本解释施行后当事人申请再审或者按照审判监督程序决定再审的案件，不适用本解释。

第九章 婚姻家庭纠纷调解技巧

[引导案例一]　注重调解技巧，耐心化解纠纷

　　一天，崇德坊社区居民李某某怒气冲冲地来到社区调委会要求出面调解她与门卫吴某某之间的纠纷。调委会主任张端赶紧请她坐下，递上一杯水说："消消气，有话慢慢说。"李某某气愤地说："门卫吴某某扣了我家的天然气卡，说是房客走时未交清水费和垃圾费，我给了她80块钱，她又说房客走时借了她40块钱，拿天然气卡押着。"张主任听后，就用她多年从事人民调解工作总结出的调解技巧之——算账时面对面调解法，首先，她耐心地对李某某说："你们关系一直处得挺好，你们之间肯定有误会，你也知道，你们院子是个大杂院，没人管理，社区要给你们通下水道、雇人倒垃圾，可是目前为止，今年的垃圾费还有相当一部分人没有缴付，尤其是房客，经常找不见人，即使找见了也不会立即交费，无奈，社区就请门卫帮忙代收部分房客的垃圾费、水费。这样吧，我让人把吴某某叫上来，咱们一起说开了就没事了。"吴某某上来后对李某某说："嫂子，其实咱俩没啥，可是你老公总是怀疑我，对我骂骂咧咧，好像是我贪污你家水费，你说我又没用你家的水，住户都不想轮流收水费，社区委托我代收，还收出不是来了，我也委屈。"张主任随即又对吴某某进行了劝说："吴老师，你别委屈，我知道李老师的房客没交清费就

走了,你是一时生气,扣下了李老师的天然气卡,以后,如果有住户不配合缴付水费和垃圾费,你尽管让他找社区,我来处理。要不你看现在还是把天然气卡还给李老师吧。"吴某某道:"卡我肯定会给的,嫂子是好人,对我也挺好的,我是生她老公的气。"听了张主任的耐心劝导和吴某某的话,李某某这时也显得有些不好意思,微笑着冲着吴某某说道:"你真是受委屈了,嫂子在这儿给你道歉了。"就这样一起因扣押天然气卡引起争吵不休的纠纷通过张主任一个多小时苦口婆心的调解,最终在双方当事人的微笑声中画上了句号。过了几天,张主任和社区专职工作人员又一次来到李某某的家,通过回访,了解到两人的关系现在处得很好时,张主任感到很欣慰。

分析调解员在化解上述纠纷中,对调解技巧的把握和运用。

[引导案例二] 污水供暖管道年年漏,及时调解解民忧

家住北京市某区阳光社区×号楼×单元的居民刘先生反映,由于这两三年下水管道堵塞、修理供暖管道等原因三番五次将他家的地面翻开,对他们的生活造成了很大的影响,经济上也受到了不小的损失,同时还反映他家楼上的厕所防水出现了问题,老是往他家渗水,但又找不到房主,希望居委会帮忙解决。

如果你是调解本纠纷的调解员,你如何运用调解的不同方法,巧妙化解矛盾和纠纷?

相关理论知识

在调解实践中,常常会出现这样的现象:同类案件在不同人员调解的情况下,调解结果会出现极大差别,甚至迥然不同,关键在于调解方法的运用是否恰当,调解员是否掌握和合理运用了调解技巧。在调解不同类型的纠纷时,除了要运用不同的调解方法,还要根据纠纷

的具体情况采用不同的调解技巧，只有把调解方法和调解技巧有机结合起来，才有助于达到事半功倍、顺利完成调解工作的目的。

一　调解技巧的概念和特征

（一）调解技巧的概念

调解技巧，就是调解主持人对当事人做说服疏导工作，促使双方自愿协商达成调解协议的方法或窍门。调解技巧的内容主要包括两个方面：一是纠纷要素的运用技巧，是指调解员对纠纷的要素所具有的特点，如时间、地点或人员特点等，加以分析并巧妙运用的技能；二是语言的运用技巧，是指调解员巧妙地运用语言来进行调解、化解纠纷的技能。

（二）调解技巧的特点

1. 实践性。调解技巧并非无本之木、无源之水，它产生于调解实践，但又高于调解实践。它是在对调解实践的发现、筛选、修正过程中抽象归纳出来的理性认识，克服了经验形式的不固定、导引性较差等缺陷，从而更加规律化，有利于调解人员自觉地在实践中运用，并促使其认识上产生飞跃，提高调解成功率。

2. 开放性。调解技巧也是不断创新与发展的，在日新月异的调解实践影响和多角度的观察总结下，它也不时吐故纳新，具有开放性。

3. 工具性。调解技巧若只是玄而又玄的观念体系，则毫无价值可言。调解技巧只有能服务于调解实践，能促使案件有效、及时地调解解决，才有存在的价值，这就要求我们努力寻找到调解技巧与调解实践的最大结合点。

二 民间纠纷调解方法

(一) 苗头预测法及其在调解中的运用

苗头预测法,是指人民调解员要善于洞察和发现纠纷发生、发展、变化的苗头和客观规律,特别是纠纷当事人的思想和行为不断变化的特点,找出纠纷发生、发展、变化的原因,及时确定预防、解决纠纷的对策,把纠纷化解在萌芽状态或者遏制住其发展的势头,避免纠纷发生,防止矛盾进一步恶化、升级。

运用苗头预测法解决民间纠纷实际上是人民调解"防调结合,以防为主"工作方针的具体要求。要做到"防调结合,以防为主",必须及时掌握纠纷发展、变化的客观规律,发现纠纷发展和变化的苗头,洞察纠纷当事人思想和行为不断变化的蛛丝马迹,及时、有针对性地采取措施,进行积极的疏导,把矛盾解决在萌芽状态,防止扩大和激化。

在人民调解实践中,运用苗头预测法解决民间纠纷必须做好以下几方面的工作:

1. 主动了解居民的实际困难。主动了解居民最需要解决的实际困难,对于排查到的问题及时解决,有难度的及时上报有关部门。

2. 对于困难家庭、两劳释解人员、法轮功习练者等重点人员不定期进行走访,时时掌握其动态,做到心里有数。

3. 做好登记工作,认真记录当事人的自然情况和纠纷事由,建立翔实档案。

4. 预防。在纠纷还没有发生之前,及时主动地预测纠纷可能发生的苗头,进而了解情况,发现问题,把纠纷遏制在萌芽状态,避免纠纷的发生。

5. 防止激化、升级。纠纷发生以后,要做到预测纠纷发展的态势和可能出现的变化,以便采取措施,防止纠纷激化、升级。只有做到这些,才能真正实现苗头预测法的准确运用。

运用苗头预测法处理纠纷是解决民间纠纷的一种非常重要、奏效的方法。由于我国正处于社会转型时期,我国民事主体的利益和要求日趋多元化,利益冲突在所难免,纠纷多且容易激化,有些纠纷会处在一种隐发的状态,一旦条件成熟或者一些因素介入,就会爆发,甚至造成严重后果,直接影响社会的稳定。有些纠纷极易出现反复,难以调解,成功地运用苗头预测法就能够主动地预测并掌握这些纠纷的发生、发展态势,面对可能发生的纠纷及发展变化的复杂情况就可以及时采取有效措施进行预防和解决,从而有效预防纠纷的发生,避免纠纷进一步复杂、激化,防止严重事态的发生。

(二)面对面调解法的运用

面对面调解法,是指调解人员在调解民间纠纷时,将纠纷当事人召集在一起,当面摆事实、讲道理,调解的过程中双方当事人和调解员同时到场的调解方法。面对面调解有利于凸显调解人员的中立地位,保障程序公正。在以下两种情况下可以适用面对面调解法进行调解:

1. 分歧不大,并涉及亲情类纠纷。表现为当事人之间分歧较小,矛盾不尖锐,或者纠纷当事人之间有一定的感情基础,能够一起来解决问题,如婚姻、家庭、邻里、同事、朋友之间的纠纷大都可以运用此调解方法。此类纠纷并不是十分复杂,容易处理。所以让当事人面对面各自说出对纠纷的态度和要求,就可以进行更好地沟通,也容易明确双方的分歧,从而进行调解。

2. 对抗性不强,情绪也比较稳定的纠纷。此类纠纷是在调解人员做了大量工作的基础上,当事人双方的分歧越来越小,情绪也趋于平稳冷静,有可能进行理智协商的情形下,适合采用面对面调解的方式。在面对面调解过程中，为了防止失控局面的出现，调解员必须有能力主导话题、安抚情绪。

（三）背靠背调解法的运用

背靠背调解法，是指调解人员在调解民间纠纷时，分别对当事人进行个别谈话沟通，调解的过程中只有一方当事人和调解员到场的调解方法。此种方法在调解时不让当事人进行直接面对面的沟通，而是由人民调解员分别对当事人进行说服、教育，使双方不断让步，分歧趋于接近，从而促成调解的方法。

背靠背调解一般适用于调解员需要私下了解当事人的情况，了解当事人的谈判底线，或者当事人情绪较激动，双方存在明显的对抗情绪，或者当事人固执己见，对事实的认识分歧较大的情形。在此类纠纷中，如果采用面对面的方法摆事实讲道理，反倒激化矛盾，使调解陷入僵局。如果此时，调解员分别听取双方当事人对纠纷的看法和各自所持的态度，观察双方的共同点和差异，寻找调解的突破口，然后分别对当事人进行说服、教育，逐步使双方缩小分歧，并形成双方都能接受的调解方案，促使调解成功。

在背靠背调解时调解员需要注意，由于当事人互相之间的沟通有赖于调解员的信息传递，所以调解员一定要谨慎掌握分寸，在传递信息的过程中，既要去除会引起对方当事人不满的用词，又要保持表达意见者的原意，不能为了追求调解成功运用欺瞒等手段，否则就有违调解自愿原则，也会使当事人彻底丧失对调解员的信任。

（四）换位思考法的运用

换位思考法，是指在解决纠纷时，使调解员和当事人都能设身处地地站在对方的立场上体验和思考问题，体察对方的感受和态度，形成与对方在情感上的交流，从而理解对方并改变自己的观点、态度和做法，使问题得到圆满的解决。换位思考法包括调解员的换位思考和当事人的换位思考两个方面。

1. 人民调解员的换位思考,即调解员要站在纠纷当事人双方的立场和角度,促使当事人全面解决纠纷。调解员站在当事人的立场,有助于与当事人顺利沟通,了解双方的不同观点、感受和想法,得到对方的信任,这样双方的情绪才有可能平静和缓和,能够坐下来理智商议解决方案。调解员一定是要以当事人的心态来理解具体的纠纷,而不能仅仅是站在"一般人"的立场来思考当事人"应该"有什么想法、感受和要求。

2. 当事人之间的换位思考,即调解员引导、启发纠纷当事人相互站在对方的立场上考虑问题。人民调解员在调解民间纠纷时,除了自己站在当事人双方的立场和角度进行调解外,还要引导、启发当事人之间进行换位思考,只有这样才能使调解顺利进行。作为纠纷的当事人,一般都会存在着本位和利己的思想,都想在纠纷中获得最大利益。因此在纠纷调解过程中都会出于自身利益考虑,互不相让,很容易造成矛盾激化,不利于纠纷解决。如果人民调解员启发引导当事人在考虑自己得失的同时,也站在对方的立场上设身处地地体会对方的感受,将心比心,以真诚换取真诚,以信任换取信任,就会很自然地为当事人营造相互通融的心理氛围,便于纠纷的调解。

人民调解员在启发引导当事人互相之间进行换位思考的方式进行调解时,一方面要求调解员要善于从公正客观的角度出发考虑纠纷的具体情况,寻求合理的解决方法;另一方面要给当事人描述对方的处境,讲述当事人所不了解的对方的苦衷,并通过类似"如果你是对方,会怎么办""如果是你,你将会……""如果你的亲属是对方,会怎么样"的假设性问题引导当事人思索对方的立场、感受和想法。当然,人民调解员启发引导当事人互相之间进行换位思考,并不是直接告诉当事人对方的想法及感受,而是应当通过告知对方的处境等背景资料和不断提出适当的问题的方式引导，使当事人自己体会对方的感受，得出正确的结论。引导当事人主动思考可以减少由于对调解员的抵触或不信任而有可能对调解造成的消极影响。

调解员要给当事人灌输凡事都要全面看问题的观点，告诉当事人面对纠纷既要考虑自己的理由和利益，又要考虑对方的想法和感受。只有双方都能设身处地地站在对方的角度去思考、感受、体会，才能理解对方的想法，才能进行有效的沟通。

(五) 褒扬激励法的运用

褒扬激励调解法，是指对纠纷当事人本身所具有的优点和长处或者在该纠纷中表现出来的正确做法，运用激励的语言唤起当事人的自尊心、荣誉感，调动当事人的积极性，使当事人主动做出让步以解决纠纷的一种方法。调解人员要善于发现当事人的优点和长处，并及时用热情洋溢的话语加以赞赏、表扬，巧妙地唤起当事人的自尊心、荣誉感，不失时机地鼓励当事人以高姿态、高风格来对待纠纷。褒扬激励法的作用表现在以下几个方面：

1. 平稳当事人的情绪。褒扬激励法能够平复当事人的情绪。因为喜欢接受表扬是每个正常人固有的心理特征。每个人都希望得到别人的支持和肯定，而对批评一般都比较反感。因此，当纠纷出现后，人民调解员通过对当事人表扬激励，使当事人的抵触心理得以缓解，使当事人激动情绪趋于平静。这样，就可以为调解工作创造一个良好的氛围。

2. 赢得当事人的信任，拉近人民调解员和当事人之间的距离。在调解纠纷中，调解员可以通过运用褒扬激励的方法赢得当事人的信任，拉近与当事人之间的距离。调解员一般是从群众中来的，来自最基层，他们一般与当事人比较熟悉，但这并不意味着调解员肯定能赢得当事人的信任。调解员如果能恰当地夸奖当事人，可以减轻他们之间的生疏感，当事人会感觉调解员很了解自己。而且调解员对当事人的赞扬，表明了调解员对当事人某个方面的认同与支持，从而人民调解员也就能够取得当事人的信任，并会被当事人看作"一伙的"。当事人就会较平静地向人民调解员讲述自己的观点，表明自己的态度。调解也就容易取得成功。

3. 通过褒扬激励法，还可以堵住当事人反复的后路。对当事人给予肯定的评价，会使当事人以此为衡量自己行为的标准，从而不会做出与此相悖的行为，这时再提出符合该标签特点的要求，当事人为了名副其实，可能会同意调解员的要求。

运用褒扬激励法进行调解需要注意以下技巧：

1. 不能无中生有地奉承或进行虚伪的称赞。对当事人的赞扬应该是针对当事人实实在在、真真切切的优点或长处，是当事人自己认可的闪光点。如果是进行虚伪地奉承或虚伪地称赞，可能会被当事人误解，以为是讽刺，最终不信任调解员，导致事与愿违。要做到切实地赞扬当事人，需要对当事人有一定的了解，因此，调解之前，一定要尽量熟悉当事人，分析当事人的性格特点。

2. 对当事人的赞扬、激励要注意分寸。即对当事人的赞扬、激励要恰如其分，不能夸大。否则，当事人会怀疑你的真诚，从而影响调解的效果。

3. 人民调解员可以选择多种多样的赞扬方法。人民调解员可以直接肯定当事人的优点，这样产生的效果更直接，也可以通过间接表扬的方式达到预想的效果。如引用当事人尊重信任的其他人对他的评价，也可引用大家对他的一致看法，甚至引用对方当事人对他的客观积极的评价。

（六）情感触动法的运用

情感触动法，是指在调解中利用亲情、友情、族亲、邻里关系和调解员的情感方式打动当事人促成和解的方法。因为当事人发生纠纷大都处在当地或者当地附近，所以很容易在当地找到促进纠纷解决的感情调解办法。而且调解员也能够在调解中了解到当事人之间存在的哪种亲缘或者乡邻关系，邀请亲友、长辈和有名望的人士协助，再加大其调解的教育说服力，通过调解员不遗余力地情感疏导和唤醒，一般顾情面的当事人便能够接受其调解而化干戈为玉帛。该种方法的运用是基于纠纷当事人之间有着较好的感情基础，他们之间的纠纷可能通过情感的因素得到化解和解决。因此，人民调解员如果运用该种方法进行调解，事前一定要做好充分的调查工作，首先了解纠纷当事人之间是否有着较好的感情基础，其次充分掌握纠纷当事人之间相处或共同生活的经历，即掌握大量的第一手材料。这样，才能够恰当地运用该方法，并运用手中掌握的材料达到唤起旧情的效果。如果纠纷当事人之间没有良好的感情基础，则不能运用该方法，否则，结果可能适得其反。

此外，在运用情感触动法时还需注意利用其他可资利用的感情因素，不要只盯着纠纷双方当事人的感情因素。比如：夫妻因感情不和而离婚，可以利用父亲或母亲对孩子的爱，让双方和平分手。

（七）明法析理法的运用

明法析理法，是指调解员在调解过程中向当事人讲解法律法规和政策规定，向当事人讲明道理，纠正他们的某些错误观点，让他们意识到自己的有些行为和主张是于法不合、于理不通的，若他们一意孤行可能要承担不利的法律后果，从而引导当事人按照法律规定的思路寻找纠纷的解决办法。

明法析理法的适用对象大多是法律意识淡薄、法律知识欠缺的当事人，他们往往按照自己固有的思维和意识分析、处理问题，只顾及一己之私。这就要求：

1. 调解员有足够的耐心,特别是在某些涉及农村的案件中,有的当事人文化水平低,有的当事人甚至是文盲,在讲述有些法律问题时往往需要反复讲述和解释,而当事人多是听不进去,"认死理"。

2. 调解员要用当事人懂的语言,有时甚至要用一些土语方言来解释某些问题,调解员需要耐心再耐心地向当事人释明法律,当然不排除调解员也需要运用严厉的语气、简短明了的语言对当事人进行法律震慑。

3. 巧妙地运用社会舆论对当事人的影响力,因为大多数纠纷当事人都会很在意周围人对他们的道德评价,如果当事人的行为违背道德的要求,肯定会受到舆论的谴责,舆论的压力会促使当事人选择更符合社会道德观念的行为。

(八)利弊分析法的运用

利弊分析法,是指调解员从各方面为当事人分析接受调解或接受某一调解方案的利和弊,从而引导当事人做出最理性最有益的选择。弗洛伊德说过,一个人做一件事,不是为了得到一些乐趣(利),便是为了避开一些痛苦(弊)。所以,利弊是做与不做任何事情的理由。问题是几乎任何一个选择都是利弊共存的,既然我们没法找到只有利没有弊的选择,我们就要学会权衡。当事人在面对纠纷时,其思想往往具有局限性和片面性,容易固执地盯着事情利的一面或者弊的一面,从而坚持自己的观点不肯妥协。作为调解员,就要启发、引导当事人从事情的多方面对利弊进行综合分析和思考,在客观权衡之下做出最有益的选择。

适用利弊分析法,可以引导当事人进行利弊分析的方面主要包括:解决纠纷所需的经济成本、时间、精力等其他成本,纠纷的持续或解决对工作、生活等的影响,对未来需维系的人际关系、情感关系的影响,对个人声誉的影响,若调解不成涉诉的成本和支出,败诉的风险，胜诉以后执行不能的风险，案件的社会影响等。利弊分析法是在调解中最常用的调解方法，同时它又是一个综合性的调解方法，利弊分析法的运用过程中往往需要同时运用到法律宣教法、情感融合法等其他调解方法。

（九）热处理法和冷处理法的运用

所谓"冷处理""热处理"，是指调解员在调解工作中要掌握纠纷的火候，适时采用不同方法，有的纠纷不要急于求成，宜放一放，给当事人一个思考、回旋余地，有的纠纷则需趁热打铁，快刀斩乱麻，否则将夜长梦多，使案件激化，造成恶劣的后果。

（十）现场调解法

现场调解法，是指调解员亲自到纠纷发生的现场或者纠纷发生地了解、勘查、比对案件事实情况，获得了可靠根据后组织当事人双方现场调解的方法。到现场调解有两个目的，一是方便当事人；二是可以在现场获取当事人双方均不能举证解决的疑难问题。调解员能够亲自到纠纷发生地不仅是当事人比较欢迎的，而且可以实地指认，让当事人真正明白错对的原因，容易使调解员与当事人之间相互沟通，使调解员就案情的分析判断后做出正确的处理。

对界址、引水、通行等相邻关系纠纷，需采用"现场调解法"。这类纠纷往往当事人各执一词，情况千差万别，调解时调解员应到现场勘察了解，邀请有关专业人员和村干部、邻居和亲朋好友参加，由当事人陈述理由，出示证据，大家共同评判是非，做出合理的结论，最后再说服有过错的一方，促成纠纷的调解。

（十一）重点突破法的运用

1. 抓住主要矛盾调解法。抓主要矛盾调解法，是指调解员在调解时，依照纠纷的具体情况，抓住纠纷发展过程中起决定作用的矛盾进行调解的方法，即抓住当事人最关心的核心问题进行调解。

运用抓住主要矛盾调解法调解纠纷,第一,人民调解员要立足于对纠纷的全局和整体的深刻认识和准确把握;第二,既要善于捕捉主要矛盾,注意采取有效措施集中力量解决好主要矛盾,又要注意根据纠纷的发展变化,判断主要矛盾和次要矛盾的转化,调整自己对主要矛盾的认识,修正调解方案,有效掌握调解工作的主动权;第三,抓住主要矛盾进行调解并不意味着忽视次要矛盾的解决。

2. 抓住关键人物调解法。抓住关键人物调解法,就是调解员在调解纠纷过程,抓住纠纷当事人中起关键作用的人物,首先对其说服、劝解,形成初步调解结果,从而带动其他纠纷当事人接受该调解结果的方法。

抓住关键人物调解方法的运用,首先要确定谁是纠纷中的关键人物。只有确定了谁是纠纷中的关键人物,才能对其集中精力进行突破。这就要求人民调解员必须通过细致的调查,了解每一个纠纷当事人的具体情况,特别是每一个纠纷当事人在纠纷中所处的地位和所起的作用,找出影响纠纷解决的关键人物。只有这样,才能有效地抓住关键人物进行调解。

3. 先易后难、逐个击破法。采用先易后难、逐个击破的方法进行调解,就是在人民调解组织和调解人员对纠纷进行调解时,先对纠纷中比较容易接受调解的当事人进行调解,达成调解协议,然后再对较难接受调解的当事人进行说服、劝导,最终使调解成功。

(十二)模糊处理法的运用

模糊处理法,是指人民调解员调解纠纷时,对一些非关键又无法调查清楚的事实不进行深入调查,对纠纷当事人之间的一些非原则性问题,并不进行细致的分析和探究,而是粗线条地做出处理的调解方法。调解人员运用模糊处理法并不是无原则地调和、各打五十大板,而是建立在以法律和政策为依据,分清是非责任,保护受侵害一方当事人的合法权益，让有过错方承担相应的义务的基础上的。

1. 模糊表述。在纠纷的调解过程中，难免会碰到一些问题不宜做出非此即彼的判断。现实生活中大量现象的模糊性及人的某些认识的模糊性，也决定了某些问题模糊表述的必要性。在纠纷调解时更是如此，特别是对一些一时难以分辨或难以启齿的问题，运用模糊表述的方法效果会好一些。

2. 模糊传达双方信息。对于那些当事人双方意见分歧较大、情绪波动大、对抗较严重的民间纠纷，人民调解员对于双方陈述的事实、表达的要求要适当"过滤"后再传达给对方。这样就可以避免当事人的分歧和对立升级。

3. 模糊调查。人民调解员在调查此类纠纷的具体情况时，特别是在了解纠纷的具体事实时，不要企图把纠纷发生过程中的每一个事实、每一个细节、当事人的每一个行为，以及所说的每一句话都调查得清清楚楚，这既没有必要也不可能。要采用一种模糊的方式对纠纷事实进行调查，其调查程度只要基本脉络清晰、基本事实清楚，足以分清是非责任就可以了，某些不易查清且不影响纠纷当事人责任认定的事实可以忽略。

4. 模糊调解。模糊调解强调在调解过程中，人民调解员只要在大是大非的基础上，使当事人双方的权利和义务得到保障和明确、协议得以达成就可以了，不需要对任何问题都面面俱到查证属实并严格区分责任。在有些情况下，人民调解员要求纠纷当事人承担的责任只要基本符合法律的规定，双方当事人没有异议就可以了。当然，模糊调解并不等于和稀泥，调解的基本原则还是要坚持的，谁是谁非也必须分清楚。

5. 模糊批评。模糊批评就是在调解过程中，对当事人的模糊行为、错误思想，在适当的时机和场合指出来，但不过分指责和死死抓住不放，而是强调"点到为止"。模糊批评实质上就是既适时、适当指出纠纷当事人的错误，又让纠纷当事人接受，不致让当事人感觉人民调解员是专门针对自己的缺点、错误进行说教。要程度适当，恰到好处。

（十三）舆论压力法的运用

舆论压力法，就是人民调解员在进行调解时，通过提示当事人关注周围的人对此事的看法和评价，给纠纷当事人造成一种压力，使得纠纷当事人放弃自己不正当的要求，从而达成调解的方法。舆论压力法主要适用于"熟人社会"。主要表现为发生的纠纷和纠纷当事人为知名人士的情况下。

（十四）适当强硬手段法的运用

适当强硬手段法，是指在适当情况下要依靠强硬手段解决纠纷。运用适当强硬手段法首先要以纠纷当事人具有严重违法的行为；其次是在采用其他人民调解的方法不能解决问题时，再考虑适当强硬手段法的运用；再次要保证运用适当强硬手段法的合法性。

（十五）多方协助调解法的运用

依靠多种社会力量协助调解法，就是指在调解过程中，除了依靠人民调解员自身的力量进行调解外，还根据需要邀请当事人的亲友和当地有威望的人，有一定专门知识的专业人士及其他社会力量给予支持和帮助，从而完成调解的方法。运用多方协助调解法调解纠纷，一要注意照顾当事人的情绪，避免盲目依靠他人调解引起当事人的不满，造成不好的后果；二要要求协助调解的人从当事人的利益和社会安定团结的大局出发，运用法律和政策，自愿提供帮助和支持，公正、客观地劝服当事人。

1. 依靠当事人的亲友。人民调解员要善于动员当事人的亲友协助调解，他们因为与当事人的关系比较密切，彼此之间存在着一定的信任基础，依靠他们协助调解，容易为当事人所接受。

2. 依靠当事人家族中或者当地有威望的人。依靠这样的人对纠纷当事人进行调解，纠纷当事人基于对这些人的尊重和信赖，往往能够听得进这些人讲的话，接受某种调解结果。

3. 依靠媒体的力量。对于一些知名人士或有地位的人，在调解过程中可能比较强势，导致调解陷入僵局，这时调解员能够善用媒体，将所涉纠纷通过媒体曝光，会给当事人带来压力。迫于舆论压力，当事人会降低姿态，主动化解纠纷，利于纠纷的解决。

4. 依靠相关部门。如果发生一些重大、复杂或群体性的纠纷，调解员可请求相关部门到场协助，联合调解，化解纠纷。

以上人民调解的具体方法是人民调解过程中经常使用的一些方法。上述方法彼此之间并不是孤立的。这些方法可以根据纠纷的具体情况结合起来共同使用，即在一个纠纷中可同时使用两个以上的调解方法，特别是在复杂纠纷的调处过程中，尤为必要。

三　调解技巧的运用

纠纷发生的时间、地点、人物、情节、原因是民间纠纷的五大要素。及时了解和掌握这五大要素是做好各类民间纠纷调解工作的基础和前提。也可以说，掌握好这五大要素是调解好民间纠纷最基本、最关键的技巧。

（一）时间要素运用技巧

把握时机是调解成功的必要条件。调解工作顺利与否、成功与否均与承办案件的人民调解员能否把握好调解时机与火候紧密相连。这就要求在调解纠纷的每一个节点，都要把握时机，用较小的成本，达到调解的目的。

纠纷中所涉及的时间要素，主要包括三个方面：纠纷发生的时间、纠纷持续的时间、调解纠纷的时机。纠纷发生的时间往往具有一定的规律，它是调解人员做好预防工作所必须掌握的。纠纷持续的时间，往往说明纠纷的复杂程度和调解工作的难易程度。对于那些持续时间长、隔阂深、问题比较复杂的纠纷，调解人员要做好持续作战的准备。调解纠纷的时机，包括两个方面的内容：一是指对于持续时间长久未解决的纠纷，调解人员要选取最佳时机再一次进行调解；二是指在调解纠纷的过程中，调解人员要把握好说话的时机。

在调解中运用时间要素的技巧，主要包括纠纷发生的时间预测技巧、调解纠纷的时机把握技巧等。

1. 纠纷发生的预测技巧。有些民事纠纷的发生、发展具有季节性，如农忙季节就容易发生农田水利纠纷，草场、牲畜纠纷，农用物资纠纷，春耕费用的借贷纠纷等。而在农闲季节容易发生宅基地纠纷，婚姻家庭纠纷，邻里纠纷等。把握了这些纠纷的发生规律，调解组织和工作人员就可以做好有效地预测，及时地预防，避免和减少纠纷的发生。

2. 把握纠纷调解时机的技巧。

（1）在受理申请时，当事人对相关事实的陈述一般比较真实、可靠。此时，如果双方当事人同意调解，在事实上又没有多大分歧，调解员应当抓住这个契机，调解一般比较容易成功。

（2）在调解准备工作时，在询问纠纷的事实和情节之后，各方当事人对双方的观点及争议有了基本的认识，已能够比较理智、客观地对待纠纷，从而增强了调解的可能性。

（3）在调解进行当中。在纠纷事实特别是关键事实已经明确的前提下，调解人员要重点宣讲有关法律规定，让当事人认识到违法就要承担法律责任，对自己享有的权利和要承担的义务心中有了底，为调解打下有利基础。

（4）在制作调解协议时，由于调解的纠纷一般都涉及权利义务内容，因此，当事人都比较看重书面调解协议。在前几个阶段的调解基础上，各自的权利义务也已明确，当制作调解协议书时，当事人容易反复，承担义务的一方往往觉得吃了亏，难以接受，享有权利的一方也动摇不定，觉得要求没有完全达到。调解人员要抓住这一时机，边说服当事人接受调解，边抓紧制作调解协议书，及时促成双方当事人达成调解协议书并签名。

（5）在调解协议履行时。实践证明，调解协议大多以当场履行为宜，可以减少和避免不履行调解协议或者达成协议后又反悔。

3. 注意事项。

（1）在调解时不要急于求成，要选择好时机。要耐心细致做工作，抓住有利时机稳妥解决。如双方对案件的事实争议很大的时候，或双方感情尖锐对立的时候（如离婚案件）就不能急于进行调解。这样即使调拢了，也有可能出现一方反悔的"后遗症"。再比如双方虽然争议不大，但是说话不投机，这个时间最好不要调解，俗话说得好，"话不投机半句多"。这样需待双方感情稍微缓和时再调解。

（2）要根据谈话的环境和当事人的心态来决定谈话的内容。特别是批评教育的话，提出要求的话，更要注意说话方式和说话时间，以免引起当事人的反感和敌视。

（二）地点要素运用技巧

受生活环境和传统习俗的影响，发生在不同地方的相同纠纷，会呈现出不同的特征。譬如：同样是因为建房时所建房屋高于邻居家的房屋而引起的房屋纠纷，在发达的农村地区，邻居往往会因为采光权受影响而与建房者发生纠纷，大多表现为争吵；而在落后且封建迷信思想严重的农村地区，邻居往往会以自家的风水受影响而与建房者发生纠纷，发生打架斗殴的概率大大增加。调解人员只有熟知地点要素，才能因地制宜，采取行之有效的调解方法。

1. 纠纷发生的地点。纠纷发生的地点不同，纠纷态势的发展程度就会不同。例如，婚姻家庭纠纷，如果是发生在家庭之外，其严重性就会增加，当事人之间的矛盾就要升级甚至已经升级，调解的难度也就会增加。如果发生在家庭内部，问题也许会比较容易解决。因此，纠纷发生的地点不同，调解纠纷所要采取的对策也要随时调整、改变。

2. 纠纷解决地点的选择技巧。解决纠纷地点的选择恰当与否是调解是否成功的关键。要根据纠纷特点选择调解的地点。对一方过错明显且不讲理、态度蛮横的侵权、损害类纠纷，可以选择严肃型场合；对家庭婚姻类的纠纷，可以选择亲切型场合；对有固定单位的当事人之间发生的纠纷，可以选择归属型场合；对需要调动当事人特殊感情（如夫妻感情、父母子女、兄弟姐妹等）来促进调解的纠纷，可以选关联型场合。例如，在继承纠纷调解中，继承人争议的焦点如果是怀疑父亲的死亡与长子在父亲病重时不好好照顾并有虐待嫌疑的情况时，纠纷解决的地点就不宜选择在父亲死亡时居住的房间，以免睹物思人，引起当事人的情绪波动，就不利于纠纷的解决。

（三）人物要素运用技巧

纠纷的主体是双方当事人。调解纠纷实际上是调解人员对双方当事人所做的疏导、说服工作。由于自然状况、社会阅历、文化素质和道德观念的差异，每个人都有着不同的个性特征。不同个性特征的当事人对纠纷和调解人员的工作会有不同的看法。如外向型性格的人感情外露，内心想法会很快通过表情或行为表现出来；而内向型性格的人感情深沉，内心想法不易外露或者付诸行动。这就要求调解人员善于察言观色，通过分析纠纷当事人的表情、言语和行为，弄清楚当事人内心的真实想法。再如，文化水平、法律素质高的人，其自我调节能力较强，纠纷心理不容易形成，即使形成也不易外化为纠纷行为。如果这类人与其他人发生了纠纷，他们对调解员有道理的话容易听得进去，也能理解调解员的工作并给予配合。反之，文化水平、法律素质低的人，其自我调节能力可能较差，纠纷心理容易形成并容易外化为纠纷行为。对这类纠纷当事人，调解人员就必须多花工夫，用通俗易懂的语言把法律和政策讲清楚，讲透彻。

总之，调解人员只有把握了纠纷当事人的个性特征，才能有的放矢，对症下药，有针对性地采取各种调解方式和方法，攻心为上，突破当事人的种种心理障碍，以达到息事宁人的目的。

（四）情节要素运用技巧

纠纷的情节要素主要是指纠纷发生、发展的整个过程中的真实情况。纠纷的萌芽、发生、发展乃至激化的全部事实经过、纠纷过程中双方当事人各有哪些过激的语言和行为，甚至双方当事人各自的企图、动机和目的等都是调解纠纷的事实依据。掌握充分的事实依据，做到有备无患，打有准备之仗，对于蛮不讲理、死不认账、心存侥幸的当事人，调解员出示真实全面的事实证据，可以起到威慑当事人，促使其低头认错的作用。而对于心存疑虑、有所顾忌的当事人，一个充分掌握纠纷情节的调解员更能赢得他们的信任和配合。对于调解人员来说，只有通过深入细致的调查，掌握这些事实依据，才可以在调解中灵活运用多种多样的调解方法，继而使当事人双方心服口服，使纠纷顺利得到解决。

（五）原因要素运用技巧

纠纷的原因是指纠纷发生的起因，也就是引发纠纷的事实，包括直接原因和间接原因、远因和近因。纠纷的原因是纠纷的根结所在，因此，也就是调解人员调解时的切入点。对于一起看似简单的民间纠纷来说，可能直接原因和间接原因同在，远因与近因共存。一般来说，直接原因和近因是比较容易查明的。但往往引发纠纷的真正原因是隐藏在直接原因和近因后面的间接原因和远因。这就要求调解人员深入实际做艰苦细致的调查工作，拨开层层面纱，找到深藏其后的引发纠纷的真正原因。只有抓住真正的原因，才能从根源上彻底解决纠纷。

[引导案例一解析]

注重调解技巧，耐心化解纠纷。

人民调解是人民群众运用自己的力量实行自我教育、自我管理、自我服务的一种自治活动。矛盾无处不在，邻里纠纷、夫妻拌嘴，社区人民调解委员会，真正做到哪里有矛盾纠纷，哪里就有调解员的身影。真正为促进社区和谐稳定搭建了息纷争、化纠纷的平台。为了更好地服务辖区居民，及时解决纠纷，维护社区和谐稳定，崇德坊社区调解委员会在人民调解工作中不断探索和创新，总结出各种调解技巧，比如：激动时背靠背调，算账时面对面调，一潭浑水澄清调，一摊散面和起来调。并从实践中掌握调解方法，比如：事要清、理要通、情要真、气要顺、法要精。本案中，张主任根据纠纷起因，采取面对面调解法，终使双方当事人握手言和，维护了社区的和谐稳定。调解员们就是凭借专业水平和敬业精神，在依法调解的过程中树立了人民调解工作者的良好形象，增强了广大群众对调解工作者的公信力。

[引导案例二解析]

调委会经实地走访，居民反映问题属实。

刘先生家的地面被挖开了一个大坑，不但影响了屋内的美观，而且严重影响了刘先生家的正常生活，出入十分困难，年轻人迈过大坑都很费力，刘先生家的老人出入一定会出现危险。调委会及时并积极联系了供暖公司，将其情况向供暖公司进行了详细地说明,得到了供暖公司的承诺,帮助刘先生将地下管道清理干净,将来的修理问题就不用翻开他们家的地面了。同时居委会也联系刘先生甲楼上的住户,将渗水的情况向他说明,也得到了该住户的承诺,同意尽快将自家厕所进行防水装修。

现该居民家中的管道已修理完毕,供暖公司已经将管道挖通,将来修理管道不用再挖开刘先生家的地面,楼上的住户也将下水管道渗水的问题解决,不会再往刘先生家渗水。刘先生十分高兴,也十分感谢居委会帮助他解决了多年困扰的难题。

来居委会寻求帮助的刘先生为人十分通情达理,但是由于三番五次地把他家的地面打开修理下水管道和供暖管道,他来居委会寻求帮助的时候情绪激动,调委会十分理解,耐心劝解他,并答应会及时处理,调委会及时联系相关部门和相关人员,向他们说明情况,督促他们及时处理管道维修等问题,并及时向刘先生沟通维修进度和情况,得到了刘先生的信任,最终圆满地解决了他的问题。

其他典型案例分析

[案例分析一]　单位施工　踩坏屋顶　调解出面　帮忙解困

2015年6月12日下午,居住在某区林某小区中里社区12号楼5单元的居民杜某、邹某、刘某、何某等7位居民向车站中里社区调委会反映,位于12号楼前的顺丰糖业烟酒公司在向自己出租房屋拉电缆过程中,施工工人为了方便踩在他们位于楼前的储物房房顶,致使石棉瓦碎裂。他们认为电缆离居民住宅太近,一旦发生爆裂太危险,要求施工工人停止施工,遭到工人拒绝,并且态度恶劣。他们要求调委会出面,让工人立即停止施工,并把踩坏的储物房房顶恢复原状。

调解过程和技巧

接到居民诉求后,调委会有关人员立即赶到现场,了解情况。通过现场询问双方,调委会发现施工工人的态度确实不好,并且不配合调委会,声称自己就负责干活,别的不管。调委会有关人员立即联系顺丰糖业烟酒公司负责人陈某。要求其立即到施工现场,共同协商此事。在等待期间,居民向调委会反映他们是私拉的电缆,况且有报道,如果发生电缆爆裂,居住在此居民楼的居民的安全将受到严重威胁。赶到现场的陈某听完居民的诉求后表示,希望居民了解,停工损失太大,况且他们单位购买的电缆是正规的,不会出现爆裂情况。居民要求对方写下书面保证书,保证不会出现意外,陈某表示这是单位的事,自己写不着保证书。双方僵持不下,在协商无果的情况下。调委会要求施工工人暂时不准施工,等协调好此事再继续施工。同时把他们双方请到了调委会。

在调委会,听了居民的叙述,调委会认为这是涉及多户业主利益的事,既然居民有反映,就一定要设法帮居民解决问题。调委会主任当即向居民保证,一定安排相关人员和顺丰糖业烟酒公司协商,给居民一个满意的答复。顺丰糖业烟酒公司负责人陈某同时表示会向有关领导反映情况。最后在调解人员的主持下,居民和顺丰糖业烟酒公司达成口头协议,2015年6月20日之前把居民的储物房修理恢复原状。

2015年6月14日,居民邬某向调委会反映,顺丰糖业烟酒公司这两天都没有和他们联系,况且也没有停工。她要求调委会出面联系,让顺丰糖业烟酒公司出钱2500元,居民自己找人修理。通过和陈某电话联系了解到其公司领导不同意出钱,但会安排有关人员尽快修理损坏的屋顶。联系好后,调委会有关人员当即赶到现场,要求施工负责人立即停工,在没有把居民的储物房房顶修好之前不准施工。负责人表示会配合调委会工作暂停施工,并会和顺丰糖业烟酒公司负责人联系，共同把此事处理圆满。2015年6月19日，调委会接到邬某的来电，称顺丰糖业烟酒公司的施工人员已经把储物房房顶修理完善，他们7位居民对修理完善后的效果非常满意。

经过回访，居民们对此事的圆满解决表示感谢，对调委会积极的工作态度表示满意。如果此事解决不好，这样便会激怒了业主，僵化了矛盾，使得居民和顺丰糖业烟酒公司的关系僵持，不利于纠纷的解决，甚至不但解决不了纠纷，还会引发新的矛盾。如居民不满意调解结果，不让施工，在一定程度上对顺丰糖业烟酒公司造成的经济损失是不可估量的。到雨季来临时，储物房漏雨对居民的损失也是很大的。久而久之，矛盾越来越深。通过调解组织居中调解、协商问题，不但达到了目的，而且维护了居民和单位之间的良好关系。

[案例分析二] 鸡蛋引风波 调解促团结

因夏天天气炎热，屋里的温度较高，火神庙社区兴政东里24号院传达室于师傅就把刚买的一盘鸡蛋随手放到传达室后面的箱子里，随后就出去买还没买完的生活用品。过了15分钟左右于师傅回来了，他想把鸡蛋拿进屋内，这时发现箱子和鸡蛋都不见了，非常着急，此时他忽然想到，家住在大兴区林校路街道火神庙社区兴政东里27号楼的马阿姨，经常在24号院内遛弯，同时知道马阿姨有收集废品的习惯，于是于师傅认定鸡蛋是被马阿姨拿走了。正巧马阿姨午睡后起来遛弯，惺忪的睡眼还没有睁开，就被于师傅冲上前劈头盖脸地数落一顿，这时马阿姨才反应过来，便与其理论，于师傅的话语刺激到了马阿姨敏锐的神经，此刻于师傅就认定是马阿姨拿走了鸡蛋，死不改口。马阿姨因为有午休的习惯，而当天中午一直在家睡觉，醒后刚出来并没有看见过于师傅的鸡蛋，因此两人愈吵愈烈，随后马阿姨便多次用脚踹于师傅，而于师傅未还手。

调解过程和技巧

为了维护本辖区内的安定团结，调委会定期对辖区纠纷排查，当日正巧调委会工作人员巡查经过此处，发现多名群众围观，于是便上前询问事情的原委。公说公有理，婆说婆有理，双方当事人各执一词，依然争执不休，并且情绪非常激动，使事件有发展为暴力事件的趋势。

调委会工作人员见此情景，将两人拉开，分别安抚双方情绪，因马阿姨有心脏方面的疾病，在这个事情上她又非常激动，我们工作人员怕马阿姨因为太激动出现意外，多次劝说："马阿姨您有心脏病，别因为这点小事伤身体，请您相信我们会把这件事处理好，您先别激动，注意身体。"其他的调委会工作人员，对于师傅进行劝说："您先别激动，跟我们说说到底怎么回事。"在与其沟通中，我们了解到，原来是因为一盘鸡蛋放到了外面，而于师傅又没有看好，导致鸡蛋丢失，因为情急之下乱想，才想到了马阿姨爱捡拾废品，所以怀疑到了马阿姨，使其双方发生口角，情绪激动下就认定鸡蛋就是马阿姨拿走的，所以双方愈吵愈烈。

经过详细了解了事情的缘由，后对此事有了认定。因于师傅没有看管好自己的物品，并把物品放到外人很容易就能拿到的地方，再加上于师傅又离开了将近15分钟，而在这15分钟内什么事情都有可能发生。而且鸡蛋放的地方又是死角，小区内的摄像头都无法拍摄到。当事人于师傅根本就没看见是谁拿了那盘鸡蛋，而马阿姨有睡午觉的习惯，老人家当天中午在家睡觉，就算认定是马阿姨拿的，可在丢失那盘鸡蛋的时候，马阿姨一直在家睡觉没出家门，也没人看到是她拿走的，事实逻辑完全不成立。

虽然事情因果缘由很明确了，但于师傅因丢失鸡蛋心情很激动，在调解中又多次和马阿姨吵起来。而马阿姨也因为被冤枉而多次用脚踹于师傅。这给调解的工作带来了一定的难度，于是调解委员会的工作人员经过商讨，决定为了不再激化双方的矛盾，先把马阿姨劝回家，再对于师傅进行劝导，使其认识到自己的判断错误，从而不再进一步追究。同时把维护社区的稳定团结，建设文明社区这个目标向于师傅说明，希望于师傅能够知道自己的错误，承认自己的过失，顾全大局，舍小家保大家，不要钻牛角尖，为整个社区的文明化建设出一份力。

在我们火神庙社区调委会工作人员的多次调解下，于师傅认识到了自己的错误，并承认了自己的过失，不应该把鸡蛋放到容易丢失的地方，还怀疑小区内的马阿姨，自己做得不对，愿意向马阿姨道歉承认错误。生活中的马阿姨是一个善良、敢说敢做的人，面对于师傅的怀疑，她感觉自己非常委屈，有口难辩，心中难免有些急躁，才使这些情绪一股脑儿爆发出来，使原本一件邻里之间的小事发展成大矛盾，不仅给居委会的工作带来了麻烦，也严重影响了邻里之间这份珍贵的情谊。调委会工作人员与马阿姨的多次谈心，使马阿姨也意识到自己的言行有悖于文明公民的行为准则，自己在碰到问题时过于激动，不够理智，与于师傅发生口角还出手打人，实属不该，也愿意向于师傅道歉，并愿意在日后的生活中遇事多一些理解，多一些宽容，和邻居们和谐地相处。

在此案例中，于师傅把物品随便放置，导致丢失，在没有弄清事实真相的情况下，就胡乱猜疑他人，使他人的人格尊严受到侵害，给他人的正常生活造成了一定的影响，扰乱了邻里之间和谐相处的氛围，由于案例中涉及老年人，况且老人还患有心脏方面的疾病，如果此事处理不当很可能会导致间接性的人身伤害，依据我国相关的法律法规，当事人有可能会负法律责任，所以遇到类似案例的情况下，调委会要及时出面进行调解，把危险消除在萌芽阶段，避免造成更大的损失。

在本案例中，于师傅首先遇到突发问题应保持清醒的头脑，看清事情的情况，不急不躁，确定自身在事件中有无过错，可以先向周围居民了解情况，具体问题具体分析，看清问题的趋势再下结论，不要凭借主观的想象胡乱猜测，在没有事实根据的情况下，可能会对他人造成诽谤。

而在本案件中，马阿姨虽然是受害方，也没有什么错误，但在遇到问题时没有保持清醒的头脑，不理智地对他人进行人身攻击，如果造成了他人的伤害，那么责任在本无过错的一方，自身也无法逃避自己对他人造成伤害的惩罚。

通过这个小案例折射出生活中的大道理，生活在社会中的我们，日子不会总是一帆风顺的，总要遇到形形色色的人，而每个人的素质不一样，我们没理由要求别人怎么做，关键是要看清自己，摆正自己的位置，在遇见突发事情上，也许都会有不知如何是好的感觉，但焦急之时也一定要保持冷静的头脑，如果你不能冷静，那么也许很简单的事情，因为你的急躁也会把事情复杂化，从而达不到理想的效果。所以冷静的头脑、理智的分析、正确的处理才是事情成功的关键。随着首都精神文明建设的进一步开展，和谐的社区氛围温暖着老百姓的生活，和睦的邻里关系推动着社区文明的发展。社区是我家，维护靠大家，人民调解工作也将会不断得到完善，从而为人民群众提供更好的服务。

第十章 婚姻家庭纠纷调解程序及文书制作

引导案例

北京市朝阳区某社区居民李立的父亲（七十岁）因病去世，在本小区留有商品房一套，据其父亲生前反复自述，有存款六十多万元，现已找到的存单有两张共三十六万元，但不知密码，另外的二十余万元存单不知存放何处，无处查询。为继承遗产，李立到社区来寻求帮助。

问题：（1）作为调解员你正在社区值班并接待李立，该如何解答？

（2）作为调解员帮助李立办理继承遗产事宜，该如何办理？

相关理论知识

一 人民调解程序

（一）受理纠纷的步骤

根据《人民调解法》第17条的规定："当事人可以向人民调解委员会申请调解；人民调解委员会也可以主动调解。当事人一方明确拒绝调解的，不得调解。"

1. 接待当事人。向申请调解纠纷的当事人了解有关调解的意向和纠纷的基本情况。

2. 审查当事人的申请。对没有法律法规禁止事由的当事人申请应当受理；对不符合受理条件的纠纷，向当事人做出解释，并告知当事人到相关部门要求处理，但对于随时可能激化的民间纠纷，应当在采取必要的缓解疏导措施后，及时提交有关机关处理。

3. 制作接待笔录。接待笔录的内容至少应当包括：当事人姓名、纠纷事由、纠纷简要概况、当事人的要求、接待人签字等事项。

4. 填写受理纠纷登记表。

（二）调解前的准备

1. 选定调解主持人和调解员。人民调解委员会对受理的民间纠纷，在调解前应当确定一名调解主持人作为首席调解员，根据案情的复杂、难易程度和调解员的业务能力，确定若干调解员参与调解，也可邀请有关单位人员参加调解。

《人民调解法》第19条规定："人民调解委员会根据调解纠纷的需要，可以指定一名或者数名人民调解员进行调解，也可以由当事人选择一名或者数名人民调解员进行调解。"

《人民调解法》第20条的规定："人民调解员根据调解纠纷的需要，在征得当事人的同意后，可以邀请当事人的亲属、邻里、同事等参与调解，也可以邀请具有专门知识、特定经验的人员或者有关社会组织的人员参与调解。"因此，根据纠纷调解的具体情形，可以邀请那些热心调解工作、在当地有较高的威望和影响力、有一定的法律知识和政策水平、富有正义感、语言表达能力强，以及对纠纷比较了解的个人加入纠纷调解的过程中来。被邀请的单位或个人应积极配合，共同做好调解工作。

在确定调解人员时，要遵守有关回避的规定以维护人民调解的公正性。如有下列情形，调解员应当回避或根据当事人的申请回避：

(1) 调解人员与当事人是亲属关系;(2) 调解人员与当事人有其他关系,可能影响调解的公正性;(3) 调解人员与纠纷的处理结果有利害关系;(4) 有其他正当理由的。遇有回避情形的,人民调解委员会应另行指定调解员,或由当事人提名,双方当事人都同意的调解员调解。

2. 调查核实纠纷。人民调解组织受理纠纷后,选定的调解人员就要深入开展调查工作,充分掌握材料,弄清纠纷情况,判明纠纷性质和是非曲直。这是正确、圆满调解纠纷的前提,也是做好调解工作和达成调解协议的基础。

(1) 调查的内容。调查的内容主要是纠纷性质、发生原因、发展过程、争议的焦点、目前发展的程度,以及证据和证据来源、当事人个性特征和当事人对纠纷的态度。重点是弄清纠纷症结和事实真相的关键情节。

(2) 调查的途径。一是耐心听取双方当事人的陈述,了解纠纷过程和他们的真实思想和要求;二是向纠纷关系人、知情人和周围的群众做调查,进一步掌握其他有关情况,并印证双方当事人的陈述;三是到当事人所在单位了解情况,必要时,可求得当事人所在单位领导和有关人员的支持;四是有些纠纷还需到现场调查,有些疑难的伤害纠纷还须请有关部门进行伤情检查鉴定,查明伤害程度。

调查过程中,调解人员应当对调查情况做出详细的记录,必要时可以请被调查人写出书面材料。在广泛调查的基础上,进行综合分析,通过去粗取精,去伪存真,抓住纠纷的主要矛盾和矛盾的主要方面,对症下药,这样才能有效、顺利地调解纠纷。

3. 拟定调解方案。调解方案包括:纠纷概况,争执的焦点,调解要达到的目的,调解具体涉及的法律、法规、规章、政策条款,调解过程中可能出现的问题及对策,具体的工作方法和工作重点,对调解可能达成的协议的基本设想。

4. 确定调解的地点、规模与形式。

(1) 调解地点的选定。对案情比较复杂的纠纷应在人民调解室调解；对事实清楚、情节简单、争议不大的纠纷，可在田间、地头、家里等地方进行调解。

(2) 调解的规模。对于涉及隐私、不宜公开或者当事人不愿公开的纠纷应限于纠纷当事人的范围；对于家庭关系纠纷、邻里关系纠纷可在纠纷当事人家庭的范围；对于有教育意义和较大的纠纷，可以邀请村民旁听，以扩大受教育的范围。

(3) 调解会的组织形式。纠纷当事人必须全部出席调解会，或委托代理人出席调解会。

5. 送达调解通知书。在每一次面对面调解正式实施前，调解员要将调解通知书送给纠纷各方当事人，告知其该案的调解时间、调解地点等，要求其准时到场。每一份调解通知书均应有存根，上有当事人签名、调解员签名，以及人民调解委员会的公章等。

6. 调解现场的布置。调解现场的布置没有一定之规，基本原则是现场的布置要适应纠纷的类型、当事人的特征，有利于调解的实施和调解协议的达成。调解人员要善于运用各种元素营造良好的调解工作现场环境。比如，利用暖色调的装饰有利于平复当事人的情绪，有助于化解矛盾与纠纷；再如，绿色植物、鲜花等有利于当事人心平气和，容易达成调解协议。

(三) 调解的主要步骤

1. 宣读调解纪律、告知当事人的权利义务。

(1) 调解员的自我介绍、本次调解会议的目的、调解员公平公正主持的承诺、调解规则，特别要强调发言礼节，如尊重调解员和对方当事人，不得随意打断调解员和对方当事人的发言，不得有攻击性的语言等，确定参加调解的代理人是否得到当事人的特别授权。

（2）向当事人出示人民调解告知书，告知相关事项。在正式调解开始之前，调解员有义务将人民调解工作需要当事人了解的有关内容告知纠纷当事人。需要告知的内容有：人民调解委员会的性质、调解的原则、人民调解协议的法律效力、当事人在调解中所享有的权利和应承担的义务。

根据《人民调解法》第23条的规定，当事人在人民调解活动中享有下列权利：选择或者接受人民调解员，接受调解、拒绝调解或者要求终止调解，要求调解公开进行或者不公开进行，自主表达意愿、自愿达成调解协议。

根据《人民调解法》第24条的规定，当事人在人民调解活动中履行下列义务：如实陈述纠纷事实；遵守调解现场秩序，尊重人民调解员；尊重对方当事人行使权利。

（3）询问当事人是否愿意接受调解。在正式调解之前，需要进一步确认当事人是否愿意接受本调解委员会的调解，并由当事人在人民调解告知书上写明。对当事人明确拒绝调解的，不得调解。

2. 双方当事人陈述案件的事实与理由。根据《人民调解法》第22条的规定，人民调解员要充分听取当事人的陈述。因此，双方当事人陈述是调解工作的重要环节和步骤。调解开始时调解人员要积极、耐心地引导当事人讲清事实真相，并做好相应的记录；并在此过程中进一步开展深入调查，查明事实，分清责任，确认争议的问题。对于个别当事人在陈述过程中故意歪曲事实、无理纠缠的，应当及时予以制止和纠正。

3. 调解员提出纠纷解决方案，或引导当事人提出纠纷解决方案。在调解中，双方当事人必定都希望探明对方的"底线"，调解员应尽可能占有、收集与调解相关的事实、数据、推论及法律规定等信息，本着互利互助、公平合理的精神,综合考虑法律的规定、公序良俗、双方当事人各自的过错程度、经济状况、彼此的关系、经济纠纷的实际情况等因素,提出双方都能接受的调解意见。引导一方或双方当事人提出解决问题的方案,并引导双方向一个彼此均可接受的合意点靠拢,促成协议的达成。这是一个技巧性很强的过程,调解员应注意掌握以下技巧:

(1) 对期望过高的当事人,调解人员应在查明事实分清责任的基础上冷静分析,击碎其幻想,告知其若不放弃非常之念谈判只能陷入僵局,劝说其放弃幻想,提出切合实际的条件和要求。

(2) 不要轻易相信当事人所说的底线是其真正的承受极限,了解当事人的最终要求,对不松口的当事人可告知其谈判已陷入僵局,促使当事人让步。

(3) 妥善处理"离席威胁",真诚地劝说当事人忍耐一二,或休庭,将面对面调解改为背靠背的私下会议,上述方式都不适用时,可视情况告诉离席的一方当事人将终止调解等。

在调解过程中,还要密切注意当事人的情绪和周围情况的变化,及时发现纠纷激化的苗头,有效采取对策,防止纠纷激化。对于已有激化征兆或易向恶性案件转化的纠纷,要及时采取必要的防范措施,以免当事人情绪失控,酿成恶性事件。

4. 进行法律、法规、政策、社会公德教育。调解员对当事人进行耐心细致的说服、教育和疏导,帮助当事人提高认识,解开思想上的问题,消除对立情绪,引导当事人对纠纷事实和所需要承担的责任及各自权利义务达成一致意见。

5. 制作调解笔录。《人民调解法》第 27 条规定:"人民调解员应当记录调解情况。"据此规定人民调解委员会在调解纠纷过程中,应制作调解笔录。调解员通过制作调解笔录记载调解的过程。调解笔录包括首部、正文与尾部三部分。首部、正文主要记载调解员调解纠纷的过程，当事人对纠纷的态度等。尾部由当事人、调解员、参加人、记录人签名。

调委会在调解纠纷过程中即使调解不成功，也要保留笔录。

6. 制作调解协议书。经人民调解委员会调解解决的纠纷，达成具有民事权利义务内容的调解协议，或者当事人要求制作书面协议的，应当制作书面调解协议。简单的纠纷也可达成口头协议。

(1) 达成调解协议，由双方当事人平等协商后，达成一致意见或由人民调解委员会提出解决纠纷的建议，由双方当事人认可达成调解协议。

调解协议应当场制作，主要内容包括当事人基本情况、纠纷简要事实、争议事项及双方责任、权利义务、履行协议的方式、地点和期限等内容，双方当事人签名或盖章，调解主持人签名，调解委员会盖章后生效。调解协议书一式四份，其中双方当事人各执一份，调解组织留存一份，报乡镇（街道）司法所备案一份。调解协议应当载明事项有以下几个方面：纠纷当事人基本情况；纠纷简要事实、争议事项及纠纷当事人责任；纠纷当事人的权利和义务；履行协议的方式、地点、期限；纠纷当事人"自愿接受或同意调解协议上述内容"的文义；纠纷当事人签名，调解人员签名，人民调解委员会印章。

(2) 调解不成功的。《人民调解法》第26条的规定，人民调解员调解纠纷，调解不成的，应当终止调解，并依据有关法律、法规的规定，告知当事人可以依法通过仲裁、行政、司法等途径维护自己的权利。据此规定，对于一次调解不成的，可以中止调解，告知当事人延期另定时间继续调解；对于经多次调解无法达成协议的，在做好双方当事人稳定工作的基础上，终结调解，告知当事人向有关部门申请处理或向人民法院起诉。

(四) 调解回访

1. 调解回访的含义。调解回访，是指人民调解委员会主持调解达成协议后，应适时派人员了解掌握协议履行情况，听取当事人和群众的意见，以巩固调解成果。

当事人应当自觉履行调解协议，调解人员有义务督促当事人履行协议。对于诸如自我检讨、赔礼道歉、保证改过等内容的协议，可以在达成协议的现场，当即履行。对于需要一定时间才能完成的协议内容，如返还原物、恢复原状、赔偿损失、提供劳务等，能当日履行的尽量当日履行；如不能当日履行，当事人必须做出承诺，保证在一定期限内履行。人民调解委员会应当对调解协议的履行情况适时进行回访，并就履行情况做出记录。

2. 调解回访的要求。要做好回访工作，必须坚持以下几点：

(1) 必须坚持实事求是的原则。要本着对当事人负责的精神，认真进行，讲求实效，不走过场。

(2) 回访工作必须及时。人民调解委员会要在调解协议达成后的适当时间内派人员进行回访，以便及早发现和解决新出现的情况和问题，减少工作中的失误，避免影响扩大。

(3) 回访应当有重点地进行。对那些比较复杂、疑难的纠纷，或者协议的履行有一定难度的纠纷，或者当事人思想情绪尚不稳定、容易出现反复的纠纷，要列为重点回访的对象，坚持适时回访。

(4) 回访必须注意发现问题，加强对当事人的说服教育工作。如当事人思想出现反复，或者有些问题尚未落实的，或是未能完全履行协议的，调解人员都应当及时发现，针对不同情况及时采取措施加以解决，引导、说服当事人本着互谅互让的原则，自愿达成协议，从而化解矛盾。

通过回访，可以产生以下效果：①使调解组织了解和掌握调解工作的效果；②发现调解的不足，改进调解工作；③帮助、督促当事人履行调解协议；④果断采取措施，排除纠纷重新发生的隐患。

3. 对回访出现当事人不履行协议或达成协议后反悔情况的处理。当事人不履行调解协议或者达成协议后又反悔的，人民调解委员会应当按下列情形分别处理：

(1) 当事人无正当理由不履行协议的，应当做好当事人的工作，督促其履行。

(2) 如当事人提出协议内容不当，或者人民调解委员会发现协议内容不当的，应当在征得双方当事人同意后，经再次调解变更原协议内容，或者撤销原协议，达成新的调解协议。

(3) 对经督促仍不履行人民调解协议的，应当告知当事人可以请求基层人民政府处理，也可以就调解协议的履行、变更、撤销向人民法院起诉。对当事人因对方不履行调解协议或者达成协议后又后悔，起诉到人民法院的民事案件，原承办该纠纷调解的人民调解委员会应当配合人民法院对该案件的审判工作。

二 人民调解文书制作

（一）人民调解案件受理阶段的文书——纠纷受理登记表

附件1：××××人民调解委员会纠纷受理登记表

××××人民调解委员会

纠纷受理登记表

纠纷类型：_____ 编号：_____

当事人：_____

纠纷简要情况：_____

_____

_____

  受理日期：于_____年_____月_____日告知当事人_____受理该纠纷。

  经过调解，于_____年_____月_____日达成调解协议，协议主要内容_____，当事人于_____年_____月_____日全部（部分/拒绝）履行。

  因调解不成，于_____年_____月_____日告知当事人_____因_____决定不受理（或终止调解）该纠纷，告知当事人（解决途径）_____。

调解员（签名）_____

登记日期_____年_____月_____日

附件2：××××人民调解委员会受理案件通知书

××××人民调解委员会
受理案件通知书

（　）×民调通字第　号

_____：

你诉请与_____一案的调解申请书已收到。经审查，申请符合法定条件，本委员会决定立案审理。并将有关事项通知如下：

一、在调解过程中，当事人必须依法行使各项权利，有权行使民事诉讼法相关的权利，同时也必须遵守调解过程中的秩序，履行调解中的义务。

二、如需委托代理人参加调解，应向本委员会递交有委托人签名或者盖章的授权委托书，授权委托书须记明委托事项和权限。

××××人民调解委员会
年　月　日
（公章）

附件 3：人民调解委员会举证通知书

××××人民调解委员会
举证通知书

（　）×民调通字第　号

_____：

根据《中华人民共和国民事诉讼法》、最高人民法院《关于民事诉讼证据的若干规定》和《人民调解法》，现将有关举证事项通知如下：

一、当事人应当对自己提出的申请请求所依据的事实或者反驳对方申请请求所依据的事实承担举证责任。当事人没有证据或者提出的证据不足以证明其事实主张的，由负有举证责任的当事人承担不利后果。

二、你必须在_____日内提供相关证据，和足以证明自己主张的其他证据材料。

三、向瓮洞镇人民调解委员会提供的证据，应当提供原件或者原物，或经瓮洞镇人民调解委员会核对无异的复制件或者复制品。并应对提交的证据材料逐一分类编号，对证据材料的来源、证明对象和内容作简要说明，依照对方当事人人数提出副本。

四、申请鉴定、增加、变更请求，应当在举证期限届满前提出。

五、如你方申请证人作证，应当在举证期限届满的_____日前向本委提出申请。

六、申请证据保全，应当在举证期限届满的_____日前提出，本委可根据情况要求你方提供相应的担保。

七、你方在收到本通知书后，可以与对方当事人协商确定举证期限后，向本委申请认可。

八、你方在举证期限内提交证据材料确有困难的,可以依照最高人民法院《关于民事诉讼证据的若干规定》第三十六条的规定,向本委申请延期举证。

九、你方在举证期限届满后提交的证据不符合最高人民法院《关于民事诉讼证据的若干规定》第四十一条、第四十三条第二款、第四十四条规定的"新的证据"的规定的,视为你方放弃举证权利。但对方当事人同意质证的除外。

十、符合最高人民法院《关于民事诉讼证据的若干规定》第十七条规定的条件之一的,你方可以在举证期限届满的七日前书面申请本委调查收集证据。

年　月　日

（公章）

（二）人民调解前准备阶段的文书——调查笔录

附件4：××××人民调解委员会调查笔录

××××人民调解委员会
调查笔录

时间：_____ 地点：_____

事由：_____ 调查人：_____

被调查人：_____

笔录：_____

_____

_____

_____

被调查人（签名）_____ 调查人（签名）_____

记录人（签名）_____

附件5：××××人民调解委员会参加调解通知书

××××人民调解委员会
参加调解通知书

_____

我委员会受理_____一案，现决定于_____年_____月_____日（农历　　　）　午时　分在_____依法调解，请准时参加。

特此通知

　　　　此致

××××人民调解委员会（公章）

　　　　调解员：×××、×××

　　　　　　　　年　　月　　日

附件6：送达回执

××××人民调解委员会
送达回执

文件名称	送达日期	接收人签名	备注

(三)人民调解实施阶段的文书——调解协议书

附件7：××××人民调解委员会调解笔录

××××人民调解委员会

调解笔录

时间：_____ 地点：_____

事由：_____ 调解员：_____

当事人：_____ 当事人：_____

笔录：_____

_____

_____

_____

当事人（签名）_____ 调解员（签名）_____

当事人（签名）_____ 记录人（签名）_____

附件8：××××人民调解委员会调解协议书

××××人民调解委员会
人民调解协议书

编号：_____

当事人：_____

当事人：_____

纠纷简要情况：_____
_____
_____
_____

经调解、自愿达成如下协议：_____
_____
_____

履行协议方式、地点、期限：_____
_____
_____

本协议一式_____份，当事人及人民调解委员会各持一份。

当事人（签名）_____

当事人（签名）_____

（人民调解委员会印）

调解员（签名）_____

_____年_____月_____日

（四）人民调解回访阶段的文书——回访记录

附件9：××××人民调解委员会回访记录

××××人民调解委员会
回访记录

当事人：_____ 调解协议编号：_____

回访事由：_____ 回访地点：_____

回访情况：_____
_____
_____
_____

受访人（签名）_____

回访人（签名）_____

_____人民调解委员会印

_____年_____月_____日

(五) 调解材料的立卷归档

《人民调解法》第 27 条规定,"人民调解委员会应当建立调解工作档案,将调解登记、调解工作记录、调解协议书等材料立卷归档"。根据这一规定,在纠纷调解结束后,调解员要将调解过程中形成的调解文书和相关材料立卷归档,进行妥善保管,以备查阅。

附件 10:调解卷宗封面

<u>　　　　　　　</u>人民调解委员会
卷宗

卷宗类型:<u>　　　　　　　　　　　　　　　</u>

卷　　名:<u>　　　　　　　　　　　　　　　</u>

年　　度:<u>　　　　　　　</u>　卷　　号:<u>　　　　　　　</u>

调 解 员:<u>　　　　　　　</u>　调解日期:<u>　　　　　　　</u>

立 卷 人:<u>　　　　　　　</u>　立卷日期:<u>　　　　　　　</u>

保管期限:<u>　　　　　　　　　　　　　　　</u>

备　　注:<u>　　　　　　　　　　　　　　　</u>

附件 11：调解卷宗目录

卷宗目录

序号	文件名称	页次
1		
2		
3		
4		
5		
6		
7		
8		
……		
备注		
	本卷内共计　　页　　附证物　　袋	

引导案例解析

1. 针对李立的咨询，解答的要点如下：

（1）作为人民调解员，应当先就我国继承法的相关规定告知李立，并询问李立家中其他有继承权的亲属情况，如李立的母亲（即被继承人的配偶）是否健在？李立的祖父母（即被继承人的父母）是否健在？李立的兄弟姐妹（即被继承人的其他子女）共有几人等。

(2) 告知并协助李立查找可能存在的但一时找不到存单的银行存款的方法，例如，可以持被继承人的死亡证明、户籍证明、身份证等，去被继承人生前可能存款的各家银行查询，请求银行工作人员给予帮助。现在银行联网，在用户提供身份证号码，寻求合法帮助的情况下，在本银行系统的任何一个计算机终端系统上，查询查找存储于本行的存储信息，都可以办到。

告知并协助李立继承不知道密码的银行存单的办法：继承人凭继承银行存款的公证书和本人身份证到银行办理继承手续，继承存款。

(3) 在掌握了继承人的全部信息之后，就每个继承人的继承份额比例作出解答。例如，如果被继承人的配偶健在，如果房屋和存款等属于夫妻共同财产，则银行存款、房产等由被继承人的配偶先分割夫妻共同财产中的一半。然后由其他的继承人（包括被继承人的配偶）再将另外的一半作平均分配继承被继承人的遗产。也就是说，被继承人的配偶不但分到夫妻共同财产的一半，还可以和其他继承人一样分得被继承人遗产中应得的份额。

2. 协助办理遗产继承操作流程有：

(1) 协助办理遗产继承前的工作。指点或协助李立取得全部有继承权的继承人对被继承遗产分配达成一致意见，由全体继承人各自或一起准备办理与继承相关的必备材料：①办理亲属关系证明。如果继承人与被继承人的户籍在同一派出所，可到该公安派出所凭被继承人的死亡证明注销被继承人的户籍，开出与变更过的户籍簿原件一致的户籍证明，即由户籍所在的公安派出所在变更过的户籍簿的复印件上注明"此复印件与原件一致"并加盖派出所公章。如果继承人的户籍与被继承人的户籍不在同一派出所,就必须追根溯源,找到由同一户籍迁出的原始记录,开出证明。②到被继承人父母户籍所在地的派出所或街道办事处,开出被继承人的父母是否健在的证明。③到被继承人的档案保管单位根据被继承人生前自己书写的履历表,开具加盖公章的亲属关系证明。以上三种证明必须相互印证。

陪同帮助李立开具各项证明,如果继承人无法就继承份额达成一致意见,可召集继承人做调解工作。存款、证券宜按数额比例分配,汽车、房屋类不宜分割的标的物的继承,比较容易产生纠纷。以房屋继承为例:或者继承人达成一致意见,大家严格按照份额继承,如果每套房屋由5人继承,1套房屋便需准备5本房产证,注明共有份额比例,但在实际使用中,如果5位继承人及5位继承人的家属都住进该套房屋,势必产生种种纠纷;或者说服某些继承人,放弃某套房屋的继承份额,获得其他补偿。如果不能达成一致意见,导致无法公证,结果将是亲情断绝,走司法途径,诉讼解决,或者维持现状,不能继承。

(2) 协助办理遗产继承中的工作。协助办理公证申请、协助办理公证过程中的有关事项。

(3) 协助办理遗产继承后的工作。协助李立到房管局、地税局、国土局办理房产证、土地使用权证的变更手续,其中房产证的变更必须由继承人及其配偶携带结婚证(单身继承人必须出具单身证明)及身份证亲自到场才能办理。

3. 注意事项:

(1) 说服继承人根据法律规定分割遗产,结合习俗化解纠纷,求大同存小异,尽可能通过非诉讼的方式解决问题。

(2) 公证前的准备工作需要仔细周到,尽可能避免遗漏。

其他典型案例分析

死者入土为安，亲人终得安葬。

某社区居民王某之女王霞于2013年12月25日在其丈夫张强家中意外死亡，但是张强一直对此态度冷漠，不闻不问。王某与妻子对女婿张强心存怀疑，认为是女婿张强杀害了女儿，并因此与女婿张强发生了矛盾，张强一气之下，不再理会王霞后事。

后经公安机关侦查，尸检报告显示：王霞确系意外死亡。但是王某夫妇没有经济能力办理王霞后事，张强又不再理会此事，且拒接电话，不再露面，当事人王某无奈之下来社区调委会申请调解此事。

调解过程及结果

社区调委会工作人员到王某家中了解情况时，老人情绪激动，数次落泪。经过调委会工作人员耐心的劝慰，老人逐渐冷静下来，向调委会工作人员讲述事情的原委。

老人说："我女儿王霞死亡时，身边只有张强一个人，我一个当爹的，女儿刚没，我多问几句怎么了，我就问张强，我女儿怎么死的？他说是撞到厨房玻璃，把两条大腿上的大动脉割断了，失血过多，当场就死亡了。我就说，我女儿怎么会撞到厨房玻璃呢？他说我不知道啊，我在卧室换衣服呢，出来一看，王霞就倒在地上了，大腿一直流血，我就赶紧打120了。我就着急了：你怎么能不知道呢，当时就你一个人在家啊，你怎么也不上去帮她止血啊。张强也急了，说我打了120了，我怕一移动，反倒对王霞不好啊。我就急了，说现在王霞没了，她死的时候只有你在场，你又一问三不知，你是不是有什么事瞒着我们啊。张强就说，你什么意思啊，你是不是怀疑我啊。我就说，你说得不清不楚，我闺女死得不明不白，我就是怀疑你了。然后张强生气就走了。后来一直也没上我家来，我就是觉得他对我闺女的死态度冷漠,也就为这个和他产生了矛盾。"

调委会工作人员见老人情绪较为激动,赶紧询问:"那最后确定您闺女死亡的原因是什么呢?"老人说:"最后公安局侦查的结果还有尸检报告都证明王霞是意外死亡的。反正,调查结果是这样的,但是我就是觉得张强对我闺女的死,表现得太冷漠了。"调解员说:"咱们经常说一句话:以事实为依据,以法律为准绳,您说王霞死的时候咱们都没在现场,据您女婿张强所说,他也没有目睹事情发生的过程,咱们也没有办法还原事件发生的过程,咱们只能相信公安机关通过侦查得到的结论,您说对吗?您刚刚没了闺女,张强也刚刚失去妻子,谁的心里都不好过,咱们应该互相理解啊。我想问一下,您现在需要我们怎么帮助您呢?"说着说着老人又落泪了,说:"张强现在不管王霞的后事。我们没有经济能力办理王霞后事,张强拒接电话,不再露面,现在我闺女还在停尸房呢,都不能入土为安。我真是没办法了。"

调委会工作人员安抚好老人之后,迅速联系了张强。但是张强没有接听电话。我们调委会工作人员又数次到老人家中详细了解情况,安抚老人。后来通过询问王某老人,调委会工作人员了解到张强居住在枣园小区。迅速通过枣园社区居委会,与张强取得联系。开始张强拒绝和调解员见面,在调解员坚持不懈地劝说下,终于同意与我们见上一面。

见面之后,张强也是满腹牢骚地说:"您说我们家出了这么大的事,我老丈人还怀疑我,说王霞的死和我有关系。您说我能不生气吗?"我们调解员晓之以理动之以情:"您说您爱人没了,您是很难过,但是老人家白发人送黑发人,岂不是更加伤心难过。您得理解老人家的难处啊。再说您爱人没了,您是不是应该替她尽孝,好好安慰老人啊?"张强:"我当时就是一时生气,没想这么多啊。"听到张强这么说,我们调解员心里有数了,打铁需趁热,我们赶紧说:"那您看,老人家现在伤心难过不说，还要为王霞的后事忧心，您爱人和您结婚这么多年了，一日夫妻百日恩，您说现在王霞还没有入土为安呢，您于心何忍啊。"经过耐心调解，张强最终同意负责找墓地，让死者入土为安。

最后在调委会调解人员的主持下，2014年1月16日，死者王霞的父亲与其丈夫张强自愿达成调解协议：张强负责找墓地，让死者入土为安。

经过回访，王某老人虽然还没有从失去女儿的阴影中走出来，但是女儿终于入土为安，总算了了老人家一桩伤心事。张强对调解结果也十分满意，说："要不是调委会居中调解，我和老丈人老是这么闹下去，王霞不知道什么时候才能入土为安，现在我终于对死去的妻子有个交代了。"双方当事人对调委会的工作表示非常满意。正所谓精诚所至，金石为开，我们通过合理、合情、合法的手段，多次苦口婆心地调解。在法与理的解说中，在情与理的沟通中，翁婿双方握手言和。有效化解矛盾，使死者入土为安。